*Contre-histoire de la philosophie*

# VII

# LA CONSTRUCTION
# DU SURHOMME

LA CONTRE-HISTOIRE DE LA PHILOSOPHIE COMPREND :

*(autres parutions de l'auteur en fin de volume)*

MICHEL ONFRAY

Contre-histoire de la philosophie

VII

# LA CONSTRUCTION
# DU SURHOMME

BERNARD GRASSET

PARIS

# SOMMAIRE

*Contre-histoire de la philosophie, septième partie :*
## LA CONSTRUCTION DU SURHOMME

# La construction
# du surhomme

« L'état de plaisir qu'on appelle *ivresse* est exactement un sentiment de haute *puissance.* »

Nietzsche,
*La Volonté de puissance,* § 359.

# INTRODUCTION

## *Vers la vie sublime*

### 1

**Prolétaire, Dandy, Grand Homme.** Le XIX$^e$ siècle fut à la fois celui des *Masses*, des *Individus* et des *Grands Hommes*. *L'Eudémonisme social* a raconté la première aventure, *Les Radicalités existentielles* la deuxième, *La Construction du surhomme* propose de suivre le détail de la troisième. Avec cette trilogie, le XIX$^e$ siècle apparaît plus divers et multiple que le monolithe la plupart du temps présenté qui brille de feux éteints avec le positivisme, le marxisme, le néo-kantisme, l'idéalisme allemand et autres palais conceptuels vides et glacés, désertés, décatis, inutiles et ouverts aux vents de l'oubli.

*Siècle des Masses* parce que siècle de la révolution industrielle avec ses usines, ses manufactures, ses ouvriers, ses prolétaires, ses maîtres de forge, ses machines à vapeur, son charbon, ses mineurs, sa paupérisation, sa misère ouvrière, sa lutte des classes, ses doctrinaires défenseurs de l'utopie libérale de la main invisible et des vices privés constitutifs des vertus publiques qui légitiment et justifient la machine capitaliste et ses dommages collatéraux. Siècle des Masses également parce que siècle de la riposte à cet enfer avec la proposition d'hédonismes politiques socialistes, communistes, libertaires et anarchistes.

*Siècle des Individus* parce que siècle de la résistance subjective et personnelle à la massification de l'époque. L'invention de la reproductibilité technique se double de vies dupliquées, semblables, identiques, dépourvues d'aura. Pendant que les socialistes, les communistes ou les anarchistes proposent la révolution, des individus revendiquent la construction de soi et tablent sur le « se changer » plutôt que « changer l'ordre du monde ». Leur révolte égotiste se fait visible dans le dandysme qui ne se réduit pas au travail sur l'allure, l'apparence, le vêtement, l'extérieur mais qui, en philosophie, concerne la profondeur, l'intimité, l'âme de l'être. Le siècle de Proudhon se double donc d'un siècle de Baudelaire, et Flora Tristan s'y trouve autant que Brummell…

*Siècle des Grands Hommes* enfin, parce que siècle de Napoléon et de ses conquêtes, de l'Ogre qui met l'Europe à feu et à sang au Prométhée qui crée de toutes pièces un Empire comme une œuvre d'art, du chef de guerre au poète de l'histoire, de la Corse aux Invalides, comme une occasion de synthétiser le siècle des masses et celui des individus, puis de donner la clé d'une relation possible entre la création de l'histoire, la conduite des masses et la construction de soi, la fabrication de sa subjectivité dans, par et pour l'histoire.

D'où, dans le XIX<sup>e</sup> siècle, l'abondance et la récurrence des réflexions et des analyses sur la question de l'Homme d'Exception producteur de l'Histoire : ainsi Hegel, son *Grand Homme* et la Ruse de la Raison (1806) ; Carlyle, théoricien du *Héros* et de l'héroïsme dans l'Histoire (1840) ; Emerson, penseur des *Hommes Représentatifs* rapprochés du surhumain (1850) ; Burckhardt et l'*Homme supérieur* (1870) ; mais aussi Guyau et son *Homme robuste et fécond* (posthume 1888) ; ou, bien sûr, Nietzsche (qui connaissait les écrits de tous ces penseurs sur ce sujet) et son *Surhomme* (1885).

Dans ce siècle de la mort de Dieu et, d'une certaine manière, de la mort de l'Homme, deux forfaits accomplis pour le premier en 1841 avec *L'Essence de la religion* de Ludwig Feuerbach et, pour le second, en 1859 avec *L'Origine des espèces*, il ne reste pas grand-chose à l'individu qui doit donc construire à partir du réel et non plus de fictions, de fables ou de mythes judéo-chrétiens. Le temps est venu pour lui d'être *enfin* adulte en regardant le réel en face.

Or, qu'est-ce que le réel ? Un immense cosmos, un univers infini et des milliards d'hommes qui se débattent en aveugles sur une petite planète finie. La mort les attend, ils se contorsionnent entre deux néants, celui dont ils proviennent et celui vers lequel ils se dirigent inéluctablement. Des forces animent ce cosmos qui se réduit d'ailleurs à cette seule force. L'homme ? Un accident, une particule, un ciron, rien. S'il prend conscience de cet état, alors la disparité entre la grandeur de ce spectacle homérique et la petitesse de son existence génère un sentiment singulier, une émotion particulière : *le sublime*.

Quand il saura ce qu'est le monde, ce à quoi se résume le réel – une *Volonté de Puissance* écrira Nietzsche –, et qu'il consentira à cet état de fait, mieux, qu'il l'aimera, le voudra, le désirera, alors il créera quelque chose d'inédit que l'auteur d'*Ainsi parlait Zarathoustra* nomme le *Surhomme*, une figure à laquelle il invite chacun, sans distinction de race, de religion, de sexe, de couleur, d'âge, de provenance sociale, de sang, de qualités, d'intelligence ou autre. La construction de soi comme un surhomme ouvre une perspective dans la brèche chrétienne : l'éthique surhumaine c'est la morale humaine moins la transcendance et l'idéal ascétique...

2

**L'effet Napoléon.** Hegel, Carlyle, Emerson, Burckhardt sont des contemporains de Napoléon. On le sait, j'y reviendrai, l'auteur de la *Phénoménologie de l'Esprit* a un coup de foudre quand il l'aperçoit entrant dans Iéna en 1806 : le professeur de philosophie a trente-six ans et met un point final à ce texte pendant, dit-on, que la bataille d'Iéna fait rage. Il y voit un moment décisif dans la marche vers « l'Etat Universel et Homogène » qui annonce la Fin de l'Histoire...

Les autres philosophes vivent dans le même temps que Napoléon. Mais, hormis Carlyle qui aurait pu le rencontrer, tous étaient trop jeunes pour un face à face. En revanche, chacun d'entre eux assiste au devenir légende de l'Empereur qui meurt le 5 mai

1821, l'année de parution des *Principes de la philosophie du droit* de Hegel.

Avec l'exil de Sainte-Hélène et le *Mémorial* de Las Cases, on oublie le chef de guerre sans foi ni loi, le soldat qui envoie ses troupes au combat avec la détermination glaciale d'un dictateur, l'impavide impassible qui sacrifie presque un million d'hommes à ses champs de bataille, le tyran qui bâillonne les libertés, le militaire qui met l'Europe à feu et à sang durant vingt ans, le restaurateur de l'esclavage pour adouber le créateur d'Empire, le poète de l'histoire, le héros de son peuple, l'individu sublime, l'artiste des champs de bataille, le visionnaire de l'Europe, le soldat aux intuitions fameuses, le héros français, la figure christique des temps modernes...

Le passage de la vérité historique du personnage considéré comme un ogre à celui de la légende du demi-dieu créateur de mondes inédits s'effectue du vivant de l'Empereur : dès 1796 et 1797, autrement dit les victoires de Lodi et Rivoli lors de la première campagne d'Italie, Napoléon, qui détestait les journalistes, crée des journaux pour entretenir le moral de ses troupes. En même temps qu'il impose sa version et sa vision des choses, il sculpte sa propre statue. Cette façon de faire dispose toujours d'adeptes...

A cette manœuvre ajoutons la publication du *Mémorial* de Las Cases. Le Bonaparte qui remporte les batailles de Lodi, Mondovi, Castiglione, Bassano, Arcole (1796), de Rivoli (1797), d'Aboukir (1799), de Marengo (1800), l'Empereur vainqueur à Ulm, Austerlitz (1805), Iéna, Auerstaedt (1806), Eylau (1807), Friedland (1807), Eckmühl, Wagram (1809), la Moskova (1812), Lützen, Bautzen, Hanau (1813), Brienne, Champaubert, Montmirail, Montereau, Reims (1814), cet homme-là, donc, devait finir par chuter un jour. Il chute. Mais sa fin doit être un début, il le faut, l'hagiographie l'exige.

Sainte-Hélène fournit l'occasion : les romantiques s'en emparent. Le Grand Homme déchu reste grand sur son rocher battu par les flots dans l'océan Atlantique. Le *Mémorial* s'évertue à écrire la légende. Le livre paraît en 1823, il devient un succès de librairie et sera l'une des meilleures ventes du siècle. Napoléon apparaît comme le héros des nations européennes en lutte, l'énergique incarnation du peuple, le restaurateur des libertés, le continuateur de la Révolution française qu'il achève et stabilise dans ses acquis. Longwood, c'est sa crucifixion ; sa mort assure son éternité ; l'inauguration de l'Arc de triomphe à la gloire des armées napoléoniennes en 1836 inscrit la légende dans la pierre ; le retour des cendres aux Invalides en 1840 s'effectue dans le recueillement populaire selon l'ordre des fêtes monumentales. Le mythe peut fonctionner.

Les gendelettres ajoutent à la légende. Senancour ouvre le bal dès 1814 avec sa *Lettre d'un habitant des Vosges* dans laquelle il met en scène un Napoléon dompteur du destin avant qu'il se retourne contre lui ; Byron écrit contre dans *Ode à Napoléon*, de même Leopardi dans son *Discours aux Italiens* ; Lamartine écrit un *Bonaparte* ; comme d'habitude, Hugo change d'avis et, après des vers contre dans *Buonaparte*, il le défend dans l'ode *A mon père*, dans *Les Deux Iles*, puis dans *Les Misérables* où l'on peut lire « Napoléon devint l'homme-peuple comme Jésus est l'homme-Dieu » ; Vigny célèbre *Moïse*, mais tout le monde y voit Napoléon ; Nerval honore la grande armée et son chef dans *Napoléon et la France guerrière* ; Balzac travaille à la légende du Napoléon du peuple dans *Le Médecin de campagne* ; Stendhal rédige sa *Vie de Napoléon*, écrit *La Chartreuse de Parme*, et hante *Le Rouge et le Noir* de la figure de l'Empereur, le héros de Julien Sorel, celui d'Octave dans *Armance* et de Lucien dans *Lucien Leuwen* ; Vigny paie son écot dans *Servitude et grandeur militaires* ; dans sa *Confession d'un enfant du siècle*, Musset met en perspective l'ennui de l'époque et l'écroulement de l'Empire ; sans oublier, bien sûr, les *Mémoires d'outre-tombe* de Chateaubriand, *La Guerre et la Paix* de Tolstoï ou *Crime et châtiment* de Dostoïevski – Napoléon devenant même le modèle de Raskolnikov... Comment échapper à cette figure au XIX^e siècle ?

Il faudrait ajouter les peintres parmi les plus grands : Gros et *Le Pont d'Arcole* dès 1798, puis *Les Pestiférés de Jaffa* en 1804 ; David, l'homme qui célébra tous les pouvoirs de la monarchie à l'Empire et passant par la Révolution française : *Bonaparte au Saint-Bernard*, puis *Le Sacre* en 1808, *Napoléon au Saint-Gothard* ; Ingres, *Bonaparte Premier Consul*, *Napoléon Empereur* et *L'Apothéose de Napoléon* ; Géricault, *Le Cuirassier blessé* ; Goya, *El dos de mayo* ; Horace Vernet, *La Barrière de Clichy*, puis *Allocution de Napoléon à la garde avant Iéna*. Et les musiciens : Beethoven, Schumann, Tchaïkovski, Berlioz, Prokofiev... Ou les sculpteurs... Il y eut même un film au XIX^e siècle, en 1897, celui des frères Lumière : *Entrevue de Napoléon et du Pape...*

3

**L'Empereur et les philosophes**. Napoléon écrivait de Finkenstein à son frère Joseph le 14 avril 1807 : « Vous savez que je n'aime pas (les philosophes) puisque je les ai détruits partout. » Les Idéologues, (dont Cabanis, Volney, Destutt de Tracy, Garat, Pinel...) qui étaient des philosophes thermidoriens soucieux d'éduquer les citoyens à la raison pour parachever la Révolution française dans son versant constructif et éviter le délire terroriste de 1793, furent les têtes de Turcs de Napoléon qui fit glisser le mot *idéologie* vers son acception péjorative.

L'Empereur se réclame du matérialisme, ce dont témoigne une lettre datée de janvier 1817 et envoyée à Gourgaud dans laquelle on peut lire : « nous ne sommes tous que matière ; l'homme a été créé par une certaine température de l'atmosphère... ». Les philosophes lui répugnent à lui, l'homme d'action, par leur incapacité à la pratique, leurs délires conceptuels, leurs oppositions systématiques au pouvoir, à *son* pouvoir. Les philosophes ne lui en tiendront pas rigueur et le traiteront plutôt bien : Hegel, Carlyle, Emerson, Nietzsche par exemple, mais aussi Fourier, Schopenhauer, Taine... Ce qui ne fut pas le cas, tout de même, de Benjamin Constant, Madame de Staël, Maine de Biran, Joseph de Maistre, Fichte et Marx – songeons à son *18 Brumaire...*

Le plus admiratif, le plus amoureux si l'on peut dire, le plus théoricien de l'aventure dans les livres qui suivront, des *Principes de la Philosophie du droit aux leçons* ramassées et éditées sous le titre *La Raison dans l'Histoire,* c'est sans conteste Hegel... On se souvient de cette lettre envoyée à Niethammer le lundi 13 octobre 1806, jour où l'Empereur entre dans la ville d'Iéna pour l'occuper : « J'ai vu l'Empereur – cette âme du monde – sortir de la ville pour aller en reconnaissance ; c'est effectivement une sensation merveilleuse de voir un pareil individu qui, concentré ici sur un point, assis sur un cheval, s'étend sur le monde et le domine. » Puis, plus loin : « Comme je l'ai déjà fait plus tôt, tous souhaitent maintenant bonne chance à l'armée française – ce qui ne peut manquer, lorsque l'on considère la formidable différence qui sépare ses chefs et le dernier de ses soldats de leurs ennemis ; ainsi notre région sera bientôt libérée de ce déluge. »

Hegel le philosophe Prussien célèbre Napoléon l'Empereur Français qui envahit son pays... Le futur auteur des *Principes de la Philosophie du droit* s'émerveille de l'excellence des troupes impériales... Le théoricien qui rédige alors la *Phénoménologie de l'Esprit* se réjouit de l'occupation... Le penseur de la *Science de la Logique* à venir souhaite bonne chance aux soldats qui envahissent sa patrie...

Cette lettre de 1806 dispose de ramifications dans l'œuvre philosophique pure et dure. Ainsi, dans les *Principes de la philosophie du droit* (1821) et dans les cours sur l'histoire publiés sous le titre *La Raison dans l'Histoire.* Dans la *Phénoménologie,* on trouve cette fameuse phrase selon laquelle « il n'y a pas de héros pour son valet de chambre ». Cette affirmation, reprise dans les *Principes,* ne signifie pas que le grand homme ne soit pas grand, mais, parce que le valet de chambre se réduit à être ce qu'il est, il ne voit rien d'autre dans l'individu d'exception qu'un être

21

qui mange, boit, s'habille, dort, autrement dit : il ne voit que l'homme privé dans le grand homme… On songe à Napoléon, cette fameuse « âme du monde » et à son majordome qui lui tire les bottes pour son coucher…

4

**Grand Homme et Ruse de la Raison.** La partie la plus conséquente de l'effet Napoléon sur Hegel se trouve dans sa théorie du *Grand Homme* et, conséquemment, dans la *Ruse de la Raison*. Le Grand Homme dont Hegel parle, de fait, ce pourrait être l'Empereur. Mais le philosophe en propose une théorie qui convient aussi bien pour César, Alexandre et autres figures de grands meneurs dans l'histoire. Songeons également qu'en extrapolant, Homère, Dante, Shakespeare ou Goethe peuvent eux aussi figurer dans le panthéon dont Hegel propose une description pure.

Le Grand Homme n'est pas le sujet de l'Histoire, mais son objet : on croit qu'il la fait, mais, à y regarder de plus près, on découvre qu'il est fait par elle, requis par la puissance qui parcourt le réel afin de lui donner une forme et une direction. En croyant faire l'histoire, il montre que l'histoire le fait. Il existe un « Esprit du Monde », le Grand Homme en manifeste la réalité, la vérité, la substance, l'existence, la densité, la matérialité, la forme et la force. Il veut ce qu'exige l'Esprit : l'exception décide moins du monde que le monde ne décide de lui, par lui, pour lui ce qu'il faut être, faire et dire.

Dès lors, le Grand Homme exprime l'esprit de son temps, il le découvre et l'accomplit. La foule, le peuple, le grand nombre sont incapables de formuler cet esprit. Car les masses ne font pas l'histoire. En revanche, le Grand Homme *informe*, autrement dit : il donne forme à cette force qui, sinon, serait restée invisible, *informe*, c'est-à-dire dépourvue de forme. Il informe pour éviter l'informe. Mais l'informe ne peut durer longtemps car la puissance de l'Esprit doit se manifester, quelle qu'en soit l'occasion. Si Napoléon n'avait pas eu lieu, un autre que lui aurait fait le travail, probablement selon d'autres formules, mais ce qui doit être ne peut pas ne pas être. Parce qu'il est un instrument inconscient d'un dessein qui le dépasse, le Grand Homme se croit ce qu'il n'est pas : car il doit moins sa grandeur à lui qu'aux conditions qui la rendent possible.

D'où cette idée célèbre dans le corpus philosophique occidental de *Ruse de la raison* : en tant qu'il obéit, et bien qu'il croie commander, le Grand Homme est le jouet de l'histoire. La configuration de son être le met en situation de réaliser, nous dit Hegel, l'Idée, la Raison, le Concept, l'Esprit, l'Universel, le Vrai, le Monde, le Logos, la Pensée, l'Histoire. Toutes ces notions semblent complexes, indéfinissables, difficilement explicables, assez dépourvues d'un contenu lisible au premier abord tant les fumées de l'idéalisme allemand obscurcissent les choses. Mais tout s'éclaircit quand on comprend que ces notions, bien que différentes d'un point de vue du signifiant, expriment le même signifié réductible à un nouveau signifiant : Dieu...

5

**La montagne et la souris.** Dès lors, et pour faciliter la lecture de *La Raison dans l'Histoire* et des autres textes de Hegel sur ce sujet, établissons une équivalence utile en vertu de laquelle Idée = Raison = Concept = Esprit = Universel = Vrai = Monde = Logos = Pensée = Histoire = Dieu. Cette série d'équivalences posée, on saisit la nature de la pensée de Hegel qui, débarrassée de ses effets de manches rhétoriques et sophistiques, caustiques et idéalistes, se résume ainsi : « Dieu gouverne le monde ; le contenu de son gouvernement, l'accomplissement de son plan est l'Histoire universelle. Saisir ce plan, voilà la tâche de la philosophie de l'Histoire, et celle-ci présuppose que l'Idéal se réalise, que seul ce qui est conforme à l'Idée est réel. » Ce que l'on retrouve formulé dans la préface aux *Principes de la philosophie du droit* dans cette formule désormais célèbre : « Ce qui est rationnel est réel et ce qui est réel est rationnel. »

Résumons-nous et simplifions : lorsque Hegel écrit que l'Histoire « est le développement nécessaire des moments de la Raison de sa conscience de soi et de sa liberté : elle est explication et réalisation de l'Esprit Universel », entendons : l'Histoire obéit aux Lois de la Providence qui est volonté de Dieu. Autrement dit, retour à la case départ, dans le brouillard du concept hégélien on retrouve la vieille idée augustinienne de la Providence chrétienne, une idée qui traverse les siècles et se manifeste aussi bien chez Bossuet que chez Hegel, fioritures conceptuelles en moins... La montagne de l'idéalisme allemand accouche d'une vieille souris chrétienne !

Le Grand Homme est donc l'instrument de Dieu : il croit agir alors qu'il est agi ; il imagine décider quand il est décidé ; il se pense auteur de la partition, il n'est qu'interprète au service du Grand Compositeur ; il se pense voulant, il est voulu ; il se dit sujet, il est objet ; il laisse croire, en s'abusant lui-même, qu'il fait l'histoire, alors que l'histoire le fait et se sert de lui pour développer son plan confondu au vouloir du Dieu chrétien. Ce jeu de dupe nomme la Ruse de la Raison : la Raison ruse, autrement dit le Concept ruse, l'Idée ruse, l'Esprit ruse, donc Dieu ruse : il préside aux destinées du monde, il choisit le Grand Homme pour réaliser son dessein...

Le Grand Homme peut s'abuser car la foule le reconnaît comme tel, les masses saisissent ce qui, formé par sa main, devient visible, lisible, compréhensible et qui, sinon, serait resté invisible, inaudible, incompréhensible. En tant que révélateur d'une réalité, il présentifie ce qui le dépasse et le conduit. Conducteur d'âme, créateur d'Etat, révélateur du droit qu'il exprime et qui, de ce fait, se trouve toujours à ses côtés, insoucieux des valeurs communes, autrement dit agissant par-delà le bien et le mal, passionné, animé par une force qui le conduit là où elle veut, le Grand Homme triomphe en organe de l'Esprit Substantiel – ou, exprimé autrement, en outil entre les mains de Dieu...

Sa quatrième *Considération intempestive* témoigne, Nietzsche ne fut pas dupe des « chinoiseries compliquées » de Hegel, ni même de l'hégélianisme fort judicieusement lu comme une « théodicée chrétienne déguisée ». On ne sait rien des lectures directes de l'œuvre de Hegel effectuées par le père de Zarathoustra. Charles Andler tient pour probables celles de *La Philosophie de l'Histoire* et des *Principes de la philosophie du droit,* les matériaux qui contiennent sa doctrine du Grand Homme.

Quoi qu'il en soit, et bien que critiquant le style barbare de Hegel, son opacité, sa magie qui dissimule une indigence de fond sous une profusion conceptuelle formelle, il ne lui aura pas échappé que la question du grand homme et de son rapport à l'histoire, posée par Hegel, reste une interrogation ouverte. Il s'agit en effet de trouver une réponse immanente à celle-ci. Si la théodicée chrétienne recyclée par Hegel dans ses formules incantatoires ne peut satisfaire le futur auteur de *L'Antéchrist,* il faut bien considérer les choses chez d'autres philosophes dont il faut espérer qu'ils ne fassent pas eux non plus un usage trop abondant de la transcendance dans leur lecture du phénomène en question. Car on doit pouvoir répondre à la question : « qu'est-ce qu'un grand homme ? » sans avoir besoin d'en appeler à Dieu ou à n'importe quelle fiction relevant des arrière-mondes...

6

**Carlyle, Nietzsche & Napoléon.** Allons visiter un autre continent philosophique pour aborder différemment la question du grand homme. Voyons tout d'abord, trente-quatre ans après la lettre de Iéna écrite par Hegel, et dix ans après la seconde ébauche (1830) de ses cours publiés sous le titre *La Raison dans l'histoire,* ce que Carlyle (1795-1881) pense sur ce sujet. En 1840, le penseur anglais donne une série de conférences groupées sous le titre *Le Héros. Le culte des héros et l'héroïque dans l'histoire.*

Nietzsche connaît Carlyle, qu'il déteste... Et ce d'une façon injuste, car immotivée dans le fond. Qu'on en juge : il crédite le philosophe d'une nullité qui procéderait... de sa nationalité anglaise ! Dès lors, paré de tous les vices, l'auteur de *Sartor resartus* passe pour le prototype du « pessimiste dyspeptique », dixit *Le Crépuscule des idoles,* coupable d'avoir mal mangé, donc mal digéré, donc mal pensé... Je pose l'hypothèse que ces philippiques constantes contre Thomas Carlyle permettent au philosophe allemand qui raffolait de charcuterie tout en faisant l'éloge des nourritures légères (!) d'éviter la discussion frontale de ses thèses sur le Héros, une façon de dénier un ancêtre visible et avouable à son Zarathoustra...

Passons, mais retenons que dans un aphorisme du *Gai savoir* intitulé « Le culte des héros et ses fanatiques » (§ 298) Nietzsche étrille Carlyle une fois de plus (« ce vieux grognon embrouillé et prétentieux qui s'est employé, sa longue vie durant, à rendre romantique la raison de ses Anglais »...). Puis il fait de Napoléon le personnage qui a « jeté dans l'âme de ce siècle cette prostration romanesque devant le *génie* et le *héros* si étrangère à l'esprit rationaliste du siècle dernier ». Nous voilà donc à nouveau dans l'ombre de l'Empereur.

Nietzsche ne veut pas être de son siècle ; il refuse le romantisme, dont il procède pourtant terriblement ; il refuse les catégories de *génial et d'héroïque* parce qu'elles génèrent des génuflexions auxquelles il ne saurait consentir ; il se veut plutôt du siècle de

Chamfort et d'Helvétius ; il sacrifie encore à la raison classique des Lumières qui lui faisaient aimer Voltaire, comme à l'époque de *Humain, trop humain.* Mais, ce faisant, il avoue que le XIX^e siècle tranche sur le précédent quand il place en son épicentre cette question du génie et du héros. Que fera-t-il, lui, avec son Surhomme, sinon donner une variation nouvelle sur ce thème spécifiquement dix-neuvièmiste ?

## 7

**Bonaparte contre Napoléon.** Donc, Carlyle – qui n'était pas que « dyspeptique », « grognon », « embrouillé », « prétentieux », « grand faux monnayeur », « demi-comédien », « rhéteur », « insipide »… Ses conférences envisagent la question de l'origine de l'humanité avec le « héros comme *Divinité* », puis son évolution avec le héros comme *Prophète, Poète, Prêtre, Homme de lettres* et, enfin, pour finir et considérer la modernité, autrement dit le siècle de Nietzsche, *Roi,* la formule de l'héroïsme à la moitié de ce siècle de la Révolution industrielle.

L'histoire a donc évolué de Odin, le moment païen d'une religion dans laquelle les hommes ne sont pas séparés de la nature, ce que réalisera le christianisme, à Napoléon, en passant par des moments que ponctuent la vie et l'œuvre de Mahomet, Dante, Shakespeare, Luther, Knox, Johnson, Rousseau, Burns, Cromwell. Un Français constatera que, dans la galerie planétaire des héros pointés par Carlyle, on y remarque beaucoup… d'Anglais. Raison pour laquelle Napoléon se trouve crédité d'un certain nombre de vertus, certes, mais moins tout de même que Cromwell. Le lieu n'est pas, ici, d'examiner la nature du différend, mais de constater qu'une fois de plus plane l'ombre de celui qui, fuyard sur le Bellérophon, sollicitait en attendant sur son bateau, dans le port de Plymouth, une hospitalité anglaise pour échapper aux royalistes français...

Association, une fois encore, une fois de plus, du Grand Homme et de Napoléon dont Carlyle écrit qu'il est « notre dernier grand homme » – ce qui, sous la plume du penseur anglais, ne constitue pas une mince affirmation. L'auteur de *Le Héros* manifeste quelque réserve, bien sûr, sur Napoléon : comment, en effet, cet homme qui souhaitait établir une tyrannie européenne a-t-il pu s'étonner qu'on lui résiste et l'envoie à Sainte-Hélène ? Carlyle fait de Napoléon notre dernier grand homme, il résume la totalité des formes variées de l'héroïsme : à la fois Prophète, Poète, Prêtre, Homme de Lettres, le héros moderne est né au XVIIIᵉ, il procède de l'âge de l'imprimerie. Il s'incarne pour nous guider. La tâche qui incombe au peuple consiste donc à trouver l'homme le plus capable, pour l'élever à la place suprême, à savoir celle de Roi, afin de le révérer loyalement. Dans la période de la fin des Rois, Napoléon triomphe comme un Roi... Il est, après Cromwell, « notre second roi moderne ». L'histoire de ces hommes constitue la dernière phase de l'héroïsme.

Là où Cromwell s'appuyait sur la religion, Napoléon, Carlyle s'en désole, n'avait à se reposer que sur « de pauvres *Encyclopédies* sceptiques » ! Il fut d'abord grand, tant qu'il crut aux faits et aux

Evénements : il dompta la Révolution française, permit que son dessein devînt organique et qu'ainsi elle puisse vivre dans les institutions durables. Napoléon, conduit par son instinct sûr, transforma la négativité de la Révolution française en positivité institutionnelle. En cela, il fut grand.

Mais petit dès qu'il cessa de croire aux Faits pour se soumettre aux Simulacres, autrement dit quand Bonaparte devint Napoléon. A ce moment de l'histoire, il cessa d'être le vrai Démocrate qu'il fut dans son premier temps pour devenir un Tyran. De sorte que l'on peut affirmer qu'« il fut une grande ébauche, une grossière esquisse jamais complétée ». On relira cette phrase de Hegel qui écrit des Grands Hommes : « Leur but atteint, ils sont tombés comme des douilles vides. » Pour Napoléon, le but atteint ne le fut pas dans l'Empire mais dans le Bonapartisme...

## 8

**Les Surhumains d'Emerson.** Carlyle fut, on le sait, le grand rendez-vous d'Emerson qui fit un voyage en Europe *via* le domicile du philosophe écossais. Deux jours sur place, une nuit chez l'auteur de *Sartor Resartus* : l'épouse de ce dernier lui montre le collier que Goethe lui a envoyé. Emerson propose à son aîné de venir aux Etats-Unis pour enseigner ou diriger une revue. Carlyle ne dit pas non. Pas oui non plus. Ils marchent dans les landes, parlent de Cromwell, Faust, Voltaire et Robespierre, de la nécessité de l'Action et du Faire. L'Ecossais peste contre les gens de lettres, l'injustice sociale, il fustige ses contemporains, embraye sur Dieu et l'immortalité de l'âme. Les lacs au loin, le clocher de l'église, les lumières hyperboréennes, Emerson se remplit l'œil et l'âme. L'amitié durera le restant de la vie. La correspondance témoigne. Nietzsche aimait Emerson qui aimait Carlyle, mais n'aimait pas Carlyle qui, pourtant, aimait Emerson...

Bien sûr, Emerson lut *Les Héros* paru en 1840. Et il publia en 1850 ses *Hommes représentatifs*. L'édition française avec la traduction de J. Izoulet et F. Roz paraît en 1895 chez Armand Colin sous un titre qui ne renvoie à rien d'explicitement écrit par Emerson, (puisque le titre anglais est *Representative Men*!) à savoir... *Les Sur-Humains*! Probablement une liberté d'éditeur, autrement dit une licence de marchand de papier qui surfe sur la vague nietzschéenne française de l'époque. Une nouvelle édition sort chez Georges Crès en 1920, elle traduit au plus près du titre original par *Hommes représentatifs*, mais persiste avec un sous-titre nietzschéen : *Les Surhumains*, cette fois-ci en un seul mot... Les dates témoignent pourtant : Emerson n'a pu être nietzschéen, son œuvre était déjà faite quand Nietzsche publie ses livres vraiment nietzschéens, alors que Nietzsche aurait pu être emersonien, à défaut d'être transcendentaliste...

Nietzsche fut très tôt passionné par Emerson. Dès Pforta il cite le philosophe américain dans ses travaux de collège. Dans la malle de cent quatre kilos de livres l'accompagnant dans ses centaines de pérégrinations européennes, il y a Emerson. Les *Essais* lus de bonne heure, très appréciés (un peu moins, plus tard, pour le second volume...), et volés un jour par un quidam dans une gare avec *La Conduite*

*de la vie* et *Société et solitude*. Dans des papiers classés
sous la rubrique fragments posthumes, on peut lire
à propos d'Emerson : « L'homme de ce siècle le
plus fécond en pensées »... A-t-il lu les *Hommes représentatifs* ? Rien ne permet de l'affirmer.

Dans cet ouvrage, le philosophe transcendentaliste pose tout de suite cette question : « A quoi
servent les grands hommes ? ». De sorte qu'une
équivalence de fait s'établit entre les *Hommes Représentatifs* et les *Grands Hommes*. Cette proximité
sémantique permet donc d'aborder la question en
affirmant que la grandeur réside dans la repré-
sentativité. Plus l'homme *représente* son temps, son
époque, sa civilisation, sa culture, son continent géo-
graphique, historique ou mental, plus il est *grand*...
Une galerie de portraits s'ensuit dans laquelle on
découvre : Platon le philosophe, Swedenborg le
mystique, Montaigne le sceptique, Shakespeare le
poète, Goethe l'écrivain et Napoléon « l'homme de
l'univers ».

9

**Liés à la Surâme**. Notre nature consiste à aimer
et à suivre ces Grands Hommes qui constituent des
modèles, des héros. Ils habitent les plus hautes
sphères de la pensée et l'on ne saurait aborder
cette question sans mettre en perspective le Grand
Homme et la Surâme (*Oversoul*), une notion typi-
quement emersonienne qu'on peut également tra-
duire par *l'Ame du Monde* ou encore l'*Ame universelle*.
Dieu existe, certes, mais pas sur le mode anthropomorphe du judéo-christianisme avec les attributs de

l'hyperconscience, de l'omnipotence, de l'omniscience, de l'omniprésence, et autres vieilles lunes théistes...

En revanche, on saisit mieux sa nature lorsque l'on comprend la série d'équivalences permises par la lecture de *Nature* ou bien du livre paru en 1877 et qui s'intitule *Les Forces éternelles*, deux textes qui associent Dieu, l'Esprit du Monde, l'Energie de la Nature, les Forces cosmiques... Emerson l'Américain se trouve à la croisée de Platon et de Spinoza, de Plotin et de Hegel, sinon de Goethe. La Nature procède de la Surâme, quasiment sur le mode de la participation platonicienne.

De la même manière, les individus participent de la Surâme et ce de façon inégale, certains peu, d'autres intensément. Le Grand Homme entretient une relation privilégiée, forte, directe, irrationnelle, instinctive, immédiate avec la Surâme. La foi en la nature, à laquelle nous invite le philosophe transcendentaliste dans *La Confiance en soi*, permet à chacun d'accéder à la divinité du monde et d'expérimenter la jouissance de cette communion mystique avec les forces qui constituent l'être du réel et l'assurent de sa durée. Le Grand Homme fonctionne en réceptacle privilégié de la Surâme, il en assure la lisibilité, la visibilité.

Sa fonction dans le monde ? L'exemplarité, la contamination par l'existence irradiante, la révolution par capillarité : son contact électrise, sa présence dynamise, sa compagnie se révèle contagieuse. On le voit penser et agir plus vite, plus fort, plus haut, plus juste et plus vrai que les hommes du commun ; il saisit dans l'instant la nature du réel alors que les autres croupissent dans l'obscurité intellectuelle, instinctive, spirituelle ; il résout des problèmes avant même que le quidam saisisse l'existence d'un problème ; il emporte les suffrages par sa pensée et son action qui légitiment le réel : avec lui, on comprend que les choses ne pouvaient être autrement que ce qu'elles ont été ; il surprend par sa facilité déconcertante ; il travaille tout entier tendu vers un seul but car il concentre son action ou sa pensée sur un seul sujet, une seule question, un seul monde : il se révèle ontologiquement monomaniaque.

Enfin, il existe pour rendre possible le progrès dans l'Histoire, car son imitation, ou, du moins, le fait qu'il inspire des pensées et des actions à d'autres hommes qui s'élèvent à leur tour, génère des changements, des transformations, des avancées dans le monde qui poursuit ainsi sa course vers plus de perfection. Le Grand Homme n'existe que pour générer à nouveau de Grands Hommes qui, à leur tour, travaillent sans le savoir à la production de nouvelles individualités d'exception. Ainsi va la bonne marche de l'Histoire.

## 10

**Grand Homme, transcendance et immanence.** Les philosophes qui abordent la question du Grand Homme dans ce premier moment de la pensée du XIX$^e$ siècle le font en regard d'une vision du monde sinon dualiste, du moins transcendante. Ainsi Hegel avec son « Esprit Absolu », Carlyle avec son « Mystère de l'Univers », Emerson avec sa « Surâme ». *La Raison dans l'Histoire* (1830), *Le Héros* (1840) et les

*Hommes représentatifs* (1850) proposent une lecture de ce phénomène en rapport avec des arrière-mondes et de l'irrationnel. Sous couvert de vocabulaire technique, ces penseurs recyclent peu ou prou la vieille théorie chrétienne de la Providence : Dieu existe, peu importe ses qualités ou ses définitions, là n'est pas le problème, et l'Histoire n'est jamais que le développement de son Vouloir, de sa Volonté. Dans cette configuration métaphysique, au sens étymologique, le Grand Homme est l'instrument inconscient de ce Dessein divin. La lumière de Napoléon dans le siècle brille en ombre projetée d'un Dieu dont Feuerbach a déconstruit la formule anthropomorphe.

Ces mystiques à leur manière envisagent le Grand Homme comme un trait d'union entre l'Humain et le Divin. Leur surhumanité procède de plus que leur humanité, de moins que leur divinité, mais d'un pas effectué en dehors de l'humain en direction du divin. Plus proches des dieux, ils s'éloignent des hommes, mais leur montrent la direction pour s'approcher de Dieu, se grandir, dépasser leur petite humanité.

## 11

**Un cicerone de Nietzsche.** Nietzsche ne veut donc pas un Grand Homme du genre avatar de Dieu sur terre, du moins interprète aveugle de sa volonté, instrument inconscient de son dessein, trait d'union entre ce monde-ci et un autre monde accessible aux seules natures d'exception, mais un Grand Homme à la fois... Homme et Grand. Homme, autrement dit dans ce monde-ci, incarné, impliqué, susceptible d'une biographie, vivant, praticien de l'existence, et grand parce que, dans son incarnation, son implication, sa biographie, il se montre supérieur au restant de l'humanité.

Pour comprendre cet homme-là, Nietzsche demande son concours à la science. Il a la révélation de l'Eternel Retour, certes, et ce sur le mode mystique, lyrique, charnel, intuitif, instinctif, viscéral, mais il lit nombre d'ouvrages consacrés à la question du temps et de la possibilité d'envisager une lecture non chrétienne du temps, autrement dit de renouer avec les formules du temps cyclique, grecques ou orientales. Fin 1881, lui qui a une formation de philologue envisage de reprendre des études et d'aller à Vienne, ou à Paris, pour affiner ses connaissances en médecine, en biologie, en chimie, en sciences naturelles. Dès lors, si Grand Homme il y a, l'explication n'en sera pas transcendante, mais immanente.

Dans sa formation intellectuelle, une figure compte chez Nietzsche si soucieux de trouver des pères de substitution – avant d'en parfaire la formule avec le Surhomme... – : Jacob Burckhardt (1818-1897) auteur suisse d'un *Cicerone* paru en 1855 dans lequel ce professeur d'histoire des civilisations propose une visite guidée, sur papier, des chefs-d'œuvre de l'art italien. Nietzsche, alors âgé de vingt-six ans et professeur à l'université, assistait aux cours de Bâle avec une soixantaine d'auditeurs. Ce cours publié sous le titre *Considérations sur l'histoire universelle* contenait un long développement sur le rôle du Grand Homme dans l'histoire.

On lui doit également *L'Epoque de Constantin le Grand* (1853) et une monumentale *Civilisation de la Renaissance en Italie* (1860), autant d'ouvrages ayant profondément influencé le fond de la pensée nietzschéenne : sur l'importance du modèle grec dans les civilisations postérieures ; l'excellence de la grande individualité de la Renaissance ; le rôle architectonique de la conversion de Constantin au christianisme dans la construction de l'Europe ; le fond schopenhauérien et romantique de l'analyse historique ; la prescience des combats à venir entre le capitalisme et le prolétariat dont il se méfiait à parts égales ; le diagnostic pertinent de la haine des masses pour la culture ; la méfiance à l'endroit des trois monothéismes ; la détestation de l'Etat moderne ; la valeur éthique de l'art ; la nature de franc-tireur de ce solitaire célibataire qui aime les chats mais déteste l'institution et refuse les honneurs...

En 1871, pendant la Commune de Paris, la nouvelle (fausse) que les communards auraient incendié les collections du Louvre en mettant le feu aux Tuileries parvient aux oreilles de Nietzsche. Effondré, il se rend chez Burckhardt qui, abasourdi, se met en route pour le retrouver ! Les deux hommes qui se rendent mutuellement l'un chez l'autre se manquent mais, quand ils se retrouvent, émus jusqu'aux larmes, ils ne peuvent que se serrer vivement les mains, des sanglots dans la gorge.

(Dans une lettre à son ami Gersdorff qui témoigne de l'état d'abattement moral et spirituel dans lequel se trouve Nietzsche, on peut lire ceci : « nous sommes *responsables* des horreurs qui ont eu lieu. Gardons-nous donc, du haut de notre orgueil, de rejeter uniquement sur ces malheureux le crime d'avoir déchaîné la lutte contre la culture humaine » – ce qui dispensera de souscrire à l'indigente lecture marxiste d'un Nietzsche défenseur de l'absolutisme féodal, ennemi du prolétariat et fondateur de l'impérialisme selon la version du stalinien Luckas dans *La Destruction de la raison...*)

Nietzsche croit à cette époque où il s'apprête à publier *La Naissance de la tragédie*, un livre extrême- ment burckardtien, au salut par l'art, la culture, le théâtre, la musique ; il pense la civilisation suscep- tible d'être révolutionnée non par la dictature du prolétariat, l'histoire du siècle suivant lui donne amplement raison et radicalement tort à Luckas et ses rejetons, mais par une réactivation du tragique grec dans les formes de l'Allemagne contemporaine, dont Wagner ; il veut sortir du nihilisme et du pes- simisme contemporain par l'esthétique, en l'occur- rence le drame musical. Dans cette tâche confiée au *philosophe artiste*, le Grand Homme joue un rôle important.

## 12

**Les voix intérieures.** Quelle est la conception du Grand Homme défendue par Jacob Burckhardt dans les cours de Bâle suivis par le jeune Nietzsche ? Le Grand Homme synthétise à merveille les forces du passé et du présent : on comprend que Nietzsche puisse souscrire à cette idée qui permet à une figure contemporaine, Wagner par exemple à cette époque de sa vie, de cristalliser la Grèce de Prométhée et de Pindare, d'Eschyle et d'Euripide et la Renaissance de Machiavel et Raphaël, de Michel-Ange et Palestrina.

Le Grand Homme agit et on le retrouve dans de nombreux domaines d'activités. Dans cette grande et majestueuse galerie se trouvent le fondateur de religion et la figure historique majeure, le poète et l'artiste, l'architecte et le musicien, le peintre et le sculpteur, mais également le philosophe comme couronnement du tout. Evitons de confondre le Grand Homme et l'homme célèbre : le premier réalise l'esprit de son temps, conduit par une force irrésistible et viscérale, le second utilise les recettes du moment pour obtenir son petit succès trivial et opportuniste en illustrant les tendances de son temps, l'un écoute sa « voix intérieure » l'autre n'a de cesse de « se commercialiser » – déjà en 1870...

Leur fonction ? « Exprimer la nature intime de leur époque et celle du monde pour la transmettre à la postérité comme un message inépuisable. » Non pas exprimer le dessein de Dieu, mais manifester, révéler au sens photographique du terme, la vérité d'un moment de l'histoire. Nous ne sommes plus dans la lecture verticale et transcendante du phénomène, mais dans son déchiffrage horizontal et immanent. La matière de l'histoire universelle se cristallise en lui selon des lois organiques concrètes. On ignore le processus généalogique dans le détail, mais on constate le produit fini : le Grand Homme emporte l'assentiment par sa parole, ses gestes, son action. On le sait, on le sent, on le voit unique, irremplaçable : ce qu'il a fait, personne d'autre ne l'aurait fait, de sorte qu'il participe à la complétude du monde qu'il parfait sans cesse.

Nietzsche qui, bien qu'il s'en défende, est un romantique, ne peut pas ne pas souscrire à cette lecture de l'histoire écrite par le Grand Homme qui *incarne* la chair de son temps et de son époque. Alors que le socialisme dans sa formule marxiste affirme, par exemple dans le *Manifeste du Parti communiste* de 1848, que les masses font l'Histoire, Burckhardt, et Nietzsche dans la foulée, pensent que les Grands Hommes font l'Histoire. Pas seuls, bien sûr, avec les masses évidemment, mais l'Histoire ne se ferait pas sans leur intermédiaire.

Et puis il y a cette idée, qui, évidemment, enthousiasme le jeune professeur d'université, à l'étroit dans son habit de philologue dans une institution suisse, selon laquelle : « C'est avec les grands philosophes seulement que nous entrons dans le domaine de la vraie grandeur, unique et irremplaçable, de l'énergie défiant toute norme et de la relation à l'universel. » Nietzsche se trouve toujours sous l'emprise de sa lecture de Schopenhauer, un coup de foudre métaphysique datant de 1866 qui le conduit vers la philosophie et le détourne de la philologie.

## 13

**Portrait du Grand Homme**. Jacob Burckhardt établit le portrait du Grand Homme : il n'est pas un modèle, mais constitue une exception dans l'histoire universelle ; il dispose de force et de facilité dans les activités intellectuelles et physiques ; il montre des aptitudes à connaître autant qu'à créer ; il excelle autant dans l'analyse que dans la synthèse ;

il se concentre à volonté sur n'importe quel sujet ; il montre une facilité désarmante à réaliser ce qui résiste habituellement à l'homme du commun ; il saisit les choses clairement alors que l'obscurité triomphe pour tous les autres ; il découvre les rapports les plus intimes des choses ; il saisit d'un seul coup d'œil le détail et l'ensemble ; il agit sans hésitation car il connaît l'instant propice ; il exclut la contemplation pure ; il est animé d'un désir violent de dominer la situation ; il montre à l'ouvrage une force de volonté incroyable ; il irradie autour de lui une « contrainte magique » ; il accomplit des choses nécessaires que personne d'autre que lui ne pourrait mener à bien ; il s'expose à des dangers graves et constants ; il affirme sa puissance indépendamment de la morale incapable d'entraver son action ; il fascine et on cherche à l'approcher, à le rencontrer ; il est choisi par le peuple qui le reconnaît comme tel ; il saisit la nature intime du particulier et de l'universel ; il assigne aux sciences des directions et des perspectives particulières ; il est à la hauteur de toutes les situations ; il développe ses facultés intellectuelles au fur et à mesure de son accomplissement...

Les *Considérations sur l'histoire universelle* ne théorisent pas sur des noms livrés en passant – Montaigne et La Bruyère, Raphaël et Mozart, Schiller et Shakespeare, Michel-Ange et Copernic, Galilée et Kepler, Alexandre le Grand et Dante, Mahomet et Goethe, César et Cromwell, Richelieu et Charles Martel, injustement oublié selon lui, Charlemagne et... Napoléon évidemment. Il y a parmi ces figures emblématiques un individu ayant compté pour Nietzsche dans la généalogie de son Surhomme, un personnage qui effectue à sa manière le passage entre le Grand Homme façon Hegel, Carlyle, Emerson, Burckhardt et la figure de Zarathoustra, le nom propre du Grand Homme nietzschéen : il s'agit de Goethe dont Nietzsche nous parle dans le *Crépuscule des idoles* comme d'un « être intégral ». Qu'est-ce qu'un homme intégral ?

## 14

**De « l'Homme Intégral ».** Nietzsche n'a jamais été prodigue en compliments, pas au point, du moins, qu'on n'entende pas ceux qu'il réserve à Goethe dans ses dernières pages publiées : « Goethe est le dernier Allemand pour qui j'ai du respect »... (De même, dans *Le Voyageur et son ombre*, les *Conversations avec Goethe* d'Eckermann sont « le meilleur livre allemand qu'il y ait »...) Qu'est-ce qui, dans la vie et l'œuvre de Goethe, permet à l'auteur écorché de *Par-delà le bien et le mal*, lyrique d'*Ainsi parlait Zarathoustra*, en colère de *L'Antéchrist*, exalté d'*Ecce Homo*, vindicatif du *Crépuscule des idoles*, de sauver l'auteur de *Faust* transformé en « être intégral » ?

Goethe, un génie précoce, écrit des pièces de théâtre avant l'âge de dix ans ; il apprend les langues, le dessin, le piano, la danse, l'escrime, l'équitation ; il fait son droit sans passion, vit en dandy, mais s'enthousiasme pour la littérature ; gravement malade pendant deux années, il sort fortifié psychiquement de cette épreuve ; il suit des cours de médecine, d'anatomie et de chimie et assiste à des dissections ; il a du succès avec ses premières œuvres dont *Goetz de Berlichingen* ; il est passionné par la figure de Prométhée ; il ne croit pas au Dieu anthropomorphe des chrétiens ; il se prend de passion pour Spinoza ; il aime l'Italie ; il est un homme d'action et, ministre du duc, construit des routes, des ponts, s'occupe de la guerre et des finances ; il étudie la géologie, la minéralogie, l'optique, la botanique et écrit sur ces sujets des livres qui font date ; il aime les volcans ; il converse avec Hegel et le met en garde contre certain usage de la dialectique ; il apprend la peinture, le dessin, le modelage ; il pense que l'artiste est la perfection de l'homme ; il dirige un théâtre pendant plus d'un quart de siècle ; il est l'ami de Schiller ; il voit la guerre sur les champs de bataille ; il est à Valmy ; il écrit son autobiographie, *Poésie et vérité*, en partant du principe que les lois qui président au développement d'une plante sont celles qui gouvernent l'évolution d'un être ; il sublime Faust ; il utilise des expressions qui ne peuvent que séduire Nietzsche : « En deçà du bien et du mal » dans *Complices*, un ouvrage de jeunesse, « la nature surhumaine » dans *Faust* (vers 486-490) ; il n'aime pas la Révolution française qui fait couler trop de sang ; il tombe amoureux régulièrement et vit avec une compagne simple qui lui donne des enfants ; il s'intéresse à l'Orient ; il connaît une incroyable vitalité, une réelle verdeur, jusqu'à sa mort octogénaire.

Et puis il est cet « événement européen » comme l'écrit Nietzsche dans *Le Crépuscule des idoles* qu'un certain Napoléon souhaite rencontrer lors de sa présence à Erfurt en 1808. Dans cette ville, l'Empereur avait convoqué en congrès deux empereurs, dont le tsar de Russie, quatre rois, trente-quatre princes, quantité de ministres, des généraux et les habituels parasites de cour. Le matin, tout ce beau monde assiste au lever du Corse ; le soir, théâtre pour tout le monde. Quand Napoléon apprend que Goethe se trouve dans la ville, il souhaite le rencontrer. Les deux hommes se font face le 2 octobre 1808 à onze heures. Le poète du *Sturm und Drang* rencontre l'artiste des champs de bataille, l'auteur des *Souffrances du jeune Werther* se tient debout devant celui du 18 Brumaire, Talleyrand assiste à la scène. Napoléon apprend à Goethe qu'il avait emporté *Werther* dans ses malles et l'a lu sept fois... Il avoue qu'il n'a pas aimé la fin, Goethe rétorque, en fabriquant un bon mot pour l'histoire : « Evidemment, votre majesté n'aime pas qu'un roman se termine »...

Tous deux parlent des traductions de Voltaire faites par Goethe, des mécanismes du roman goethéen, de la tragédie et du destin. L'Empereur lui propose de venir à Paris – « Je l'exige de vous » –, probablement pour qu'il soit son Eckermann... Le poète n'ira pas. L'Empereur épingle la Légion d'honneur sur le revers du vêtement de l'écrivain allemand. Lorsqu'il sort de la pièce, Napoléon dit à Daru, Grand Intendant des Armées, et Berthier, Chef de l'Etat-major : « Voilà un homme ! » Quelque chose qui, en latin, donne... *Ecce Homo*.

Cette rencontre aura des effets sur Goethe. Dans une lettre à Cotta il écrit le 2 décembre 1808 que rien ne pouvait lui arriver de plus grand et de plus agréable dans sa vie que cette rencontre avec l'Empereur. Il avoue avoir été traité d'égal à égal. Conséquence, il se veut l'équivalent de Napoléon dans l'Empire des lettres européennes. Conscient de ce qu'il est, il veut être celui qu'il est en appuyant sur son destin. Lui qui avouait que sa littérature était

toujours autobiographique, il se remet à son *Faust*...
Si l'homme faustien peut signifier quelque chose, il
faudra l'entendre et le penser une fois de plus dans
l'ombre de Napoléon. L'homme entrevu par l'Empereur c'est probablement « l'homme intégral » dont Nietzsche parle : un
corps trempé dans l'acier et une âme à l'avenant,
une sensibilité à fleur de peau et une force invin-
cible, une passion pour la vie et un talent pour en
saisir théoriquement et pratiquement la quintessence, un homme de pensée doublé d'un homme
d'action, un poète et un ministre, un amoureux cha-
viré par les femmes et un tempérament que n'égare
pas la passion, un artiste talentueux en tout et un
scientifique évoluant à égalité avec les grands du
moment, un sédentaire enraciné et un cosmopolite
avéré, un Allemand et un Européen.

15

**L'esquisse du Surhomme.** Lisons Nietzsche bros-
sant le portrait de Goethe dans *Le Crépuscule des
idoles* : « Ce qu'il voulait, c'était la *totalité* ; il combat-
tit la séparation de la raison et de la sensualité, du
sentiment et de la volonté (prêchée par Kant, l'anti-
pode de Goethe) ; il se disciplina pour atteindre à
l'être intégral ; il se *fit* lui-même... » Et, quelques
lignes plus loin : « Goethe concevait un homme fort,
hautement cultivé, habile à toutes choses dans la vie
physique, se tenant lui-même bien en main, ayant
le respect de sa propre individualité, pouvant se
risquer à jouir pleinement du naturel dans toute sa
richesse et toute son étendue, assez fort pour la

liberté ; l'homme tolérant, non par faiblesse, mais par force, parce qu'il sait encore tirer avantage de ce qui serait la perte des natures moyennes ; homme pour qui il n'y a plus rien de défendu, sauf du moins la faiblesse, qu'elle s'appelle vice ou vertu... Un tel esprit *libéré*, apparaît au centre de l'univers, dans un fatalisme heureux et confiant, avec la foi qu'il n'y a de condamnable que ce qui existe isolément, et que, dans l'ensemble, tout se résout et s'affirme. Il ne nie plus... Mais une telle foi est la plus haute de toutes les fois possibles. Je l'ai baptisée du nom de Dionysos. » Nous aurons bientôt le choix proposé par Nietzsche : « Dionysos ou le Crucifié »...

Tant qu'il n'a pas trouvé son concept de Surhomme, ni précisé sa nature dans *Ainsi parlait Zarathoustra* (1885), Nietzsche se montre bienveillant avec la notion de « Grand Homme ». Dans *Schopenhauer éducateur*, il souhaite que l'humanité travaille à engendrer quelques grands hommes ; dans *Aurore* (§ 548), il célèbre son invisibilité, « comme une étoile trop lointaine » et sait que sa « victoire sur la force demeure sans témoins ». Dans *Ainsi parlait Zarathoustra*, le monument du Grand Homme qu'est le Surhomme, Nietzsche tue le Père pour faire advenir son Fils. Le Grand Homme devient dès lors « le comédien de son propre idéal » ; dans *Par-delà le bien et le mal*, un « mauvais petit poème fait après coup » ; dans *Le Crépuscule des idoles* le « singe de son idéal », dans *Nietzsche contre Wagner* une « mauvaise petite fable »... Le temps est venu pour le Surhomme de discréditer, de surclasser, de déclasser le Grand Homme ayant servi d'esquisse...

## 16

**Une vie sublime.** Le personnage du XIX^e siècle se trouve peut-être peint chez Caspar David Friedrich – du moins c'est le cas pour Jean-Marie Guyau et Frédéric Nietzsche. Les petites toiles du grand maître, on le sait, représentent la plupart du temps des paysages magnifiques avec, au premier plan, de dos, un tout petit personnage : une mer de nuages contemplée du sommet d'une montagne, un glacier, une vaste plaine surmontée d'un arc-en-ciel, une grande étendue recouverte par la neige, une mer polaire et ses blocs de glace, un naufrage, une nuit de pleine lune, un coucher de soleil avec ses incandescences chromatiques, des orages, le fracas écumant des torrents, les mers d'huile sur lesquelles la lune se reflète, autant de situations qui permettent d'appréhender ce que Saint-Evremond nommait la *vastitude*.

L'expérience de cette vastitude renvoie le spectateur à la petitesse de sa condition de mortel, de fragment conscient d'un monde beaucoup plus grand que lui, d'un cosmos sans limites. Depuis Copernic, donc, on sait l'univers infini ; avec Darwin, on apprend que l'homme est un mammifère parmi d'autres ; Spinoza enseigne que le libre arbitre n'existe pas, que la conscience n'est pas ce qui guide et conduit, mais un *conatus* qui est fragment de la totalité. Voilà donc l'homme, après la mort de Dieu, seul dans un cosmos, envahi par l'angoisse existentielle, la peur, la crainte, le désespoir.

A moins d'une solution, le spectacle de cet univers anxiogène quand on n'y trouve pas sa place devient jubilatoire si l'on s'y intègre pleinement. L'homme est un météorite lancé dans l'univers ? Et alors : qu'il le sache, y consente, aime cet état, ainsi, il trouvera sa place dans les galaxies ! Dans ce monde tragique de ténèbres, entre deux infinis qui engloutissent les natures intellectuelles les mieux charpentées, dépourvus de libre arbitre et lancés à des vitesses folles dans la machine aveugle de l'univers, cette jouissance reste possible : le sublime, l'existence sublime, la vie sublime.

Kant analyse le sublime dans sa *Critique de la faculté de juger* en 1790, Hegel aborde le sujet dans ses *Leçons sur l'esthétique,* Schopenhauer questionne la notion dans *Le Monde comme volonté et comme représentation,* Schiller, l'ami de Goethe, écrit *Du sublime* en 1801 : les philosophes s'interrogent sur le sublime dans l'esthétique, autrement dit, dans le jugement de goût. On peut extrapoler et aborder la question du *sublime dans une vie,* du *sublime de la vie* ou de *la vie sublime :* c'est un souci du XIX^e^ siècle.

La vie sublime, c'est le contraire de la vie mutilée. Elle recouvre la vie pleine de vie, l'existence solaire et radieuse branchée sur l'énergie du monde, elle consomme et consume la vitalité du cosmos. L'humain rabaissé par Darwin à l'animal génère une volonté de surhumain réparateur de blessure narcissique. La construction du surhomme suppose un *hédonisme vitaliste* ou un *vitalisme hédoniste* qui prend place dans cette *Contre-histoire de la philosophie* comme un maillon essentiel à la production de la modernité du XX^e^ siècle. Le nietzschéisme est un hédonisme qui infusera le freudisme sans lequel, quoi qu'il en coûte, nos temps n'auraient pas eu lieu.

# I

## JEAN-MARIE GUYAU

### *et « La jouissance suprême »*

# 1

**Une comète nommé Guyau.** Dans le ciel des idées philosophiques, un fragile personnage nommé Jean-Marie Guyau laisse sa trace : une douzaine de livres écrits entre dix-neuf et trente-trois ans, l'âge auquel il quitte cette terre pour un cosmos sur lequel il a poétiquement disserté. Fontenelle fut probablement le doyen des philosophes, avec ses quasi-cent ans, Epiphane le gnostique son benjamin en disparaissant à dix-sept, mais Guyau fut sans conteste son génie précoce car, avant vingt ans, il rédige un ouvrage de plus de mille pages sur l'épicurisme du Jardin de son temps au sien, en l'occurrence le XIX<sup>e</sup> siècle. A sa manière, anti-kantienne pour le dire en un mot, il s'inscrit en héritier de ce lignage épicurien, utilitariste, hédoniste, conséquentialiste.

Jean-Marie Guyau naît le 28 octobre 1854 à Laval dans la Mayenne. Son père, Jean, gagne sa vie comme négociant en drap, sa mère, Augustine Tuillerie, est la fille d'un fabricant de textile. Les parents se séparent en juin 1855, moins d'un an, donc, après la naissance de leur fils. Le père, jaloux, frappe sa femme jusqu'à, semble-t-il, une tentative d'assassinat. Augustine Tuillerie obtient la garde de son enfant et travaille comme institutrice. Elle écrira des ouvrages de pédagogie qui constituent d'authentiques succès de librairie, dont *Francinet. Principes généraux de la morale, de l'industrie, du commerce* (1869) qui connaîtra plus de cent éditions, *Les enfants de Marcel* (1887), mais aussi, et surtout, sous le pseudonyme de G. Bruno (en mémoire de Giordano Bruno brûlé vif par l'Inquisition catholique en 1600...) le fameux *Tour de la France par deux enfants* (1877), le best-seller des écoles de la République qui enseigne la morale et le civisme aux enfants du primaire. Plus de huit millions d'exemplaires de ce « Petit livre rouge de la République » (pour le dire comme Jacques et Mona Ozouf), seront vendus jusqu'à ce jour, soit plus de cinq cents rééditions...

Un jeune homme, amoureux transi, entre dans la vie d'Augustine vivant seule avec Jean-Marie. A l'époque, la morale moralisatrice triomphe, et le statut de femme seule avec son enfant est déplorable. Alfred Fouillée est le fils d'un directeur de carrière d'ardoise qui se préparait aux études mais n'a pu mener à bien son projet à cause de la mort de son père. Il lui succède en renonçant au projet de s'inscrire à l'Ecole normale supérieure.

Fouillée travaille seul, prépare l'agrégation de philosophie et l'obtient. Il soutient sa thèse, *La liberté et le déterminisme*, en 1872, et ce fut un événement : Mgr Dupanloup était dans le public pour accumuler les arguments et les griefs contre lui, Jules Simon, ministre, le soutenait à mi-mot, Gambetta et Challemel-Lacour écoutaient religieusement. Gambetta, séduit par le brio du personnage, lui propose une carrière politique, il refuse. Philosophiquement, on lui doit la théorie des *idées-force,* celle du *quasi-contrat* et du *solidarisme* habituellement associé à Charles Gide. Il écrira en 1902 un *Nietzsche et l'immoralisme* qui popularise l'idée fausse d'un philosophe allemand célébrant la guerre, la violence, la brutalité naturellement issue de sa « race »...

On ne pouvait attendre autre chose de ce farouche républicain, clairement laïc, défenseur de la libre pensée, partisan d'une démocratie appuyée sur des élections proportionnelles. Il écrivit un livre de piété paternelle : *La morale, l'art et la religion d'après Guyau* en 1892. Le livre s'ouvre sur une héliogravure de Guyau, cheveux ondulés, barbichette et moustache, le regard très clair, la bouche légèrement entrouverte, col cassé blanc, lavallière qui semble en soie, veste croisée à motifs pied-de-poule : le philosophe regarde au loin, déjà absent, bien que présent à l'exercice de style photographique. L'ouvrage se conclut avec des études publiées sur les œuvres posthumes et l'influence de Guyau qui fut grande en son temps. Quand il disparaîtra, le propre fils de Guyau, Augustin, réitérera le geste d'hommage de son grand-père affectif en publiant *La philosophie et la sociologie d'Alfred Fouillée.*

Fouillée enseigna trois années à l'Ecole normale supérieure de Paris avant de renoncer pour raisons de santé précisent les notices biographiques, mais sans imaginer que ces raisons concernent Jean-Marie, son fils adoptif, qui a contracté la tuberculose et doit rechercher des cieux plus cléments pour son affection que l'air parisien. La famille s'installe donc à Menton. Ils y vivent de façon nucléaire : la mère écrit ses livres de pédagogie, le père ses ouvrages de philosophie, le fils travaille à son œuvre tout autant qu'à celle de Fouillée qu'il assiste dès l'âge de quatorze ans.

En 1882, à l'âge de vingt-huit ans, Guyau épouse une jeune fille que, semble-t-il, on lui a laborieusement trouvée, Marguerite André Barbe qui, sous le pseudonyme de Pierre Ulric, publie de la littérature (mélancolique) pour la jeunesse dont *Aux domaines incertains* (1906) et *Parmi les jeunes* (1911) un livre préfacé par... Alfred Fouillée. Leur fils, Augustin, naîtra l'année suivante, en 1883. Son père parle dans *Education et hérédité* du bonheur d'entendre les petits pas des pieds nus de son fils et rapporte combien la tâche de père se révèle éminemment philosophique et riche d'enseignements. Augustin deviendra ingénieur, il écrira une thèse sur *Le Téléphone, instrument de mesure, oscillographe interférentiel* puis une thèse complémentaire intitulée *Mémoire sur les eaux usées...* Il éditera et préfacera *Humanitaires et libertaires au point de vue sociologique et moral* de son grand-père Alfred Fouillée. Il mourra à la guerre le 1er juillet 1917 à trente-trois ans, l'âge de la disparition de son propre père...

Madame Tuillerie vivra clandestinement avec Alfred Fouillée pendant plus de trente années sans que personne ne s'en aperçoive. Alfred Fouillée présente *Le tour de la France par deux enfants* à Belin, son éditeur, en dissimulant l'identité de sa compagne. Le pseudonyme assez clair pour les lecteurs avisés de G. Bruno renseigne sur les intentions de cet auteur caché : il s'agit de lutter contre la superstition, les préjugés et de militer pour la vérité républicaine, positiviste et scientifique. Il lui faudra attendre la loi Naquet en 1884 pour divorcer du père de son enfant et vivre en pleine lumière avec Alfred Fouillée, l'homme de sa vie avec qui elle vécut cachée pendant vingt-huit ans. Son fils meurt en 1888, son premier mari en 1894, Alfred Fouillée en 1912, son petit-fils en 1917, elle-même en 1923 âgée de quatre-vingt-dix ans.

## 2

**Un phalanstère cérébral.** Jean-Marie Guyau évolue dans ce milieu intellectuel purement cérébral : tout est tendu vers le travail, la pensée, l'écriture, la lecture, la production de livres. A l'âge où les garçons courtisent leurs premières jeunes filles, vers quinze ans, Jean-Marie Guyau lit de façon vorace et systématique les auteurs les plus sévères. Platon, Epictète et Kant remportant sa faveur sur le terrain philosophique, Corneille, Hugo et Musset pour la littérature.

Idéaliste dès ses plus jeunes années, Guyau persiste dans cette logique moins par passion spiritualiste que par conviction antimatérialiste : l'auteur de *l'Esquisse d'une morale sans obligation ni sanction* défend la morale moralisatrice, et le signataire de *L'Irréligion de l'avenir* soutient en Républicain les prêtres, la religion et la croyance en Dieu. Nombre de malentendus concernant Guyau et sa philosophie – « Nietzsche français » ou « jeune philosophe anarchiste » – relèvent d'une lecture de ses seuls titres et d'une extrapolation fautive effectués à partir de ces coups de génie de couverture...

Alfred Fouillée a des problèmes de vue. D'aucuns parlent de surmenage intellectuel. Jean-Marie Guyau lui prête ses yeux : il lit pour lui, synthétise pour lui, rédige, écrit pour lui, parfois même pense pour lui, avec lui. Certaines thèses, dit-on, de *La Philosophie de Socrate* et *La Philosophie de Platon,* deux ouvrages de Fouillée, doivent à l'exceptionnelle sagacité du jeune homme. Plus tard, on affirmera également que certaines thèses de livres de Guyau publiés de manière posthume par son beau-père, relèvent plus de l'ancien que du jeune homme. La conclusion est que la pensée de l'un nourrissait celle de l'autre, et vice et versa, à égalité sans qu'on puisse donc clairement attribuer à tel plus qu'à telle autre, une phrase, une idée, une notion. D'autant que Fouillée et Guyau subissent simultanément l'esprit du temps, lisent les auteurs du moment et commentent les débats philosophiques de l'époque.

A dix-sept ans, Guyau décroche sa licence de lettres, puis traduit, annote et préface le *Manuel* d'Epictète qu'il fait suivre d'une substantielle « Etude sur la philosophie d'Epictète » où transparaissent ses soucis et ses préoccupations existentielles personnelles – j'y reviendrai. Dans le même temps, il remporte un prix à San Francisco avec un travail sur l'éducation et la moralité sous le pseudonyme de Théophile Redon – rappelons au passage que Théophile, « qui aime Dieu », nomme dans quelques dialogues philosophiques le défenseur de la cause divine, ainsi chez Leibniz.

L'Académie des Sciences morales et politiques lui décerne son prix pour un volumineux et passionnant travail intitulé *L'Histoire et la critique de la morale utilitariste.* Il a dix-neuf ans, l'ouvrage se compose de mille trois cents pages in quarto. Pour ce faire, il a lu, assimilé, décortiqué, synthétisé, des dizaines de milliers de pages à partir desquelles il met à jour une ligne de force utilitariste dans l'histoire de la philosophie d'Epicure à Sidgwick, un philosophe qui lui rendra visite à Menton en 1882. Ce travail considérable pour un jeune homme n'ayant pas vingt ans donnera deux livres : *La Morale d'Épicure*, publié en 1879, et, l'année suivante, *La Morale anglaise contemporaine*.

Dans ces deux forts volumes, Guyau montre une connaissance exceptionnelle de l'histoire de la philosophie sur plus de vingt siècles. De même, il excelle dans la restitution pédagogique, autrement dit claire et lisible, des méandres de la pensée de tel ou tel – dont Bentham connu pour son fouillis… Enfin, il ajoute à l'exposé honnête des penseurs examinés une critique très pertinente de leur pensée en soulevant une aporie, en découvrant une antinomie, en soulignant une contradiction, qui mettent effectivement à mal les doctrines exposées sur des années par des poids lourds de la philosophie. Dans ce premier exercice, Jean-Marie Guyau montre un indéniable génie précoce.

## 3

**La morale du philosophe immoral.** Ce fils d'une mère institutrice et pédagogue auteur d'ouvrages aux effets considérables sur la Troisième République française des futurs « Hussards Noirs » de Charles Péguy, ce beau-fils d'un père philosophe qui théorise la démocratie républicaine, et qui écrit, parmi plus d'une trentaine de livres, *La Conception morale et civique de l'enseignement*, ne pouvait pas demeurer en reste sur le terrain de la pédagogie et de la République, mais aussi sur celui de la pédagogie républicaine, sinon d'une République pédagogique…

En 1875, Guyau publie donc son premier livre à usage scolaire : *La première année de lecture courante : morale, connaissances usuelles, devoirs envers la patrie* ; en 1880, il fait paraître le livre du maître ; en 1883, *L'année enfantine de lecture* ; en 1884, *L'année préparatoire de lecture courante* ; de façon posthume, Armand Colin édite en 1893 une *Méthode Guyau. Lecture par l'écriture* en deux livrets : *J'apprends à lire* et *Je lis*. De vingt et un ans à trente-deux ans, autrement dit jusqu'à quatre ans avant sa mort, Guyau écrit donc des livres de morale au sens classique du terme.

Lui dont la réputation se fait la plupart du temps sur la seule foi du titre de l'*Esquisse d'une morale sans obligation ni sanction* se tient donc aux antipodes philosophiques : des ouvrages de *prescription morale* en même temps qu'une analyse d'*éthique vitaliste* revendiquant la fin de l'obligation, de la sanction, de la peine, de la récompense, de la justice des hommes, de l'anomie des valeurs, de la diversité des morales, de la multiplicité des vertus, de la pluralité hétérodoxe des déontologies... Comment Jean-Marie la morale composera-t-il avec Guyau l'immoraliste ? De quelle manière cohabiteront le prétendu « Nietzsche français » de l'*Esquisse* et le Déroulède cocardier des Manuels de l'Ecole républicaine ?

4

**Le désir de santé d'un malade.** Jean-Marie Guyau souffre d'une tuberculose contractée dès son plus jeune âge. On connaît les symptômes de cette maladie évolutive impossible à soigner dans cette époque sans antibiotiques : toux, expectorations, douleurs thoraciques, asthénie, fièvre persistante, sueurs nocturnes, anémie, faiblesse extrême, perte d'appétit et de poids, fatigue. La tuberculose est responsable d'un quart des morts d'adultes en Europe au XIXᵉ siècle. Une personne sur quatre en est atteinte. La maladie consume lentement, discrètement mais sûrement.

Elle devient la maladie romantique par excellence : la fatigue contraint à des gestes las, lents, qu'on peut croire empreints d'une certaine grâce ; elle amincit ; elle donne un teint pâle et la fièvre permanente fait briller sans cesse le regard ; elle confère une allure fragile ; elle n'enlaidit pas et le tuberculeux ne semble pas malade dans le regard des autres ; elle sature la littérature de *La Dame aux camélias* d'Alexandre Dumas en passant par Hugo, Chateaubriand, Théophile Gautier et les *Scènes de la vie de bohème* d'Henri Murger ; elle emporte les trois sœurs Brontë, Schiller et Tchekhov, comme elle a tué Molière, comme elle tuera Kafka, ou affectera Camus et Barthes.

Jean-Marie Guyau sait donc très vite et très tôt que ses jours sont comptés et qu'il aura un destin de comète dans le cosmos tout autant que dans le ciel des idées philosophiques. Est-ce ce savoir d'une mort annoncée dans de brefs délais qui le conduit à produire une œuvre sans discontinuer ? Car ce jeune homme qui meurt à trente-trois ans, autrement dit à l'âge où pour les plus précoces nombre de philosophes commencent une carrière, laisse derrière lui deux mille cinq cents pages de philosophie, mille pages de livres scolaires, sept cents pages de traductions du grec et du latin, soit un total de plus de quatre mille pages écrites en quinze années…

Dans les *Vers d'un philosophe* parus en 1881, Guyau annonce qu'il se bat contre l'art pour l'art en poésie et souhaite que les alexandrins, les octosyllabes, les rimes classiques permettent d'approcher la vérité au mieux et au plus près. Même s'il pressent théoriquement l'avènement du vers libre dans *Problèmes de l'esthétique contemporaine*, il pratique à l'ancienne et entend s'exprimer plus sûrement qu'en ayant recours au registre philosophique. La poésie lui semble plus philosophique que la philosophie elle-même.

Certains poèmes qui paraissent alors qu'il a vingt-sept ans disent déjà clairement la souffrance, la fatigue physique, la sueur, la lassitude, l'ardeur qui fait défaut, le « cœur flétri », les migraines, les douleurs incessantes. Dans l'un d'entre eux, *Le Problème d'Hamlet*, Guyau rapporte une expérience de jeunesse : à quinze ans, à l'école, il presse la pointe d'un compas sur son cœur, l'idée de la mort lui vient comme une occasion de savoir enfin ce qui se passe après, de l'autre côté, elle est accompagnée de désir et de bonheur. « La mort ! J'en avais faim et soif, et je l'aimais » écrit-il. Puis, doutant que le trépas soit vraiment l'accès au savoir, le garçon renonce – et court jouer dans le jardin…

Mais c'est dans une page de *l'Esquisse d'une morale sans obligation ni sanction* que Jean-Marie Guyau analyse avec le plus de perspicacité l'effet de la maladie sur un corps – en l'occurrence : le corps du philosophe qu'il est. L'analyse date de 1885. Rappelons que Nietzsche écrit sa préface au *Gai Savoir* à Ruta, près de Gênes, à l'automne 1886, et qu'on peut lire dans ces pages sublimes cette idée que la pensée procède d'un corps, que la maladie est généalogie de philosophie, qu'un penseur livre l'autobiographie plus ou moins travestie de sa chair, que le travail d'une pathologie ici produit une formidable aspiration à la santé partout ailleurs. La tuberculose de Guyau nourrit de son mal la formidable ode à la vie psalmodiée sur plus de deux mille pages en moins de quinze ans. Un chant du cygne commencé dès l'adolescence…

5

**Philosophie de la tuberculose.** Lisons cette page saisissante : Guyau insiste sur l'incapacité dans laquelle se trouvent habituellement les jeunes à penser la vieillesse ou l'impuissance des personnes en bonne santé à saisir la force d'une maladie, car l'époque de la vitalité débordante ou de la vitalité satisfaisante ne convient pas pour comprendre le temps de la vitalité déclinante, voire de la vitalité chancelante ; il ajoute qu'un individu malade découvre qu'il est dominé, qu'il ne se possède pas mais que quelque chose de plus fort que lui se trouve en lui et le possède ; que cette soumission peut atteindre un tel degré qu'elle anéantit même tout sentiment de lutte dans le sujet ; il souligne que l'approche de la mort convainc violemment de la facticité de son existence, de la vanité de la vie ; que la toute-puissance de la fin transforme ce qui précède en nullité. L'arc se détend, la vitalité disparaît, la volonté se dissout graduellement, elle s'échappe à elle-même.

Guyau ne renvoie pas à la mort violente et brutale qui règle vite et bien le problème, parfois même sans qu'on s'en aperçoive. Il considère plutôt la maladie chronique qui avance en silence, progresse sournoisement, travaille sans discontinuer le corps qu'elle mine jour après jour, tout en laissant la conscience effectuer son travail dans ce chantier de désolation existentielle.

Fourbe, rusée, spécieuse, la maladie semble parfois reculer et l'on croit recouvrer une santé que l'on croyait perdue : on retrouve goût à la vie, on récupère une partie de ses forces, on se croit épargné, miraculeusement guéri, sauvé, sans comprendre les raisons soudaines de cette métamorphose avant de constater, plus dépité encore, que cette rémission était une illusion, que la maladie semblait se reposer mais pour mieux préparer une attaque nouvelle, plus violente, plus radicale, plus impérieuse, avec de plus impitoyables dégâts, laissant le corps dans un état plus abîmé qu'avant. Le temps de la rémittence est celui de la joie, du plaisir à être, de l'illusion de la force, de la capacité, du moins le croit-on, à conquérir l'éternité ; le temps de la recrudescence du mal entraîne avec lui l'abattement décuplé, l'accablement, le doute, la fuite de l'espérance : « L'esprit s'obscurcit : on sent une sorte de crépuscule se faire en soi, se répandre sur toutes ses pensées, on sent venir le soir. »

Les lentes et longues maladies obligent à perdre espoir : on ne se relève jamais d'un « entier épuisement », car il prouve avec certitude que l'anéantissement sera total, la dispersion et la dissolution définitives comme une fin annoncée et informée par le mouvement qui conduit vers elle. La mort devient familière, on ne la découvre pas brutalement, on s'approche d'elle et chaque seconde nous y conduit sûrement. Au plus proche, on saisit sa véritable nature : « une extinction de la vitalité, un tarissement de l'énergie intérieure ». La longue maladie prouve l'éternité de la mort. A l'âge des aurores, Guyau vivait son crépuscule.

## 6

**La santé fille de la maladie.** On ne s'étonnera donc pas que *le malade* envoie *le philosophe* sur le terrain pour empoigner le mal et s'y mesurer, pour tâcher de transfigurer, sublimer cette nécessité en liberté, du moins en œuvre cohérente et en occasion de vie, sinon de survie. La tuberculose produit son antidote : une philosophie de la vitalité débordante, une pensée de ce que Nietzsche nommera « la Grande Santé » en vertu du principe formulé par l'auteur dans une phrase célèbre du *Gai savoir* : « ce qui ne me tue pas me fortifie »... Guyau condamné à mort dès ses plus jeunes années met au point un dispositif existentiel afin de vivre *quand même,* malgré tout, en faisant de nécessité vertu. Son trajet de penseur le conduit d'une réflexion scrupuleuse sur le stoïcisme d'Epictète à un genre de cosmogonie assurant d'un certain type d'immortalité dans les dernières pages du dernier livre publié de son vivant, *L'Irréligion de l'avenir.*

Premier moment de cette entreprise sotériologique personnelle, la lecture attentive et critique du *Manuel* d'Epictète. On imagine que la formule stoïcienne « Supporte et abstiens-toi » résonne d'une façon particulière dans l'esprit d'un malade tel que Guyau. L'*Etude sur la philosophie d'Epictète* qui accompagne en ouverture la traduction est plus longue que le texte du philosophe antique. Elle s'attarde sur la question du pouvoir de la volonté sur la douleur que les stoïciens présentent comme une représentation sur laquelle le sage dispose d'un pouvoir. La souffrance n'est donc ni un bien ni un mal en soi, elle peut être un bien si j'en fais bon usage, par exemple si j'exerce ma volonté, que je la fortifie et que je parviens à une maîtrise de moi. De même le plaisir pourrait être perçu comme un mal si j'en faisais mauvais usage, si, par exemple, il contribuait à amollir ma volonté. Les stoïciens pensent qu'on dispose d'un pouvoir sur la nécessité : ce qui a lieu ne peut pas ne pas avoir lieu, en revanche, les effets de ce qui a lieu procèdent de mes représentations sur lesquelles je peux agir. Consentir au nécessaire, voilà comment transfigurer un déterminisme en liberté…

Guyau disserte sur l'affranchissement du sage à l'endroit du monde extérieur, sur sa retraite en lui-même, sur la conservation de sa dignité, la construction de l'harmonie en soi, la sincérité avec les méchants, le refus du ressentiment, la nécessité du courage, l'amour de l'humanité, le consentement au déroulement des choses, l'approbation donnée à la nature, au suicide bien sûr quand la douleur devient insupportable, et auquel il ne donne pas son assentiment, pas plus qu'à la résignation qu'il trouve trop démobilisante et trop coûteuse en destruction d'énergie. Le tout dans une prose fluide, claire, lisible, dans un enchaînement parfait, rigoureux, dans la limpidité démonstrative et la persuasion rhétorique *ad hoc*.

L'alternative *suicide ou résignation* ne convient pas à Guyau qui trouve les stoïciens fautifs par leur incapacité à gravir et penser l'idée d'infini, une tare qu'il élargit aux anciens. De même, les sectateurs d'Epictète pèchent en ne croyant pas à l'infinité de la volonté et de son pouvoir. Guyau affirme que la mobilisation de la volonté permet de recréer des forces et de renforcer la puissance qui, en nous, faisait défaut. Quêter de nouvelles forces, c'est créer de nouvelles forces : la résignation épuise plus encore l'épuisé ; le suicide détruit l'épuisement, mais en même temps l'épuisé ; la mobilisation ressuscite la puissance défaillante en la ramassant. En allant puiser à cette source de l'énergie, on acquiert « la conscience de sa propre infinité » écrit le jeune philosophe. La volonté se mobilise, se remobilise, se recueille, se concentre, se fortifie. Son élargissement correspond à son extension qui est sa fortification. Là où les stoïciens enseignent la nécessité de se soumettre à la nature, Guyau inverse la perspective et propose le contraire : il faut se soumettre la nature. Les disciples de la Stoa méconnaissent la formidable puissance de la volonté en même temps que la force irrépressible de la liberté définie comme le consentement à la nécessité qui est solution alternative à la résignation ou au suicide. Ni soumis, ni renonçant, ni suicidaire, encore moins suicidé, mais volontariste, décidé, résolu.

Contre la patience du stoïcien qui supporte les affres du monde et s'abstient de toute révolte, Guyau propose l'espérance – vertu théologale chrétienne avec la charité qu'il défend par ailleurs – à laquelle on parvient quand on trouve une juste confiance en soi, qu'on parvient à une connaissance adéquate de ses potentialités volontaristes, qu'on n'ignore plus les ressources intérieures et leurs capacités à inverser le courant négatif d'une situation. La volonté, voilà « la force suprême » avec laquelle on renverse le cours du monde quand il nous pèse. Jean-Marie Guyau se dresse debout avec toute l'énergie du désespoir contre l'idéologie stoïcienne de la résignation. Il a vingt-quatre ans ; il lui reste neuf ans à vivre...

7

**Une théorie vitaliste du temps.** On ne s'étonnera pas que, malade, condamné à mort par un mal sans pitié, Guyau ajoute des réflexions sur le temps à ses méditations sur la souffrance. En 1885, il publie en effet *La Genèse de l'idée de temps* dans la *Revue philosophique*, il a trente et un ans. Le fidèle beau-père publiera ce texte dans un volume à part, le préfacera en 1890 avec d'autres travaux posthumes. En janvier 1991, Bergson commente ce travail avec intérêt et parle d'un « très intéressant petit livre ». Guyau s'oppose radicalement à Kant pour qui, on le sait, le temps est, avec l'espace, une forme *a priori* de la sensibilité. Il affirme que le temps est « un simple effet de la conscience », donc une forme *a posteriori* de la sensibilité... Le temps se pense grâce à des images qui en rendent possible l'organisation ; il est l'une des formes de l'évolution. Guyau donne ainsi cette définition : « le temps est la forme abstraite des changements de l'univers ». L'idée du temps se construit. Dès lors, il existe une généalogie du temps car cette construction longue nécessite un développement considérable dans l'histoire.

Cette genèse doit se lire comme une propédeutique à un futur du temps dans lequel, mort, Guyau pourra trouver sa place. Et si possible une place qui apaiserait son présent vécu dans l'imminence du trépas, du moins de la certitude proche d'un néant annoncé. Quand il écrit ce texte, il lui reste trois années à vivre. Dès lors, la pensée de Guyau sur le temps relève d'une nécessité existentielle : cet objet métaphysique insaisissable, cette notion ontologique fuyante, évanescente, permet au jeune philosophe de disserter sur la forme passive du temps, son lit, pris sur le fond actif du temps, son cours, autrement dit son cadre immobile, son activité motrice et sa volonté, leur réunion définissant l'expérience du temps.

L'œuvre de Guyau pense donc la souffrance et le temps, l'inscription de la douleur dans la durée, le sens d'une vie dans la flèche du temps, elle propose, *in fine*, une réconciliation de l'individu, de la fragile identité d'un individu sans moi fixe, souffrant, avec le cosmos et ses durées sidérales. La théorie vitaliste associée à son nom correspond à la réponse pleine de santé et de force faite par un malade pour qui, individuellement, la vie se dérobe mais se réalise universellement. Ce temps qui s'enfuit dans la douleur contribue paradoxalement à l'expansion de la vie. Cette double réflexion sur le mal et le temps débouche sur une mystique et une cosmogonie vitalistes. La vie de Guyau, sa souffrance et sa douleur, sa maladie, sa tuberculose, son épuisement, s'activent sur une scène où l'œuvre se joue.

La vie de Jean-Marie Guyau est une course à l'abîme, son usage personnel du temps prend date sur l'éternité : adolescent, il dialogue à égalité avec son beau-père et se meut dans la philosophie la plus conceptuelle comme un poisson dans l'eau ; à l'âge où ses congénères passent le bac, il décroche sa licence et publie des traductions de Pères de l'Eglise, de Cicéron ou d'Epictète ; quand les autres rasent leur première barbe, il révolutionne l'histoire de la philosophie avec un monument d'érudition et un pavé éditorial qui propose une mutation radicale de l'historiographie qui passe du stade *anatomique* au stade *embryologique* – selon ses propres mots ; à vingt ans, l'âge de ses élèves, il enseigne au lycée Condorcet à Paris, avant de quitter son poste trois ans plus tard pour s'installer dans le Sud, plus clément pour sa santé ; en dix années, il rédige des milliers de pages et travaille sans discontinuer, il traduit, il préface, il annote, il développe une pensée propre, il commente et critique la philosophie de son temps après avoir assimilé tout le corpus classique ; il se fait pédagogue, en écrivant des ouvrages de lecture et de morale pour les enfants, mais il en fait également la théorie dans un ouvrage publié par son beau-père de manière posthume ; il souffre mais travaille, il s'épuise mais travaille, il se meurt mais travaille ; cinq ans avant son dernier soupir, il se marie, fait un enfant, inscrit son patrimoine génétique dans la durée du cosmos ; il croise probablement Nietzsche dans une librairie à Nice, peut-être d'ailleurs le philosophe allemand achète-t-il son exemplaire de l'*Esquisse d'une morale sans obligation ni sanction* dans ce même endroit, frôlant sans le savoir l'auteur du livre qu'il annote dans le détail, ainsi que *L'Irréligion de l'avenir* ; le 3 mars 1888, il meurt à Menton. Sa famille le porte en terre au cimetière du village. Son beau-père écrira de lui : « Prose ou vers, il a en effet *vécu* tous ses livres. » Sur sa tombe on peut lire : « Ce qui a vraiment vécu une fois revivra ». Que peut donc bien signifier avoir *vraiment* vécu ? L'œuvre y répond…

8

**Une biodicée existentielle.** Guyau dit sa vie, mais discrètement, dans ses poèmes ou sa prose philosophique, de façon apparemment neutre, blanche, distante pour qui ignore le détail de sa vie : la sueur qui enveloppe le corps du philosophe qui assiste à une ronde d'enfants ; un intérêt d'adolescent pour la mort ; un rêve où le petit garçon plane au-dessus de la terre dont partent des gémissements humains et une conversation avec un ange ; le mot d'un enfant ; le bruit de pas des petits pieds de son jeune fils ; une page phénoménologique sur l'épuisement du malade chronique ; un sentiment extatique expérimenté face à la mer ; les effets mystiques du spectacle de la voûte étoilée reflétée dans une goutte d'eau ; l'aveu qu'il a plusieurs fois vu la mort de près, sans en donner les détails ; le désir d'en pénétrer le mystère afin d'obtenir la sérénité lors de la dernière seconde de vie ; les sensations voluptueuses d'une marche en montagne ; la mort de son chien ; les médiations devant les vagues s'écrasant sur un phare ; le goût du lait bu dans l'étable d'alpage ; celui d'un verre de vin offert par des contrebandiers dans les Pyrénées ; la découverte d'une source en altitude ; le parfum d'un lis, d'un lilas ou celui des nuits d'été de l'enfance ; celui des orangers italiens, des varechs bretons, du pin des landes... Guyau, philosophe vivant, pense la vie et, quand il théorise, il renvoie souvent à des expériences existentielles.

9

**Un matérialisme vitaliste.** Le vitalisme, en philosophie, fonctionne dans une opposition malheureuse avec le matérialisme : soit on croit à une *force vitale* invisible dans son être, mais repérable par ses effets, soit on milite pour un *agencement atomique* explicatif de tous les mystères du monde. Lorsque Carl Vogt fait paraître ses *Lettres physiologiques* en 1846, Ludwig Buchner *Force et matière* en 1855, et Moleschott *La Circulation de la vie* en 1865, ils proposent un matérialisme radical, antireligieux, scientifique, et se gaussent des hypothèses vitalistes. L'invisibilité du principe vital, l'imperceptibilité de cette force, son caractère irréductible à des atomes, voilà qui réjouit les anti-matérialistes heureux de disposer d'un concept utile pour mener une guerre contre le matérialisme scientifique. Le vitalisme devient alors une machine de guerre captée à leur bénéfice par les idéalistes et les spiritualistes. Les matérialistes se moquent de cette puissance vitale, mais n'avancent guère les choses en affirmant, par exemple, que le cerveau produit la pensée comme le foie avec la bile.

Le vitalisme pourrait être dit matérialiste, en dehors de tout esprit polémique. La réconciliation de ces fausses antinomies s'obtient à partir d'une autre définition : dans un premier temps, on convient que le matérialisme a raison : tout est agencement de matière ; dans un second temps, que le vitalisme n'a pas tort : quelque chose échappe à la pure combinaison atomique, non structurellement, mais conjoncturellement. Ce qui, *pour l'instant,* échappe à la réduction matérialiste, laissons le vitalisme le nommer *la vie* dans l'attente d'un progrès scientifique qui finira bien un jour par saisir matériellement la nature et l'essence de cette vie. On trouvera dès lors Jean-Marie Guyau et Frédéric Nietzsche, mais aussi, plus tard, Wilhelm Reich, Gilles Deleuze, Jean-François Lyotard – lire ou relire *La Fonction de l'orgasme, Mille plateaux* ou *L'Economie libidinale* – du côté du *matérialisme vitaliste* ou du *vitalisme matérialiste…*

## 10

**Inconscient et vitalisme.** Le vitalisme suppose la vie, la nature, le cosmos traversé, parcouru par elle. On pourrait même établir un signe d'équivalence entre cosmos et vie. Chaque individualité est donc un fragment de cosmos, un morceau de vie. Une même force anime la fameuse goutte d'eau dans laquelle Guyau voit se refléter la totalité de la voûte étoilée et le cosmos avec ses mondes divers et multiples dans lesquels il suppose même l'existence de « frères planétaires » potentiels. Elle anime également la source découverte en haute montagne, le mouvement perpétuel de l'océan, tout autant que le corps tuberculeux du philosophe.

Deux fois dans l'œuvre complète, une fois très tôt dans un ouvrage de jeunesse, *La Morale anglaise,* une autre dans un livre publié de manière posthume, *Education et hérédité,* Jean-Marie Guyau effleure la question de l'inconscient en affirmant ceci : il existe ; il conditionne la plupart des pensées conscientes ; il produit des effets dans le comportement de chacun ; il est à l'origine d'un certain nombre de pathologies ; sa puissance requiert totalement l'individu soumis à elle sans pouvoir échapper à son emprise ; la souffrance s'en nourrit sans qu'on sache comment.

Cette étiologie de l'inconscient dès 1879 témoigne de la précocité de Guyau – rappelons qu'à cette époque un certain Sigmund Freud âgé de vingt-trois ans travaille sur la sexualité des anguilles, suit sans enthousiasme les cours de psychiatrie de Meynert et ne s'intéresse qu'à l'aspect neurologique de ces questions... Jean-Marie Guyau, l'aîné de Freud de deux années seulement, entretient des médecins qui guérissent en faisant passer les « idées fixes » traumatiques à l'origine des pathologies de l'état d'inconscient à celui de conscient. Poursuivant son analyse de ce qu'il nomme « l'hallucination inconsciente », Guyau théorise la possession, puis l'obsession, enfin la guérison, par la seule conscientisation.

Plus tard, en l'occurrence dans *l'Esquisse d'une morale sans obligation ni sanction,* il écrira : « Tout désir conscient a donc été d'abord un instinct. » En attendant, Guyau met en perspective l'inconscient et l'origine de l'art, mais également la genèse de la moralité et l'origine des passions philanthropiques. *Les Problèmes de l'esthétique contemporaine* et *L'Art au point de vue sociologique* mettent l'art en relation avec la vie. Dans ce livre, Guyau écrit : « Se sentir vivre, n'est-ce pas là le fond de tout art comme de tout plaisir ? »

Guyau théorise le Moi fragmenté, fragile, impossible. Il ne discourt pas sur un Moi fixe, figé, défini, clairement identifiable, visible et lisible. Des états inconscients constituent notre Moi et, en tant que tels, ils prouvent le caractère dynamique du moi jamais fait, fini et définitif. Toujours en mouvement, susceptible d'être demain le contraire de ce qu'il était hier, il est « une approximation, une sorte de suggestion permanente ; il n'existe pas, il se fait, et il ne sera jamais achevé. Nous ne réussirons jamais à ramener à une unité complète, à subordonner à une pensée ou volonté centrale tous les systèmes d'idées et de tendances qui luttent en nous pour l'existence ». Inexistence du moi, certes, mais permanence de l'existence d'un champ de force dont la cristallisation ponctuelle, bien vite effacée par une autre peut se nommer Moi, mais faussement : car le moi n'est pas, il ne sera jamais, il n'a jamais été, puisqu'il devient sans cesse et que c'est d'ailleurs sa nature : dynamisme, plasticité, évanescence, ductilité, les qualités mêmes de la vie.

L'inconscient nous détermine, mais il n'est pas susceptible d'une localisation. Aucun endroit spécifique du corps ne peut être dit le lieu du subconscient – le nom donné indifféremment à l'inconscient – car il est la force de la vie dans l'être qui est déjà lui-même vie... La pensée de Guyau (on comprend qu'elle intéresse Bergson) est une pensée du mouvant, une pensée de l'élan vital, une pensée de l'évolution créatrice, une pensée de l'énergie spirituelle, une pensée de la durée.

Dans *Education et hérédité*, un ouvrage posthume, Guyau affirme un réel intérêt pour la suggestion, l'hypnose, la suggestibilité, le somnambulisme, la catalepsie, le sommeil hypnotique, l'autosuggestion, et signale le formidable intérêt de ce champ intellectuel nouveau dans la perspective de l'éducation ... Le personnage, d'habitude en retrait, et dont la forfanterie n'est pas le fort, avoue être le premier à associer suggestibilité et thérapie pour corriger des « instincts anormaux » ou stimuler des « instincts normaux trop faibles », autrement dit soigner et guérir tout autant que fortifier et instruire.

## 11

**Une biologie des forces.** La logique nietzschéenne du corps entendu comme une « Grande Raison » trouve ici son illustration. Guyau veut une éthique débarrassée des attaches religieuses et théologiques. En fils de son temps, autrement dit en positiviste célébrant la toute-puissance de la science, le philosophe souhaite fonder la morale sur elle. Guyau cherche moins un modèle mathématique ou physique qu'un modèle biologique, au sens étymologique : une science de la vie.

Lorsqu'il écrit dans son *Esquisse* : « La vie morale et intellectuelle (...) est une branche puissante de la vie physique », il faut entendre que la biologie, dans la perspective de la biodicée, fournit le cadre pour saisir la nature de la morale : un vitalisme dans lequel l'inconscient fait la loi, autrement dit : dans lequel une force agit sans cesse en effectuant des variations sur le thème de la vie et en fournissant autant de changements constitutifs de l'être du monde. Sa métaphysique est une physique de la vie, une biologie des forces, donc une ontologie plus qu'une métaphysique.

D'où son intérêt pour ce que, dans *L'Irréligion de l'avenir*, il nomme « la science du système nerveux », une discipline encore neuve de laquelle il attend beaucoup. Avec cette activité nouvelle, Guyau propose de guérir le pessimisme qui, selon lui, envahit l'époque : ce pessimisme affecte les individus, certes, mais aussi les foules, les masses, les races, les peuples, les nations, les civilisations. Il donne une « formule physiologique » au triomphe de cette mélancolie et propose de créer « une science nouvelle ». Lorsqu'il esquisse cette science nouvelle, Guyau propose une « hygiène intellectuelle pour les peuples », j'y viendrai, en même temps qu'une « thérapeutique intellectuelle pour les individus ». Le premier moment constitue ce que je nomme *l'hygiénisme républicain* du philosophe, le second son *hygiénisme vitaliste*.

Cette « science », Guyau insiste sur le terme, se propose de prévenir et guérir le pessimisme contemporain qui se manifeste dans une « dépression mentale » consécutive à un mauvais usage de la vie, en l'occurrence une surexcitation dommageable. Il faudra réguler, apprendre à bien user de cette force pour lui donner l'occasion d'exprimer le meilleur qui est expansion de la vie, consentement à ses forces, élargissement de cette vitalité.

Avec un siècle de recul, on ne peut s'empêcher de songer à la psychanalyse qui rassemble nombre de penseurs, et Freud nécessairement : l'existence d'un inconscient qui détermine nos actes conscients ; celle d'un moi dynamique, inachevé, en perpétuelle construction ; l'idée qu'une conscientisation de ce

qu'on ne nomme pas encore un refoulement produit une guérison ; la suggestion comme moyen de
thérapie du malaise de l'individu tout autant que de
la civilisation ; l'origine vitaliste donc inconsciente,
sinon inconsciente donc vitaliste, des activités esthétiques ou éthiques ; l'annonce d'une « science nouvelle ». Guyau ne développe pas, il n'analyse pas en
profondeur, il se contente, en passant, de quelques
phrases, car, là n'est pas son chantier prioritaire.
Mais de façon impressionniste, il annonce le corps
postchrétien tel que la psychanalyse le constitue,
après lecture de Nietzsche – qui fut un lecteur de
Jean-Marie Guyau...

12

**A l'origine de l'origine.** Avec Guyau, on doit parfois, sinon souvent, se contenter d'un aphorisme
enchâssé dans un long développement qui peut aussi
constituer une longue digression... D'un aphorisme
ou d'une idée, d'une phrase, de quelques mots :
éclairs dans l'orage vitaliste, zébrure de lumière dans
un torrent d'obscurités consécutives aux masses
charriées. Ainsi, dans *Education et hérédité,* cette
phrase : « A l'origine, donc, le *nisus* informe et obscur de la vie, doué sans doute déjà d'une conscience
sourde, et en tout cas de la faculté de *s'habituer,* qui
ne fait qu'un avec ce qu'on a appelé la mémoire
organique ». Il s'agit donc, ici, de « la mémoire plus
ou moins inconsciente de la molécule vivante ».

Guyau entretient donc de l'origine de l'origine,
de la source de la source, de ce qui meut ce qui
meut. Et que trouve-t-il en cet endroit stratégique,

puisqu'il s'agit de l'épicentre de l'épicentre ? Le
« nisus ». Le concept est rare dans l'histoire de la
philosophie. Le mot apparaît dans la formule *nisus
formativus* chez Littré, médecin et lexicographe, il
signifie : « Terme de physiologie. Synonyme, soit de
force vitale, soit de plasticité, par lequel on désigne
plus ou moins vaguement la propriété de naître et
de se régénérer que possèdent les éléments anatomiques et les tissus ». *Nisus* provient du latin qui
signifie *effort*.

Sourions à Littré pris en défaut d'objectivité
quand, matérialiste, positiviste et franc-maçon, il souligne, juge et partie, le « plus ou moins vaguement »
de la définition de cette force car, quoi qu'en dise
ou pense un matérialiste radical, cette propriété de
régénérescence anatomique, de reconformation
tissulaire à l'identique, existe bel et bien dans la
nature. La moue positiviste et le haussement
d'épaules atomiste n'y changent rien et l'invisibilité
un jour n'est pas l'invisibilité toujours : le mystère
de la vie cessera un jour de devenir mystère et la clé
probable de cette affaire sera matérialiste bien sûr.

Ce mot *nisus* se trouve déjà chez D'Holbach dans
le *Système de la nature*. On ne s'en étonnera pas, car
cette somme matérialiste ne pouvait pas ne pas parvenir à ce point de résistance à nommer. Le baron
définissait le *nisus* comme « les efforts continuels
que font les uns sur les autres des corps qui paraissent par ailleurs jouir du repos » (I.2). Le nisus existe
entre les atomes, à l'interstice de leur course, dans
l'intervalle du mouvement des particules, réductible
à un genre de magnétisme dont on ne perçoit pas
l'existence de façon directe mais dont on voit les
effets.

Le nisus de Guyau semble la cause de la cause qui n'est d'ailleurs pas à chercher ailleurs que dans la matière du monde puisqu'elle constitue le monde dans son être même. On chercherait en vain une définition, un approfondissement, une analyse pointue et profonde de ce concept chez Guyau. De même avec la notion de *vie*. Au cours d'une de ses analyses, il reproche aux matérialistes de n'avoir jamais donné une définition substantielle de leur concept architectonique : on pourrait sans difficulté lui retourner la remarque et déplorer qu'avec le nisus ou la vie, le philosophe n'ait pas eu le souci d'approfondir avec ne serait-ce que quelques lignes. Le nisus et la vie – on pourrait même écrire : le nisus est la vie –, Guyau les aborde par leurs effets, leurs manifestations, du côté phénoménal. Le nisus semble un noumène, *le* noumène, ce qui reste quand on a supprimé le détail concret des moments d'extase consignés par Guyau : le philosophe s'abîme dans la contemplation de l'océan toujours recommencé ? Nisus : la cause invisible de cet océan visible. Le penseur jouit du spectacle de la voie lactée enfermée dans une goutte de rosée ? Nisus, la cause invisible de cette voie lactée visible. Le poète se perd dans le parfum de pin en parcourant les landes ? Nisus la cause invisible de cette forêt qui embaume...

Ce nisus, Guyau signale qu'il est *obscur* et *informe* et se trouve dans la vie, dans le vivant même de la vie. La suite de la lecture nous apprend également qu'il est probablement doué d'une *conscience sourde*. Il renvoie à la *mémoire organique* et suppose une *faculté de s'habituer*. Par sa nature sombre et dépourvue de forme, par son aspect raison invisible, aussi

78

bien que par sa potentialité mnésique corporelle, le nisus n'est pas sans faire songer à l'inconscient, lui aussi nisus à sa manière, d'autant que Guyau conclut qu'il s'agit donc de « la mémoire plus ou moins inconsciente de la molécule vivante ».

## 13

**La vie vue en biais.** Faisons donc notre deuil d'une analyse fouillée. Guyau ne brille pas en philosophe rhéteur ou en philosophe dialecticien, mais en *philosophe artiste*. Précisons au passage qu'il fait partie des très rares philosophes, avec Nietzsche, à avoir publié un recueil de poèmes : les *Vers d'un philosophe*. Guyau ne théorise pas la vie, il ne dialectise pas le nisus, mais il décrit, raconte, rapporte des sentiments, des sensations, des émotions : c'est un sensuel ouvert aux sollicitations du monde, un philosophe qui voit et entend, goûte et respire, touche et renifle, jouit d'être au monde par tous les pores de sa peau. Son corps fragile et malade agit en sismographe du nisus, un instrument de mesure fine à même de décoder l'énergie, la force qui passe par là.

Guyau n'aborde pas la vie directement, pour viser son épicentre, puis détailler, découper, faire l'anatomie de ce qu'il découvrirait, le nisus donc, car il agit en philosophe artiste qui aborde la vie en biais : par ses œuvres, par ses manifestations, par les processions vitalistes immanentes. Ainsi le spectacle de l'océan qui lui sert à dire la nature, à raconter la force qui la travaille et la définit, à susciter le nisus. Dans *l'Esquisse d'une morale sans obligation ni sanction,*

Guyau raconte l'océan dont il avait l'expérience pour avoir vécu un temps du côté de Biarritz. L'océan ? Une force farouche et indomptée ; un déploiement, un luxe de puissance ; la vie ; l'agitation, le tourment éternel et sans but ; une palpitation, une respiration ; une puissance tumultueuse ; une dépense en pure perte ; une action sans cesse réitérée bien que sans espoir ; une occasion de mesurer la vastitude, l'étendue infinie ; une alternance de vie, les vagues qui naissent, et de mort, les mêmes vagues qui s'écrasent sur la plage ; un réservoir inépuisable de force ; une infinité ; une étendue immense et infatigable ; une ondulation sans fin ; un perpétuel jeu de flux et de reflux – voilà l'océan, voilà la nature, voilà la vie.

## 14

**Une morale de la vie.** Guyau voit cette vie partout : dans la nature, bien sûr, mais aussi et surtout, dans la morale, dans l'art. Dans l'*Esquisse*, il ne propose rien moins qu'« une morale de la vie ». Son analyse récuse aussi bien l'optimisme que le pessimisme : ni morale dogmatique du genre kantien, ni morale utilitariste du style anglo-saxon. L'*Esquisse* semble le troisième tome d'un travail commencé avec *La Morale d'Épicure*, continué avec *La Morale anglaise contemporaine* et qu'on pourrait titrer *La Morale de la vie*.

Une morale de la vie ne se construit pas sur des hypothèses, des suppositions, mais sur des faits, et rien d'autre. Rationnelle, immanente, elle ne cherche aucune justification dans un arrière-monde intelligible ou nouménal, encore moins céleste. En fils de son temps positiviste, Guyau s'installe sur un pur plan d'immanence. Mais en philosophe qui déborde son temps et cette référence étroite à la discipline d'Auguste Comte, il développe une conception de l'immanence qui ne se contente pas de la pure horizontalité des matérialistes, ni même de la vision verticale, car, en faisant éclater ces références dualistes, il propose une lecture tridimensionnelle des choses : Guyau vise le cosmos, l'espace, la totalité du monde, il saisit dans un même mouvement l'océan et la voie lactée, le parfum d'une rose et la vie brève d'un poète.

Le philosophe artiste construit son éthique sur la vie – qui n'est ni idée, ni matière, mais réalité. Guyau propose une morale qui soit une science, et il donne le détail de cette discipline : elle est « la science qui a pour objet tous les moyens de *conserver* et d'*accroître* la vie, matérielle et intellectuelle ». Les lois de la vie sont donc les lois de la morale. Parce qu'elle est l'art de conserver et d'accroître la vie, la morale peut également être définie comme une « hygiène élargie ». Accroître le domaine de l'activité, c'est accroître l'intensité de la vie.

Ce principe sélectif permet ensuite de distinguer des *êtres inférieurs* et des *êtres supérieurs*. Quel critère permet l'usage de ces épithètes explosives ? L'être inférieur désigne un individu de petite santé, fatigué, de frêle vitalité, qui agit dans une seule direction, par incapacité à la polyphonie vitaliste, par économie de moyens : il doit se reposer après la fatigue consubstantielle à une petite dépense ; l'être supérieur est un être de force, de vitalité, de puissance, il agit dans plusieurs directions, requis par l'expansion tous azimuts de la vie qui le déborde : il se repose dans la diversification de ses secteurs d'activité. Pour lui, « agir c'est vivre ; agir davantage, c'est augmenter le foyer de vie intérieure ». De qui parle Guyau quand il entretient de l'être inférieur épuisé, fatigué ? De lui ? On aurait tendance à voir dans la description de cet individu un autoportrait qui assimile le malade et l'inférieur, le tuberculeux et la frêle vitalité. Mais à tort, car Guyau propose un autoportrait de sa volonté, et non un autoportrait de sa santé : l'être supérieur peut être malade, comme lui, pourvu qu'il manifeste, malgré ce qui le mine, une force décuplée, une puissance résiliente. Le destin du malade l'inscrirait *a priori* dans la catégorie des êtres inférieurs, mais ce qu'il fait de ce destin le place dans celle des êtres supérieurs : le corps épuisé ne suffit pas, car il est question de qualité du vouloir, de détermination de la volonté, de dose de force. Un malade peut donc se ranger dans le camp des individus supérieurs si sa vitalité agit en quantité suffisante. Supérieur et inférieur correspondent donc à forte vitalité et faible vitalité, autrement dit à forte activité et faible activité. La morale de la vie de Guyau est une physique des forces en même temps qu'une biologie des volontés.

La distinction entre ces deux registres, inférieur et supérieur, n'a rien à voir avec la force physique du bûcheron ou du débardeur car elle concerne la force psychique du philosophe ou du penseur. L'activité physique intéresse moins Guyau que l'activité psychique : la pensée, c'est de l'action, et l'action, c'est de la vie. La pensée se trouve même être « de l'action condensée et de la vie à son maxi-

mum de développement ». Voilà pour quelles raisons un être épuisé, fatigué, malade, tuberculeux,
affaibli se range dans la catégorie des êtres supérieurs – et comment un docker sans vitalité psychique se retrouve classé dans le camp des êtres
inférieurs...

## 15

**Donner sans contre-don.** Les êtres se trouvent donc
inégalement dotés de vitalité. Certains en regorgent,
d'autres en manquent. Les natures abondantes,
fortes, remplies, débordantes, se retrouvent dans la
perspective physique de devoir s'écouler, s'épancher,
donner. Cependant que les natures chétives, débiles,
faibles, vides, n'auront rien à donner pour la raison
qu'elles se trouvent loin du débordement, puisqu'à
demi remplies. Qu'on regarde autour de soi et l'on
constate que le jeune homme, plein de sève et de
vitalité, donne sans compter pendant que le vieillard
s'économise, se retient, se recroqueville et conserve
pour lui toute la vitalité dont il se trouve encore un
peu pourvu. Le premier possède tellement qu'il peut
donner sans entamer son capital de vitalité ; le
second possède si peu que, pour être et durer, il doit
garder pour lui le peu qui lui reste. D'une part le don
généreux, d'autre part l'épargne égoïste. En fonction
de la même logique, le malade ne donne pas, alors
que la personne jouissant d'une pleine santé donne.

## 16

**Une théorie de la fécondité.** Jean-Marie Guyau développe une *théorie de la fécondité* en relation avec cette logique du don. D'abord, la *fécondité intellectuelle* : elle concerne l'artiste, le poète, le romancier, le créateur d'univers artistique, le philosophe, également, des individus requis par la gestation et la naissance d'une œuvre. Ce projet qui concentre toutes les forces est d'ailleurs inversement proportionnel à la fécondité génésique familiale, le grand créateur d'une œuvre d'art se trouve rarement être le père d'un enfant génial, comme si le génie ne pouvait être partout à la fois et que, une fois investi dans une œuvre picturale, romanesque, poétique ou philosophique, il ne pouvait se trouver dans un ou plusieurs enfants. Guyau croit constater que, quand il procrée, le créateur n'enfante jamais grand-chose de remarquable ou de digne de ce nom... La vitalité d'un homme qui peint se trouve dans sa peinture, pas dans sa famille. La progéniture de l'artiste, c'est l'œuvre d'art et non la marmaille.

Ensuite la *fécondité de l'émotion* : elle concerne la qualité dont certains êtres disposent et qui leur permet de jouir d'une extrême sensibilité qui les conduit naturellement vers autrui. L'enfant ne connaît que le plaisir solitaire, il ne partage pas ; l'adulte inachevé également ; mais l'individu supérieur jouit de donner, il jouit en donnant, en partageant, en distribuant, en exprimant ses largesses sans attendre de retour, sans attendre non plus les remerciements, car on n'est pas plus responsable de sa pingrerie que de sa générosité. Travaillé par cette « force d'expansion » l'être supérieur, généreux, abondant, fécond, donne parce qu'il ne peut pas faire autrement : doué d'une grande faculté d'émotion, il expérimente sa nature prodigue.

La vie fait bien les choses : il ne s'agit pas de donner jusqu'à épuisement, sans mesure, dans une dépense qui serait consommation maximale et consumation intégrale de soi, mais dans la sage et juste mesure qui correspond à « l'excitation de la vie », sans plus. Nul besoin d'aller jusqu'à la négation de soi. Dès lors, l'être supérieur, pour mériter son qualificatif, évitera deux écueils : ne vivre que pour soi, comme un enfant, ou bien ne vivre que pour autrui, passion déraisonnable engendrée par le dépérissement de soi.

Enfin, après la fécondité intellectuelle et la fécondité de l'émotion, Guyau examine la *fécondité de la volonté* qui suppose « le besoin de produire, d'imprimer la force de notre activité sur le monde » par l'action ou le travail. Le philosophe fait l'éloge du travail et constate que les « sauvages », comme il l'écrit, tout autant que les criminels ou les délinquants, tiennent le travail en horreur. Or le travail, par la production, manifeste l'utilité pour soi et pour autrui.

Certains personnages, comme Napoléon, étaient richement dotés de cette fécondité de la volonté, qu'il souhaitait étendre aux limites de la planète. Mais une fécondité dominante sans l'appui des deux autres ne produit rien de bien : l'Empereur, par exemple, ne manquait pas de volonté, mais d'intelligence, car il ne poursuivait aucun but clair visant une création évidente ; de même, une sensibilité développée sans l'intelligence ou la volonté ne produit que des sensibleries inutiles. Guyau donne pour exemple… les femmes – qui ont pourtant joué un grand rôle dans l'évolution humaine et la généalogie de la morale.

La dépense, pour l'individu, est une richesse. La prodigalité manifeste l'abondance de vitalité. L'expansion accompagne la vie débordante. La vie la plus riche coïncide avec la vie la plus prodigue. Le don ne procède donc pas d'une mécanique de circulation ritualisée des richesses et des biens, mais d'un corps fort pourvu de vitalité. La générosité signale l'être supérieur que définit l'individu à l'extrême vitalité. « Vie, c'est fécondité, et réciproquement la fécondité, c'est la vie à pleins bords, c'est la véritable existence. » Sans la générosité, la vie ne vaut pas d'être vécue.

La vie veut l'être, la conservation, la durée, le débordement, l'expansion, le don, la générosité : « La vie la plus riche se trouve être aussi la plus portée à se prodiguer, à se sacrifier dans une certaine mesure, à se partager aux autres. » L'organisme le plus parfait est donc le plus sociable. De ce pouvoir d'agir naît un devoir d'agir. L'expression naturelle de la surabondance débouche sur l'expression du devoir qui est conscience d'une puissance intérieure. Guyau définit ainsi le devoir : « une surabondance de vie qui demande à s'exercer, à se donner ». Avec cette définition du devoir comme du sentiment d'une puissance, nous sommes très loin des morales de l'obligation et de la sanction…

## 17

**Une théorie du risque.** A cette théorie de la fécondité, Guyau ajoute une théorie du risque. Le vitalisme suppose un commandement, un genre d'impératif qui est le suivant : « Développe ta vie dans toutes les directions, sois un individu aussi riche que possible en énergie intensive et extensive ; pour cela sois l'être le plus social et le plus raisonnable. » Guyau développe une morale utilitariste après les Anglo-Saxons. Il récuse le dogmatisme de type kantien et propose une éthique conséquentialiste qui met en perspective l'action et la vie, le bon et le mauvais en regard de la possibilité du maximum de vie : *si* l'on souhaite « la plus haute intensité de la vie », ce qui constitue le souverain bien vitaliste proposé par Jean-Marie Guyau dans son œuvre, *alors* il faut faire ceci ou cela. Ainsi, pour développer la vie, il faut consentir au « plaisir du danger ».

L'individu a besoin de se sentir grand et, pour ce faire, d'expérimenter la sublimité de la volonté. Comment se rend-on compte de la sublimité de la volonté ? En mesurant sa force, en exerçant sa puissance, en fortifiant ses potentialités. Ainsi, quand on active ce formidable instrument qu'est la volonté, on expérimente dans sa chair sa petitesse face à l'immensité de sa puissance. La lutte permet donc d'acquérir la conscience du sublime de la volonté. Il faut aller vers le plaisir de courir sa chance, et vouloir le désir de ce plaisir. Le danger augmente la conscience de soi comme vivant. Risque du jeu, risque de la spéculation, risque du combat, risque de l'opposition constituent autant d'occasions de mesurer l'étendue de sa volonté.

Dans le feu de l'action démonstrative, Guyau envisage dans un même mouvement la « joie du commandement ». Le philosophe, dont on découvrira bientôt le républicanisme militant, fustige les jeunes hommes qui tentent d'échapper au service militaire. Puis il célèbre le dévouement et la capacité de certains à risquer leur vie pour autrui, ce qui constitue l'occasion d'une vie « portée jusqu'au sublime ». Un éloge du sacrifice de soi doublé d'un mépris de la vie désigne sans faute l'individu chez qui triomphe la surabondance de vie.

Souvenons-nous de la fécondité de la volonté : il faut au monde des audacieux soucieux d'un idéal à réaliser ; des hommes d'action supérieurs aux hommes de pure méditation. Ainsi peut-on réaliser « une vie plus complète et plus large. En agissant, la vie jouit de moi ; en agissant davantage, elle jouit davantage ». Guyau malade veut la vie qui ne le veut pas : sa pensée dévoile une *théorie de la volonté de vie* en forme de réponse à la nécessité d'un corps que la vie quitte petit à petit, chaque jour un peu plus... Le philosophe artiste célèbre l'homme d'action, le poète vante les mérites du condottiere, le penseur auréole le soldat, le guerrier, le militaire, le conquérant...

18

**Un hédonisme vitaliste.** Guyau consacre un temps important de sa courte existence aux travaux d'histoire de la philosophie. Mais c'est en philosophe qu'il effectue ce travail et non en médecin légiste qui travaillerait sur un corps froid. On a vu combien son travail de jeunesse sur le *Manuel* d'Epictète lui permettait de faire un scrupuleux travail de lecteur en même temps qu'un exercice autobiographique existentiel : le stoïcisme est une école philosophique dont il analyse avec maestria les lignes de force, les concepts essentiels, les logiques, mais c'est en même temps une sagesse qu'il tâche de mettre en pratique afin de faire face aux souffrances de son corps de tuberculeux. Ce dont il parle en historien de la philosophie, il le sait pour l'avoir expérimenté en philosophe.

On retrouve ce même tropisme – herméneutique scrupuleuse et autobiographie existentielle – dans les mille trois cents pages de cet autre travail de jeunesse qu'est *L'Histoire et la critique de la morale utilitariste* (1874) qui, bien vite, paraît en deux volumes : *La Morale d'Epicure et ses rapports avec les doctrines contemporaines* en 1878, et *La Morale anglaise contemporaine. Morale de l'utilité et de l'évolution* en 1879. On y trouve une lecture des auteurs en question (Epicure et ses suivants pour le premier volume ; Bentham, Mill, Darwin, Spencer puis d'autres utilitaristes anglo-saxons contemporains pour l'autre) mais aussi des considérations personnelles constitutives de son propre système philosophique.

Dans le premier volume, Guyau écrit : « Epicure nous semble l'un des philosophes dont les idées tendent à dominer de nos jours, l'un des plus modernes parmi les anciens. » Singulière affirmation en ces temps philosophiques où triomphent Lequier, Lachelier, Boutroux, Ravaisson, Ollé-Laprune ! Mais en face de la tradition philosophique idéaliste française, on trouve les travaux matérialistes

de Vögt, Moleschott, Lange, Feuerbach ou bien les
œuvres scientifiques de Darwin, bien sûr, donc de
Spencer... L'épicurisme traverse ainsi bien le
siècle, mais avec de véritables métamorphoses. Ce
sont elles que Guyau se propose d'analyser en
extrayant de l'histoire de la philosophie la ligne de
force épicurienne.

*La Morale d'Epicure* examine *en profondeur* les
thèses d'Epicure. On y trouve des développements
extrêmement clairs, précis, rigoureux, honnêtes,
savants, très pédagogiques sur les entrées classiques
du philosophe grec : les différents types de désirs ;
la définition du plaisir comme absence de souffrance ; le souverain bien identifié au plaisir ; l'ataraxie assimilable à un bonheur négatif ; le rôle
sotériologique de la science ; la mort apprivoisée ;
les vertus de courage et de tempérance ; la cosmogonie et les intermondes ; le rôle architectonique de
l'amitié ; l'invention du contrat social ; la piété
nécessaire ; la politique de la justice.

Le dernier quart du livre analyse le devenir de l'épicurisme de la fin de l'Antiquité jusqu'au XVIII^e^ siècle.
Mais ce second moment de l'ouvrage est plus *en surface*, car la partie matérielle de l'ouvrage ne suffit
pas pour couvrir plus d'un millénaire d'épicurisme,
ce qui contraint à passer rapidement en proposant
des intuitions, justes au demeurant, qui plus est
novatrices, mais cursives sur les auteurs intégrés
dans ce lignage épicurien et baptisés « les successeurs modernes d'Epicure » : Montaigne, Gassendi,
Hobbes, La Rochefoucauld, Spinoza, Helvétius, La
Mettrie, D'Holbach, Volney, Saint-Lambert. On se
doute qu'une centaine de pages sur presque quatre
cents ne suffisent pas pour démontrer en quoi Mon-

JEAN-MARIE GUYAU ET ...

taigne ou Spinoza par exemple relèvent de l'épicurisme. Guyau se contente d'évoquer un fil d'Ariane pour ce labyrinthe de mille cinq cents ans d'épicurisme : l'utilitarisme.

## 19

**Une historiographie vitaliste.** Jean-Marie Guyau n'a pas vingt ans lorsqu'il obtient un prix décerné par l'Académie des Sciences morales et politiques pour ce travail. On est étonné par la somme de lectures effectuées par le jeune philosophe, par leur parfaite assimilation, par sa capacité à restituer l'intelligence d'une pensée, par son talent pour mettre à jour les articulations dans un système, par son habileté, également, à pointer le défaut dans la cuirasse, par sa jubilation intellectuelle à déplier un discours pour en montrer les impasses, les impuissances, les apories, les antinomies, les contradictions...

Mais on n'est pas au bout de son étonnement quand on constate que ce jeune homme invente une façon de faire de l'histoire de la philosophie et qu'il propose une révolution historiographique. L'université monopolise l'historiographie : elle écrit l'histoire des idées de façon intéressée, elle structure la discipline dans un formatage utile à son dessein. Les rédacteurs de cette entreprise, volontairement ou non, exacerbent les lignages spiritualistes, idéalistes, ils valorisent, parfois survalorisent, des idéologies qui justifient l'existence de l'institution, en même temps qu'ils écartent les pensées qui n'entrent pas dans leur schéma préétabli, ils discréditent des pensées, en minorent l'importance, les transfigurent, parfois même les défigurent – Epicure constituant à lui seul un cas d'Ecole...

Par ailleurs, la méthode utilisée par l'institution relève de ce que Guyau nomme l'*anatomie* : les professeurs, les universitaires, les docteurs, les chercheurs, travaillent à la manière du médecin anatomiste qui ouvre des cadavres, dépèce des morts et voudrait, à partir de la rigidité d'un cadavre, extrapoler la vie du vivant que fut ce trépassé. Cette méthode conduit à une impasse : comment en effet comprendre le fonctionnement de l'organisme en se contentant de décrire les organes ? Pire : de quelle façon pourrait-on saisir la vie, la vitalité, ses modalités, avec le cadavre comme matériau de base ?

Pour dépasser cette façon de faire improductive et caduque, Jean-Marie Guyau propose autre chose. Il affirme que *la loi de la vie* et la *loi de la pensée* coïncident et se ramènent à *la loi de l'évolution.* De sorte qu'un auteur ne peut être saisi que dans sa vie, sa vitalité, son mouvement, sa plasticité, son dynamisme. A quoi il faut ajouter qu'on le comprend mieux quand on a vu d'où il vient et vers quoi il se dirige. Analyser Epicure non pas comme un anatomiste, mais avec cette nouvelle méthode, suppose qu'en matière d'historiographie, on éclaire Epicure par l'épicurisme, qu'on appréhende une pensée par son devenir, qu'on comprenne enfin ce qu'aura été le mouvement d'une pensée. En deux mots : le mouvement de la pensée révèle la pensée en mouvement.

Pour contrer l'indexation de l'historiographie sur l'ancien *principe anatomique,* Guyau propose de nommer cette nouvelle façon de procéder, il renvoie pour ce faire au *principe embryogénique.* L'embryogénie nomme la discipline qui s'occupe de la formation et du développement des êtres vivants depuis l'ovule jusqu'à la naissance. Darwin, que Guyau prisait tout particulièrement, emploie *embryology* dès 1851. Dans *La Morale d'Epicure*, Guyau écrit : « Nous croyons qu'il faudrait, pour comprendre à fond un système, étudier sa formation et sa croissance comme on étudie celle d'un organisme. » La pensée comme un organisme, et non comme un cadavre, voilà une proposition méthodologique restée sans suite après Guyau. Ses deux travaux sur la morale d'Epicure et des Anglo-Saxons illustrent cette méthode et proposent donc une embryogenèse de l'épicurisme, un lignage dans lequel, peu ou prou, il trouve sa place.

20

**Guyau épicurien ?** S'il fallait examiner la question de Guyau épicurien, on aurait bien du mal à répondre clairement car, on s'en doute, Guyau, s'il l'est, ne l'est pas de manière orthodoxe : il ne se retrouve pas dans le *matérialisme,* un principe insuffisant aux yeux de ce vitaliste pour saisir la totalité du monde ; il ne théorise pas les désirs pour ne satisfaire que les désirs naturels et nécessaires : point *d'idéal ascétique* chez lui, mais une volupté sensuelle tempérée, une présence de son corps au monde qui est élargie et sollicite les cinq sens ; il ne définit pas le bonheur négativement comme absence de trouble, *l'ataraxie,* mais comme la vie la plus expansive ; il ne fait pas du *plaisir le souverain bien,* bien qu'il formule un hédonisme de la secondarité – j'en préciserai la nature ; il ne dit rien de *l'amitié* et ne lui donne pas un rôle architectonique.

Mais si Montaigne ou Spinoza peuvent être lus comme des « successeurs modernes d'Epicure », alors pourquoi pas Guyau ? Car on trouve dans l'œuvre complète nombre d'hypothèses convergentes entre les deux visions du monde : le *rôle sotériologique de la science*, en l'occurrence l'évolutionnisme, qui assure d'un destin positif à l'individu et à l'humanité ; la *mort apprivoisée* grâce à une cosmogonie vitaliste ; le *refus de la superstition* tout autant que de l'athéisme ; d'où la défense d'un certain type de *croyance* ; la nécessité d'un *contrat social*, l'autre nom de la République chez Guyau ; l'acquiescement aux *vertus épicuriennes* : courage, tempérance, pitié ; sinon la croyance à des *intermondes* peuplés...

Pour ma part, j'ajouterais que le corps souffrant d'Epicure ; la pensée comme art de vivre avec une physiologie défaillante ; le système voulu, plus ou moins consciemment, comme une machine à bien vivre malgré tout ; la philosophie existentielle vécue qui se soucie de la théorie dans la seule perspective d'une pratique ; l'œuvre et la vie écrites conjointement sur un mode contrapuntique ; la part majeure de l'autobiographie – voilà des proximités essentielles. Cependant Jean-Marie Guyau ne se soucie pas de la biographie de son personnage, de son corps. Trop d'aveux à souligner que l'épicurisme est une pensée du corps tragique ?

Mais le véritable épicurisme de Guyau se trouve bien loin de tous ces détails, dans le fond même de l'œuvre : à savoir l'utilitarisme. La pensée géniale et innovante du jeune philosophe est tout de même qu'Epicure invente l'utilitarisme. La morale d'Epicure s'ouvre sur cette affirmation qu'Epicure est « le vrai fondateur de la morale utilitaire ». Or, pour

Guyau, les choses sont simples, il n'existe que deux façons d'envisager la morale : la première suppose un appui sur le monde visible, la seconde sur un monde invisible, ce qui oppose donc dans une stricte alternative les « partisans de l'intérêt » et les « partisans de la vertu méritoire », ce qui se manifeste également dans l'opposition « des épicuriens et de leurs adversaires ».

Si l'on en croit Guyau, ces deux doctrines sont les seules. Dès lors, il faut bien que notre jeune philosophe s'inscrive dans l'un des deux camps à l'exclusion de l'autre… En ce sens, parce que négativement il ne défend pas une morale de la vertu méritoire, pour la raison qu'il ne sacrifie pas à un arrière-monde qui expliquerait ce monde-ci, mais se contente du monde donné, et, enfin, parce qu'il a expliqué dans sa préface au *Manuel* d'Epictète qu'il a livré les raisons pour lesquelles il n'est pas stoïcien, en l'occurrence le peu de foi accordé par les philosophes du Portique à la volonté, on conclura que Guyau s'inscrit dans le lignage des épicuriens modernes.

Lisons ce propos de Guyau extrait de *La Morale d'Epicure* : « La lutte ardente entre les épicuriens et les stoïciens, qui dura autrefois pendant cinq cents ans, s'est rallumée de nos jours et s'est agrandie. » Le ton se trouve ainsi donné : l'histoire de la philosophie (antique) est inséparable des enjeux philosophiques (contemporains). Lire Epicure non pas selon le principe de l'anatomie, mais sur celui de l'embryologie, c'est donc mener un combat d'actualité dans la configuration du moment, à savoir la seconde moitié du XIX<sup>e</sup> siècle sinon européen, du moins français.

L'auteur de *l'Esquisse d'une morale sans obligation ni sanction* publiée en 1885, autrement dit onze ans plus tard que la première version en mille trois cents pages de ces travaux d'histoire de la philosophie sur l'épicurisme, a-t-il changé d'avis ? Le jeune philosophe de vingt ans est-il caduque aux yeux du penseur âgé de trente et un ans à qui il reste deux années à vivre ? Un avant-propos à une réédition de *La Morale anglaise contemporaine* daté de septembre 1885 permet de confirmer la constance idéologique.

Certes, les choses ont changé, le temps a passé, le philosophe a énormément lu, écrit, pensé, travaillé pendant cette décennie, il confesse une évolution de ses idées, comment d'ailleurs en serait-il autrement pour un philosophe qui inscrit son hédonisme vitaliste dans la perspective évolutionniste ? Il continue de justifier « partiellement » l'utilitarisme anglo-saxon contre Kant et les kantiens – puissants dans le moment philosophique français de ce moment, qu'on songe au Renouvier de la *Science de la morale* (1869) ou à Félix Ravaisson ; il dit qu'avec les disciples de Bentham et Mill, « il est difficile d'être plus doucement révolutionnaire »... Guyau se retrouve donc probablement en léger décalage avec des points de détail, mais conserve ce qu'il prélevait chez Epicure : la vérité éthique de l'utilitarisme.


21


**Un néo-utilitariste.** De la même façon que Guyau est un néo-épicurien, autrement dit un épicurien libre, il invente un néo-utilitarisme sur le même principe : en prélevant dans le corpus d'Epicure et des épicuriens, puis de Bentham et des utilitaristes, il nourrit sa propre pensée. Montaigne et Spinoza utilitaristes selon Guyau ? On peut donc sans complexe inscrire l'œuvre complète de l'auteur de *L'Irréligion de l'avenir* dans la ligne de force mise à jour par ses soins dans son monumental travail historiographique.

On pourrait facilement isoler ce qui, chez Guyau, relève de l'emprunt aux utilitaristes anglais : à Bentham il emprunte l'idée que le souverain bien réside dans le plus grand bonheur du plus grand nombre ; que le bonheur d'autrui constitue le mien ; que la morale est une affaire scientifique ; qu'elle doit rayer de son vocabulaire le bien et le mal, au profit du bon et du mauvais, tout autant que l'obligation et la sanction, ou le devoir et la vertu ; que cette éthique nouvelle définit une « Déontologie ». Avec John Stuart Mill, il affirme : que la morale, bien que positive, est un art ; qu'avec les progrès de la civilisation, l'obligation disparaîtra en morale ; que la moralité peut naître puis se fortifier par l'organisation sociale, notamment par l'éducation, l'instruction, l'habitude ; qu'il faut créer une science de la formation du caractère, ce que Mill nommait « l'éthologie ». A Darwin, outre sa philosophie du progrès et de l'évolution, il emprunte : l'idée d'un instinct moral présent chez les mammifères, donc aussi bien chez les animaux que les hommes, les seconds n'étant qu'une variation des premiers ; celle que le remords distingue, dans le règne animal, le mammifère inférieur de sa version supérieure, l'homme. De Spencer enfin, il retient : la lecture hédoniste du bonheur désirable et celle de ce désir comme nécessaire ; la croyance à l'idée que le terme ultime de l'évolution humaine est la réalisation de la morale absolue ; l'adhésion au postulat que les sentiments moraux évoluent dans l'humanité en allant de l'égoïsme à l'altruisme ; l'affirmation du caractère héréditaire de l'acquis moral...

22

**Une théorie des deux morales.** Ce travail historiographique comporte donc des trouvailles. Outre : l'affirmation qu'Epicure invente l'utilitarisme ; qu'il existe une ligne de force alternative à la lecture dominante ; qu'il faut remplacer le principe d'anatomie en matière d'historiographie par celui d'embryogenèse ; qu'Epicure et l'épicurisme constituent un enjeu contemporain ; que la pensée du philosophe du Jardin offre une arme redoutable pour combattre le dogmatisme kantien et qu'elle est un formidable instrument pour la philosophie présente et à venir, Jean-Marie Guyau propose une *théorie des deux morales* qui mérite une mention particulière pour son caractère révolutionnaire en matière d'historiographie.

La morale est ou bien psychologique et physiologique, ou bien proprement morale : soit elle étudie les ressorts habituels des comportements de la conduite des hommes en général, soit elle se contente d'ordonner ; soit elle analyse et explique, soit elle commande ; soit elle a pour domaine les faits, soit elle vise un au-delà à venir bien qu'indéterminé ; soit elle se traite scientifiquement, soit elle échappe aux sciences positives.

On aura reconnu l'opposition qui travaille vingt-cinq siècles de philosophie et qui oppose : Epicure et Kant ; épicurisme et kantisme ; éthique utilitariste et éthique idéaliste ; vertus hédonistes et vertus de l'idéal ascétique ; morale sans obligation ni sanction et morale de l'obligation et de la sanction ; positivisme et idéalisme ; science et théologie, autrement dit tenants évolutionnistes de *L'Origine des espèces* et lecteurs chrétiens de la *Bible* ; ou bien, en d'autres termes, le Jean-Marie Guyau auteur de l'*Esquisse d'une morale sans obligation ni sanction* et le Kant de la *Critique de la raison pratique...*

L'analyse des deux morales se double d'une *théorie des deux parties dans la méthode morale* : d'une part, la partie supérieure détermine le principe de la moralité ; d'autre part, la partie inférieure décide des applications de ce principe. Poursuivant son enquête chez les philosophes utilitaristes anglais, Guyau analyse la méthode inductive et la méthode intuitive. La *méthode inductive*, autrement dit positive, érige le fait en loi. En vertu de la logique naturelle, la nature produit et règle l'esprit. L'évolution se fait du fait sensible à la loi intelligible, de la matière à la pensée. Dans ce cas de figure, c'est « le mécanisme des désirs poursuivant la plus grande somme de plaisirs » qui fait la loi.

En revanche, dans la *méthode intuitive*, à savoir métaphysique, la loi précède le fait car, au fond de la nature, il existe « quelque mystérieux principe qui explique et règle l'évolution universelle » et constitue l'idéal, seul principe explicatif du monde. On retrouve ici l'idéalisme qui admet des éléments supérieurs à toute loi purement physique. Dans cet autre cas, « l'idée et la volonté soumettent les désirs et les plaisirs à un but supérieur ».

Cette opposition induction / intuition correspond à l'opposition entre « morale naturaliste » et « morale rationaliste », entre positivisme et métaphysique, entre nature et idée. Guyau se propose de résoudre les contradictions. Où se trouve-t-il, lui ? Ni ici, ni ailleurs, mais dans la résolution des contraires par la proposition d'une tierce morale, la sienne, qui emprunte au positivisme et à la métaphysique, au rationalisme et au naturalisme, au « fait sensible » et au « mystérieux principe », au fait fondateur de la loi et à la loi procédant du fait, à la morale inductive et à la morale intuitive. Cette opposition a travaillé la philosophie depuis toujours ? Elle s'activait déjà dans l'opposition entre les épicuriens et les stoïciens ? Son *Esquisse d'une morale sans obligation ni sanction,* en troisième tome philosophique faisant suite aux deux premiers volumes historiographiques, propose une morale qui tient compte des leçons du transformisme et de l'évolutionnisme, mais ne néglige pas pour autant ce qui déborde la raison, en l'occurrence la vie. Nommons *positivisme vitaliste* cette sortie de la vieille contradiction, et montrons que cette proposition définit un hédonisme.


23

**Le vitalisme est un hédonisme.** La conclusion de *La Morale anglaise contemporaine* effectue le bilan de plus de mille pages d'analyse philosophique et ouvre sur ce que deviendra le thème central de l'*Esquisse d'une morale sans obligation ni sanction* : la vie, la vitalité, le vitalisme. La vie y devient le principe de la morale. Le jeune auteur confie le fin mot de sa conception du souverain bien : « La vie la plus riche. » Dès ce travail d'histoire de la philosophie, le devoir y apparaît comme « la conscience d'une *puissance* intérieure ».

Se sentir puissant, sentir en soi la force, l'énergie, la vie, avoir conscience de sa puissance, c'est découvrir ce que l'on a à faire, autrement dit, le devoir car « le devoir est une surabondance de vie qui demande à s'exercer, à se donner ». L'obligation ? « Une expansion intérieure, un besoin de parfaire nos idées en les faisant passer dans l'action. » Dans les pages ultimes de cet ouvrage de jeunesse, on trouve déjà sa théorie de la fécondité, ses considérations sur la surabondance, l'expansion, le débordement comme nécessités, donc comme vérités philosophiques et forces morales. « La doctrine la meilleure sera celle qui donne à l'être le plus de force et de fécondité morale. » Autrement dit, celle qui permettra le maximum de vie dans un maximum d'intensité. Principes du vitalisme...

Ce vitalisme est un hédonisme. Et, comme dans le cas de Nietzsche, il faut analyser quel hédoniste il critique car, parfois, un hédonisme est critiqué, certes, mais au nom d'un autre : Guyau, par exemple, critique l'hédonisme *descendant* des voluptueux possédés par leurs passions et des individus qui ne sont pas maîtres de leur volonté de jouissance ; de même, Nietzsche critique l'hédonisme des épuisés, des fatigués, des petites santés affectées par le nihilisme, mais au profit d'un hédonisme supérieur, celui de la pure jouissance d'être, du pur plaisir de se sentir puissance.

101

Jean-Marie Guyau critique l'*hédonisme primaire* pour lequel le plaisir définit le souverain bien installé au sommet comme ce qu'il faudrait explicitement chercher. Mais afin de célébrer l'*hédonisme secondaire*, autrement dit le plaisir obtenu par la réalisation de la vie, par son débordement qui constitue la recherche prioritaire. Or le plaisir va avec la réalisation de la vie, seule une opération de l'esprit permet de dissocier ces deux instances qui fonctionnent en avers et revers de la même médaille car « le plaisir accompagne chez tous les êtres la recherche de la vie, beaucoup plus qu'il ne la provoque ; il faut vivre avant tout, jouir ensuite » tout en sachant que vivre c'est jouir, que l'expression d'une vitalité débordante s'accompagne d'une jubilation impossible à dissocier. Vivre sans jouir de vivre n'a aucun sens ; et jouir, c'est toujours jouir de vivre. Rechercher « la vie la plus intense », voilà ce qui permet la réalisation d'« un état supérieur ». Guyau fait l'éloge de l'Hercule antique capable de se fixer un idéal au-dessus de lui et de mobiliser toute sa volonté afin de l'atteindre et, donc, de se surpasser.

Dans son *Esquisse*, il écrit : « L'hédonisme, en son principe fondamental, qui est la conservation obstinée du *moi*, est irréfutable du point de vue des faits. » Car le plaisir est un état de conscience lié à la vie. L'accroissement de l'intensité de la vie accompagne l'accroissement de l'intensité du plaisir. Plus on est, plus on jouit d'être ; plus on vit, plus on jouit de vivre. Le plaisir se présente donc comme la conséquence de la vie vécue, l'effet du vitalisme expérimenté. La jubilation fait suite à l'exercice de la vie.

Certes, il existe un plaisir superficiel lié à tel type d'activité, ainsi le plaisir de boire ou de manger. Mais il existe un plaisir lié au fond même de l'exercice de vivre : plaisir de vivre, plaisir de vouloir, plaisir de penser qui, convenons-en, constituent des jubilations autrement supérieures à celles de la nourriture ou de la boisson. Le premier plaisir, purement sensitif, présente un intérêt médiocre et l'hédonisme vulgaire attaché à ces activités sommaires n'a pas grand-chose à voir avec l'hédonisme philosophique associé aux jubilations vitales pour lesquelles le plaisir se superpose à « la conscience même de la vie ».

On n'agit pas toujours pour un plaisir particulier, du genre plaisir de marcher dans la montagne ou de contempler l'océan, activités favorites de Guyau, mais pour le plaisir d'agir, la jubilation de se sentir être. Tout être porte en lui une force qui demande à s'exprimer : dans le cas de sa contrainte ou de l'impossibilité pour elle de se répandre, de s'exercer, il y a désir ou aversion, dans l'hypothèse d'une voie libre, donc d'une expression sans entrave, on voit surgir le plaisir. Le plaisir définit l'exercice de la force qui ne rencontre aucun obstacle, il coïncide très exactement avec l'expression de la vie.

24

**Le pur plaisir d'exister.** Epicure ramassait tout son enseignement dans cette proposition existentielle considérable à laquelle il invitait : « le pur plaisir d'exister ». Dans la lumière de cette invite existentielle, on trouve Guyau épicurien là encore. Il parle du « plaisir permanent et spontané de vivre ». Jubilation spinoziste en un sens que ce projet d'être et de jouir d'être, de persévérer dans son être et de jubiler de cette persévérance, de viser l'expansion de cet être et d'exulter de cet élargissement de soi, de se sentir pleinement vivant et d'expérimenter la joie de cette sensation, de faire jouer sa vitalité et d'exulter de ce jeu, de mettre en scène sa force, son énergie et de se trouver ravi de cette théâtralisation de la puissance. Car la volonté de puissance est volonté de jouissance.

Cet éloge de la force jubilante suppose l'art de vivre dans l'instant et de profiter pleinement du moment. D'où la critique effectuée par Guyau de la crainte du futur angoissant qui est une construction mentale sur laquelle chacun dispose d'un pouvoir. Le bonheur réside dans la pointe de l'instant qui est conscience de soi en train de vivre car « vivre d'une vie pleine et forte est déjà esthétique ; vivre d'une vie intellectuelle et morale, telle est la beauté portée à son maximum et telle est aussi la jouissance suprême » écrit Guyau dans *Les Problèmes de l'esthétique contemporaine.* Jouir de soi par la conscience de soi, jubiler de soi par le fait de se savoir soi, de se sentir soi dans le moment pur de l'être. Le passé et le futur relèvent de l'illusion.

L'optimiste a tort : il justifie toute chose sous prétexte que la négativité trouve sa place dans une configuration parfaite où tout est pour le mieux dans le meilleur des mondes ; il légitime la passivité : si tout est ainsi, pour quelles raisons devrait-on vouloir un meilleur qui, par définition, n'existe pas ? ; il justifie l'injustice : car ce qui est ne peut pas ne pas être et de ce fait s'épanouit au maximum qualitatif, il excuse donc tout ; il produit le confor-misme en invitant à reproduire ce qui existe déjà puisque rien de mieux n'est envisageable ; il est immoral, car il nie l'existence du mal, du mauvais ; il engourdit donc le sens moral.

Le pessimiste se trompe : il fait l'impasse sur le pur plaisir d'exister que chacun expérimente ; il affirme la nécessité de l'extinction de la vie, mais ne se suicide que très rarement, même s'il affirme que le pire est toujours certain et que la somme des maux l'emporte sur celle des biens ; leur incapacité à quitter ce monde prouve qu'ils espèrent donc qu'ils attendent du monde quelque chose de posi-tif ; ils assimilent systématiquement, et à tort, le désir et la souffrance, alors que la souffrance apparaît seu-lement dans le cas d'un désir difficile ou impossible à satisfaire ; ils n'intègrent aucun des plaisirs avérés de l'existence dans leurs calculs défaitistes.

Le vitaliste a raison : la perpétuelle recherche de la vie que tout un chacun expérimente prouve l'excellence de la valeur de la vie, car comment pourrait-on rechercher ce qui nuit ? ; il sait que nombre de désirs se résolvent en plaisir, et ce faci-lement ; il vérifie que l'anticipation du plaisir qu'est tout désir constitue un plaisir ; le plaisir accom-pagne la vie, son existence, sa recherche, son expan-sion, son évolution. La douleur agit en symptôme d'un mauvais état objectif ou d'une maladie dans ses débuts. Elle désintègre partiellement la vie et son triomphe marque celui de la mort. Mais, bien avant cette issue fatale, le plaisir signe la victoire de la vie sur la douleur.

25

**Autoportrait en malade.** On ne peut manquer de songer à une confidence autobiographique en lisant ces lignes de l'*Esquisse d'une morale sans obligation ni sanction* : « Au moral comme au physique, l'être supérieur est celui qui unit la sensibilité la plus délicate à la volonté la plus forte ; chez lui, la souffrance est très vive sans doute, mais elle provoque une réaction plus vive encore de la volonté ; il souffre beaucoup, mais il agit davantage, et comme l'action est toujours jouissance, sa jouissance déborde généralement sa peine. »

Le cocktail philosophique qui correspond à la signature de Jean-Marie Guyau resplendit ici dans sa superbe : sensibilité délicate, volonté forte, souffrance vive, réactivité de la volonté, remobilisation dans l'action, jouissance de l'agir, triomphe du plaisir. Voilà la formule de la pensée de Guyau, de sa généalogie dans la souffrance à sa sublimation dans le plaisir *via* l'exercice de la volonté. On ne peut mieux ramasser en quelques mots le trajet existentiel et biographique du philosophe et de sa doctrine : le vitalisme hédoniste.

Guyau sait qu'il existe deux types de pessimistes : les poseurs et les viscéraux. Les premiers jouent avec le pire en affectant de le connaître, tout en se gobergeant de salons, de vie mondaine, de poses, de dandysme snob, d'esthétisme – cette faune perdure ; les seconds expérimentent directement la souffrance dans leur chair, ils le sont « par déchirement réel du cœur », subjectivement, individuellement, personnellement, corporellement. Lui pourrait se ranger dans la catégorie des authentiques, mais il sait que, même entamée, la vitalité du malade peut se tendre comme un arc et produire les plus belles victoires existentielles.

Ce monde-ci n'est pas le pire des mondes, puisqu'il subsiste. On sait que Schopenhauer affirmait l'inverse en disant qu'il lui suffirait d'être un tout petit peu plus ce qu'il est pour connaître la déflagration et disparaître. Mais justement, ce monde-ci, en deçà de l'ajout d'explosif que veulent lui accoler les pessimistes, convient tout à fait : ni trop ni trop peu, mais juste comme il est, coïncidant avec la vie, il offre les moyens d'un salut. Le plaisir, la jouissance, le bonheur, la joie vont avec la vie ; la souffrance, la douleur, la tristesse, le malaise, le spleen accompagnant la mort ; et Guyau veut la vie, la vitalité et le plaisir qui l'accompagne. Cette jubilation s'obtient par l'exacerbation de la conscience de soi comme conscience d'une vitalité qui se répand. Ce vitalisme est donc bien un hédonisme...

26

**Un Nietzsche français ?** La réputation de Jean-Marie Guyau s'est beaucoup faite sur la foi d'un livre que peu ont lu et qui a souvent été mal lu par ceux qui se sont confrontés réellement à l'ouvrage : l'*Esquisse d'une morale sans obligation ni sanction*. L'historiographie traditionnelle ne brille pas avec Guyau ! Et quand elle ne dit pas de sottises – « semi-kantien » par exemple dans l'*Histoire de la philosophie* de la Pléiade... – elle se contente de broder sur deux sottises devenues des lieux communs : *Guyau, Nietzsche français* et *Guyau, philosophe anarchiste*...

La généalogie de cette première erreur se trouve sous la plume de Henri Bergson dans un texte intitulé *La Philosophie française* publié dans *La Revue de Paris* datée du 15 mai 1915. Parlant d'Alfred Fouillée, son beau-père donc, Bergson précise : « Il eut dans Guyau un disciple génial. Moins célèbre que Nietzsche, Guyau avait soutenu avant le philosophe allemand, en termes plus mesurés et sous une forme plus acceptable, que l'idéal moral doit être recherché dans la plus haute expansion possible de la vie ». Va pour les « termes plus mesurés » ou pour la « forme plus acceptable », mais comment l'auteur de *L'Evolution créatrice* peut-il écrire « avant le philosophe allemand » ?

Car la première édition de l'*Esquisse d'une morale sans obligation ni sanction* date de 1885 et, à cette époque, Nietzsche a déjà publié *La Naissance de la tragédie* (1872), *Sur l'avenir de nos établissements d'enseignement*, la même année, ses quatre *Considérations intempestives* (1874, 1875, 1876), *Humain trop humain* (1879), *Opinions et sentences mêlées*, puis *Le Voyageur et son ombre* (1879), *Aurore* (1881), *Le Gai Savoir* (1882), *Ainsi parlait Zarathoustra* (1883 et 1884 pour les trois premières parties, 1885 pour la quatrième), ce qui, convenons-en, paraît difficile pour conclure d'une influence de Guyau sur un Nietzsche de ces œuvres-là qui dispose déjà de ses concepts majeurs : Mort de Dieu, Eternel retour, Amor Fati, Volonté de Puissance et Surhomme...

Le malentendu procède d'un moment biographique singulier dans la vie de Nietzsche : le philosophe malade ne tenait pas en place et cherchait

partout en Europe le bon climat, la bonne température, la bonne hygrométrie, la bonne lumière, il
aimait la Riviera et plus particulièrement Nice qu'il
découvre en 1883 subjugué par les lieux. C'est à
Nice, dans son meublé de la rue Ségurane, à l'Hôtel
Continental, rue des Ponchettes, puis dans sa petite
chambre de la rue Saint-François-de-Paul, qu'il prend
des notes sur la transmutation des valeurs pour *La
Volonté de puissance*; à Nice il échafaude des plans ;
à Nice il effectue ses plus longs séjours – sept mois
par exemple alors qu'il lui arrive de quitter une ville
le soir de son arrivée ; à Nice, dans le vieux Nice, il
aime entendre parler italien et se sentir pleinement
vivre dans le marché en reniflant les odeurs de
poisson et de fromage ; dans Nice ou dans ses
environs, il effectue ses six à huit heures de marche
quotidienne dont certaines le conduisent sur le haut
d'Eze qui surplombe la Méditerranée avec une vue
saturée d'azur et de mer : c'est là que, lors d'une
ascension, il compose « Des anciennes et des nouvelles tables », un texte du Zarathoustra ; « Nice me
réussit incroyablement » écrit-il à son ami Peter Gast
le 25 février 1884 ; à Nice il assiste à une course de
taureaux en compagnie de Rosa Von Schirnofer,
une jeune étudiante en philosophie de l'université
de Zurich qui l'électrise ; c'est de Nice qu'il parle
lorsqu'il écrit de Sils-Maria à Peter Gast le 2 septembre 1884 : « Je porte en moi l'espoir que se for-
mera à Nice une petite et très *bonne* société
pratiquant la foi en la *"gaya scienza"* » ; à l'opéra de
Nice il écoute de la musique française, Berlioz et
Bizet, Lalo et Dancla, Rameau et Massenet ; à Nice
il vit un tremblement de terre le 23 février 1887, et
raconte la panique des habitants hébétés, des gens

qui dorment sur les bancs ou dans des fiacres en attendant la réplique, puis il confie regarder tout ça avec ironie...

C'est également à Nice à la fin de l'année 1886 qu'il fait connaissance avec Guyau, du moins avec son œuvre. Nietzsche achète en effet l'*Esquisse d'une morale sans obligation ni sanction*, mais également *L'Irréligion de l'avenir* – donc après 1886. L'achat s'effectue probablement à la librairie Visconti dans laquelle se trouvaient les nouveautés, mais également une grande quantité de journaux disponibles à la consultation. Dans sa biographie du philosophe, Daniel Halévy parle d'une rencontre des deux hommes qui conversèrent, probablement présentés l'un à l'autre par le libraire ! Or celle-ci n'eut pas lieu.

Alfred Fouillée, tout à la panthéonisation de son beau-fils, écrit une violente charge contre le philosophe allemand intitulée *Nietzsche et l'immoralisme* (1902). Mais comment peut-on donc, d'une part, accuser Nietzsche de tous les maux, le détester, en faire une brute allemande, un belliciste germain, un amoraliste, un aristocrate désireux de faire périr les faibles et, d'autre part, affirmer qu'il pille les idées de Guyau présenté comme un saint laïc ? Car, il faut choisir : ou Nietzsche est cette horreur, et la responsabilité de Guyau est grande ; ou il est le pilleur de Guyau (les dates interdisent cette extravagance), alors il ne doit pas être si philosophiquement mauvais que ça...

Nietzsche a lu l'*Esquisse d'une morale sans obligation ni sanction* et *L'Irréligion de l'avenir* et annoté les deux ouvrages. Un relieur maladroit a rogné une partie des notes marginales du second volume... C'est à Elisabeth Förster, l'amie personnelle d'Hitler, la venimeuse sœur de Nietzsche qui fit tant pour nazifier son frère, qu'Alfred Fouillée demande copie des fameuses annotations en marge. A partir de cette documentation de seconde main, le thuriféraire de Guyau publie en 1901 dans la *Revue philosophique* « Les jugements de Nietzsche sur Guyau d'après des documents inédits » et discrédite Nietzsche pour sa morale, puis conclut à son manque d'originalité philosophique...

## 27

**Deux vitalistes.** Nietzsche n'a pas pillé Guyau – et, pour sa part, Guyau n'a jamais lu une seule ligne de Nietzsche. L'un et l'autre développent des pensées proches, certes, mais beaucoup procèdent d'un fonds philosophique commun : celui de la tradition philosophique déterministe, fataliste, vitaliste, spinoziste ; tous deux pensent en modernes soucieux d'intégrer les découvertes scientifiques du moment, en l'occurrence le transformisme lamarckien et l'évolutionnisme darwinien ; Nietzsche et Guyau disposent d'un ennemi commun : Kant et sa morale dogmatique ; l'Allemand et le Français trouvent à Epicure des vertus pour fonder la morale post-chrétienne à laquelle l'un et l'autre aspirent ; l'auteur de *L'Antéchrist* et celui de *L'Irréligion de l'avenir* partagent une même lecture vitaliste du monde : le *nisus* de l'un ne semble pas si éloigné que ça de la *volonté de puissance* de l'autre...

Voici le fonds commun à ces penseurs : l'inscription de leur réflexion dans une logique de la mort du Dieu judéo-chrétien ; l'affirmation de la toute-puissance de la nature au-delà du bien et du mal ;

111

la récusation du dogmatisme éthique et le désir d'une morale néo-utilitariste qui se développe dans un logique non pas du bien et du mal, mais du bon et du mauvais ; la création d'une morale sans obligation ni sanction, hors morale moralisatrice – jusqu'ici, des thèses susceptibles d'être rattachées au spinozisme ; mais également, plus modernes : la proposition d'une lecture inégalitariste de l'humanité dans laquelle se distinguent ontologiquement « inférieurs » et « supérieurs » ; la conception d'un inconscient comme force motrice de l'être ; le corps, assimilé à une « Grande Raison » ; la souffrance tel un signe de supériorité...

Voilà, de fait, des terrains communs, mais ils signalent un même monde ontologique, celui des vitalistes. En effet, le Guyau qui écrit dans l'*Esquisse d'une morale sans obligation ni sanction* : « C'est à la vie que nous demandons le principe de moralité », ou bien encore : « La conduite a pour mobile la vie la plus intense, la plus large, la plus variée », n'est pas très éloigné du Nietzsche qui affirme : « Du moment que je vis, je veux que la vie soit aussi exubérante, aussi luxuriante, aussi tropicale que possible, en moi et autour de moi. Je dirai donc Oui ! A tout ce qui rend la vie plus belle, plus intense, plus digne d'être vécue. » Cette communauté généalogique crée d'évidentes coïncidences théoriques.

Mais si Guyau et Nietzsche partagent un même port d'attache vitaliste, leurs voyages philosophiques s'effectuent dans des directions opposées : car l'un et l'autre se retrouvent finalement aux antipodes, en *vitaliste optimiste* Guyau croit que l'ordonnancement du monde va vers la philanthropie – la pitié, la charité, la générosité, l'altruisme, l'amour du prochain

– en *vitaliste tragique* Nietzsche sait qu'il n'existe pas de téléologie dans la nature, mais un immense chaos de vie dans lequel triomphe toujours la guerre de tous contre tous.

Nietzsche a bien vu le fin fond de Guyau. Dans un fragment de *La Volonté de puissance*, il écrit : « L'idée morale et lâche de *l'homme* à la façon de Comte, de Stuart Mill, au besoin on en fait même un objet de culte... C'est toujours le culte de la morale chrétienne sous un nom nouveau... Chez le libre penseur, par exemple chez Guyau. » Jugement bref, sûr, radical, qui fait mouche : de fait, sous le décor d'un titre rutilant – une morale sans obligation ni sanction ! – c'est finalement une morale infectée de moraline qu'on nous sert encore : une ultime morale moralisatrice, chrétienne, défendant les mêmes valeurs, les mêmes vertus...

Après sa lecture de l'opus le plus célèbre de Guyau, Nietzsche a résumé son point de vue sur la page de couverture de son exemplaire : Guyau a tort de croire que les instincts moraux ont leur siège dans la vie même, car les instincts sont immoraux – ce que Guyau dit pourtant partout ailleurs, sans voir qu'il se contredit... L'expansion de la vie ignore naturellement autrui, elle contredit même l'altruisme. Le jeune philosophe français croit à une évolution de l'humanité qui conduirait les hommes à l'harmonie ; Nietzsche pense l'inverse : il n'y a ni ordre, ni sens, ni direction, ni téléologie, ni plan, ni ordonnancement, tout juste un chaos de puissances, un maelström d'énergies, un océan de forces. Le *nisus* de Guyau s'inscrit dans une lecture optimiste du monde ; la volonté de puissance prouve la vérité tragique du réel.

28

**Un jeune philosophe anarchiste ?** Le second malentendu concernant Guyau provient de Pierre Kropotkine, le prince russe qui enrégimente Guyau chez les anarchistes dans *La Morale anarchiste* (1889) puis dans *L'Ethique* (1921). L'anarcho-communiste écrit également *L'Entraide. Un facteur de l'évolution* (1902) dans lequel il communie avec Guyau dans la foi téléologique en une résolution des conflits par le temps mais aussi, et surtout, par une lecture de Darwin qui s'oppose au darwinisme libéral pour lequel la nature enseigne que les plus forts survivent parce qu'ils sont les mieux adaptés. Dès lors, le destin des moins adaptés est de disparaître.

Ce darwinisme de gauche enseigne à l'inverse que Darwin ne permet pas cette extrapolation mais, qu'en revanche, les conclusions de *La Descendance de l'homme* enseignent qu'il existe, parmi les animaux, un instinct naturel altruiste qui, pour sa part, contribue également à la sélection naturelle et au progrès de l'espèce. L'entraide existe à l'état naturel chez les animaux, donc chez les hommes, il faut entretenir et cultiver ce tropisme naturel. D'où l'éducation, l'enseignement, l'instruction, le rôle de la morale – et le projet anarchiste de Kropotkine.

Le révolutionnaire russe a lu attentivement l'*Esquisse d'une morale sans obligation ni sanction*. Il retient de cet ouvrage les promesses de son titre : une morale positiviste, scientifique, basée sur les faits, post-chrétienne, donc post-kantienne, anti-dogmatique, faisant fi de l'obligation et de la sanction, une éthique sans contrainte qui annonce la fin des prisons, de la police, de la négativité, et l'avènement du règne de la charité, de la pitié, de la justice, de l'humanité. On comprend que Nietzsche s'énerve contre « le libre penseur » ; on conçoit que Kropotkine s'emballe pour « le jeune philosophe anarchiste » comme il dit dans *La Morale anarchiste…*

Je crains que Kropotkine n'ait rien lu d'autre que le fameux livre sur la morale, et que, par exemple, il n'ait pas ouvert *L'Irréligion de l'avenir*, au contraire de Nietzsche qui, lui, l'a consciencieusement annoté. Sinon, il aurait découvert un certain nombre d'idées qui l'auraient dispensé de faire de Guyau un philosophe anarchiste : ainsi l'éloge du travail, de la famille, de la patrie ; la défense d'une politique colonialiste ; des propos racistes et antisémites ; une réduction misogyne et phallocrate des femmes au rôle de mères allaitantes ; un désir d'hygiène raciale pour sauver la France du déclin démographique ; des considérations réactionnaires à propos de l'esthétique contemporaine assimilable à la maladie mentale ; un usage social de la religion, et non pas un franc athéisme ; un éloge de la joie de commander, du plaisir du risque, de la fécondité de la volonté, du sacrifice consenti par l'excès de force du soldat ; une critique du métissage et un éloge de l'aryen ; une xénophobie récurrente ; une cosmogonie extravagante affirmant l'existence d'extra-terrestres…

Guyau n'était évidemment pas anarchiste, et peu susceptible d'une récupération par les libertaires, sinon par le seul titre de l'unique ouvrage dont on parle si souvent sans l'avoir lu. Guyau était bien ce que Nietzsche a excellemment diagnostiqué : un *libre penseur*. A quoi il faut ajouter : un libre penseur déiste tel que la III<sup>e</sup> République en portait en quantité. Cette libre pensée républicaine qui, paradoxalement, nourrira une partie de l'idéologie de Vichy, n'a que peu à voir avec l'anarchisme. On sourira, alors, de lire dans *La Morale anarchiste* que Kropotkine écrit de Jean-Marie Guyau qu'il était « anarchiste sans le savoir ». De fait, en voyant les choses ainsi...

29

**Une gauche républicaine vitaliste.** Politiquement, Guyau n'est pas un homme de droite : il s'inscrit, *à gauche*, dans le lignage républicain de l'époque. Il fustige le marxisme et le communisme comme des idéologies naïves ; il fait du révolutionnaire un individu simpliste souscrivant à une idée sommaire du progrès social ; il croit en revanche à l'évolution, au mouvement doux, lent, mais sûr vers le progrès ; il célèbre les vertus du socialisme, mais surtout pas comme une idéologie d'Etat, il le veut partant du sommet pour irriguer la totalité de la société ; il pense le socialisme comme un individualisme, ou, à l'inverse, l'individualisme comme un socialisme : un art politique de créer des individualités critiques ; il critique non pas le travail dans son essence, mais l'accumulation du capital que des lois sociales doivent limiter et contenir ; il confie à l'éducation nationale la tâche de préparer ce changement politique et souhaite, dans la logique de la libre pensée, remplacer progressivement, sans

116

conflits, le prêtre par le clerc, l'homme d'Eglise par l'instituteur, la foi par la raison ; il croit au socialisme dans des microformes inscrites dans la société destinées à de petits groupes et non à de grandes masses ; il fustige l'idéal socialiste étatiste qui fait du fonctionnaire son idéal heureux de se trouver dans une petite case avec une « vie prévue, assurée, sans mésaventures et aussi sans grandes espérances » ; il prévoit la destruction du socialisme s'il envisage son universalisation ; il veut des expériences socialistes polymorphes, vivantes, explosées, dispersées, qui procèdent de volontés individuelles et non d'un désir de l'Etat – qui, par ailleurs, peut aider, encourager ou subventionner ces entreprises individuelles ; le socialisme y est donc entendu comme ce qui rend possible la liberté individuelle et la magnifie : l'avenir est aux associations d'individus libres et indépendants qui, par leur association, augmentent la liberté et l'individualité de chacun.

On découvre donc, en ramassant les informations concernant la politique dispersées dans l'œuvre complète, que Guyau propose un socialisme républicain vitaliste : il veut du socialisme vivant, dynamique, plastique, en mouvement, dialectique ; il souhaite des foyers divers et multiples et la multiplication de ces foyers ; il craint le monolithisme et la pétrification sociale, la cessation du mouvement, la fixation, le figement ; il voit l'Etat comme un partenaire discret mais lointain, comme une instance qui suit le mouvement naturel, mais ne l'impulse pas ; il critique le capitalisme comme intrinsèquement générateur de paupérisation par sa tendance naturelle à encourager la multiplication des hommes, donc à diviser la richesse et à refuser le partage, d'où la nécessité de lois républicaines qui, pour réformer, s'appuient sur les vertus de charité, de pitié, de partage, d'altruisme. Guyau défend une gauche socialiste, républicaine, vitaliste, anticommuniste, réformiste.

## 30

**La vie ignore l'obligation.** Ni « Nietzsche français » contrairement aux affirmations de Fouillée et de Bergson, ni « jeune philosophe anarchiste » comme l'écrit imprudemment Kropotkine, mais républicain vitaliste, de gauche, Jean-Marie Guyau se trouve victime du titre de son livre le plus célèbre. Mais que signifie véritablement *une morale sans obligation* et quel sens peut bien avoir *une morale sans sanction* ? Car le coup de génie de ce titre réside dans son oxymore : une morale définit habituellement une obligation, faute de quoi, si on ne la respecte pas, on s'expose à subir une sanction. Toute morale, depuis toujours, énonce des principes, annonce des commandements, y contraint, et, à défaut d'obéissance, menace d'une punition, promet pénitence, châtiment, expiation temporelle et terrestre, certes, mais aussi céleste et éternelle. Et voilà qu'un jeune homme propose une morale immorale, une morale amorale, une éthique sans valeurs, une éthique sans répression...

La morale peut être dite sans obligation quand elle ne procède pas de la religion ou d'une quelconque transcendance qui suppose un ciel, un idéal intelligible, inatteignable, situé dans un prétendu monde nouménal et qu'elle ne commande rien, ne prescrit rien, ne dispose d'aucune table de lois, d'aucune liste de valeurs auxquelles obéir sous peine de sanction, ou bien encore qu'elle ne dit ni le bien, ni le mal, ni le juste ni l'injuste. Cette morale ignore une instance qui dirait la loi et inviterait à s'y soumettre. Le judaïsme, le platonisme, le christianisme, le kantisme sont en revanche des morales de l'obligation – Guyau tourne le dos à ces éthiques caduques.

Cette morale ne découle donc pas d'une transcendance, elle ne tombe pas du ciel, elle ne procède pas d'une parole divine, elle ne renvoie pas à un au-delà d'elle, car elle monte de la terre, plus précisément de la nature, de l'immanence pure, du monde comme il est, du réel saisissable par une lecture positiviste et scientifique. Or la nature ignore le bien et le mal, tout autant que le juste et l'injuste, le vrai et le faux, le bon et le mauvais : elle est par-delà ces catégories car seule *la vie* rend compte de son être.

La nature, immorale, relève d'« un désordre superbe » dans lequel on ne trouve que des forces, des quantités d'énergie en mouvement, des dynamiques de puissances. Elle méconnaît tout autant la souffrance et le bonheur, la douleur et le plaisir. Quoi que chacun fasse, elle reste indifférente à ce faire. Le mécanisme de la nature ignore l'amitié ou la haine, la charité ou la cruauté, l'égoïsme ou l'altruisme, le nombrilisme ou la solidarité. Guyau écrit que dans la nature « règne la guerre éternelle et le droit du plus fort ». Or Guyau contredit par ailleurs en permanence cette thèse en affirmant *aussi*, après Darwin, qu'il existe un instinct altruiste dans la nature et que le but de l'éducation consiste à développer culturellement cette prédisposition naturelle : alors *droit du plus fort* ou *instinct altruiste* ?

Si la morale s'enracine dans la nature, elle est sans obligation : la morale de la vie ignore le commandement moralisateur. Chacun se trouve plus ou moins doté de force, habité par une énergie en plus ou moins grande quantité. Il existe donc une inégalité fondamentale entre les êtres humains dont certains peuvent être dits forts et d'autres faibles en regard de leur dose de vitalité. Ce jeu de force constitue une physique immorale : « la vie morale et intellectuelle est une branche puissante de la vie physique » affirme Guyau. Autrement dit, l'éthique est une affaire de vitalité. En ce sens, toute existence individuelle se trouve toujours par-delà le bien et le mal, dans un cosmos sans cesse en mouvement animé par une énergie aveugle.

31

**Vitalisme et spinozisme**. Cette éthique sans obligation, Guyau le sait, se trouve déjà chez Spinoza dont l'auteur de *La Morale d'Epicure* fait un moderne successeur d'Epicure – « Négation absolue de tout ce que nous entendons par moralité proprement dite, et réduction de toutes choses, y compris la volonté, aux lois nécessaires de la nature, qui sont les lois nécessaires de l'intelligence : voilà en quelques mots le spinozisme » écrit Guyau. On conviendra que pareille définition fait de la pensée de Guyau tout autant que de celle de Nietzsche un spinozisme – donc une modalité de l'épicurisme…

Qu'on cesse de chercher qui aurait influencé l'autre de Nietzsche ou de Guyau. On a vu que le premier a lu le second, mais que l'inverse est faux. On sait également que le philosophe allemand disposait de la totalité de son arsenal conceptuel avant de lire le jeune philosophe français. Il y aurait donc grand bénéfice à quitter l'impasse du jeu d'influences pour entrer dans une autre hypothèse : Guyau et Nietzsche se ressemblent par leur spinozisme, au sens donné par la définition de *La Morale d'Epicure*. Comme Spinoza avec l'*Ethique*, voir le *Conatus*, Guyau avec l'*Esquisse*, voir le *Nisus*, et Nietzsche avec *Ainsi parlait Zarathoustra*, voir la *Volonté de puissance*, les deux philosophes du XIX$^e$ siècle se situent par-delà le bien et le mal – et dans la logique, guère nouvelle, de la morale sans obligation ni sanction... La relation ambivalente que Nietzsche entretient avec Spinoza – amour et haine – témoigne d'une véritable communauté d'esprit. Le coup de génie de Guyau, mais il ne pouvait s'en douter, a été de fournir avec son titre judicieux un nouvel impératif éthique dans une époque qui appelait d'urgence une morale nouvelle après la mort de Dieu, puis la montée en puissance des sciences et de leurs modèles. Le vitalisme, certitude du départ, contrait philosophiquement à une éthique anomique.

## 32

**La vie ignore la sanction.** La morale traditionnelle associe vice et punition, vertu et récompense, car elle s'inspire de la religion qui croit au libre arbitre pour lequel les hommes sont supposés choisir entre le bien et le mal. Dès lors, libres, choisissant, les hommes éliraient volontairement un acte moral ou un geste vicieux, on pourrait alors légitimement les punir d'avoir fait le mauvais choix ou les féliciter d'avoir effectué le bon. Or le libre arbitre est une fiction : Guyau le dit, Nietzsche également bien sûr, et Spinoza l'avait déjà fait savoir dans une lettre à Schuller : les hommes se croient libres car ils ignorent les causes qui les déterminent – la *vie* dira Guyau détermine les hommes à leur insu, la *volonté de puissance* précisera Nietzsche...

Celui qui tue n'a pas plus choisi de tuer que la victime de l'assassin n'a décidé d'être une cible : le bourreau et la victime, au regard de la nature, obéissent tous les deux à une puissance contre laquelle ils ne peuvent rien ni l'un ni l'autre, ils sont pareillement soumis à une force qui les dépasse. La nature se moque qu'il y ait un tué et un tueur, un violeur et un violé, un agresseur et un agressé, un qui agit un qui subit. Tout cela s'effectue en fonction de la nécessité de la vie qui se manifeste de façon absolument aveugle.

La sanction se présente toujours comme une expiation. Or elle ne sert à rien, car elle ne peut empêcher que ce qui a eu lieu ait eu lieu. De plus, elle n'est pas dissuasive, car elle n'assure pas non plus que ce qui a eu lieu ne se répétera pas. Dès lors, à quoi bon punir puisque l'on sait que la punition ne sert à rien ? L'infliger ajoute à la souffrance au nom du refus de la souffrance, c'est aggraver le mal quand on prétend le guérir, augmenter la négativité qu'on affirme vouloir supprimer. Le châtiment est tout aussi blâmable que le crime. Pire peut-être même car « le bourreau imite l'assassin ». Le coupable se trouve déjà bien assez puni d'avoir commis un crime, quel besoin d'ajouter du crime au crime ? Chacun cherche son bonheur comme il peut. Certains le trouvent dans le crime, d'autres dans l'amour du prochain, mais ni l'un ni l'autre n'ont choisi de l'obtenir et de le réaliser de cette manière plutôt que d'une autre. Aucune voie n'est plus morale qu'une autre, la nature ne se soucie de rien d'autre que de circulation de vitalité.

## 33

**Au-delà du châtiment.** « Toute justice proprement pénale est injuste » écrit Guyau. On comprend qu'une telle phrase séduise les anarchistes. De fait, si le libre arbitre est une fiction construite par les religions pour justifier leur emprise sur les hommes, alors personne n'a choisi ses actes et, par conséquent, n'est responsable, donc coupable. La réponse pénale à une infraction procède de la catégorie de « société » dans laquelle nous pensons communément : un instinct naturel nous pousse à vouloir la sanction pour permettre à la société de vivre, d'être et de durer. L'instinct de punition et de récompense découlent d'un sentiment instinctif, primitif, par lequel on veut ce qui permet de sauvegarder la société vécue et pensée comme un organisme vivant.

La vie veut la vie qui veut sa durée, voilà pourquoi on peut affirmer d'une part que la nature est chaos tout en croyant d'autre part que dans ce chaos le principe d'auto-engendrement de la vie fait la loi de manière visible et lisible. Dans la nature il n'y a ni bien ni mal, c'est entendu, mais il existe un *bon* que recouvre et définit tout ce qui permet à la vie d'être, de durer, de se répandre, de s'étendre, de se conserver. Le disciple de Spinoza est aussi disciple de Darwin avec, parfois, des difficultés à tenir en équilibre les deux positions...

Cet instinct a évolué – une fois encore dans le chaos de Guyau se dessinent malgré tout des téléologiques... Nous sommes en effet passés d'une *réponse disproportionnée* à une *réponse proportionnée* et nous irons de cette réponse proportionnée à une autre modalité de la proportion. Exemple : jadis, les hommes répondaient à une légère offense par une destruction totale de l'adversaire : l'offense d'une gifle produisait la mort de son auteur. Plus tard, la loi du talion marque un progrès : « œil pour œil dent pour dent », une avancée morale par rapport à l'époque où triomphait un autre adage (revendiqué par Lénine) : « pour un œil les deux yeux, pour une dent, toute la gueule ». Guyau affirme qu'on peut déjà suivre le progrès chez le philosophe (!) qu'on peut offenser et qui, théoriquement, ne répond pas, s'il est véritablement un sage et affiche une déroutante indifférence... Nous allons donc, professe Guyau, vers la disparition de toute sanction.

Le philosophe « anarchiste sans le savoir », pour reprendre la formule de Kropotkine, annonce donc à terme la disparition des prisons. Le passé renseigne sur la nature inéluctable du mouvement : jadis le duel faisait la loi, aujourd'hui la pratique est tombée en désuétude. Le bagne semblait à tous une évidence, au temps où Guyau écrit, on le met en doute, il prévoit l'abolition de cette pratique pénale.

Même chose avec la peine de mort qu'il voit de façon assez prophétique en 1885 comme inévitablement condamnée. Un jour, donc, on en finira complètement avec la sanction. Corrélativement à cette vision progressiste digne de l'*Esquisse d'un tableau historique des progrès de l'esprit humain* de Condorcet, Guyau affirme en même temps que la fin des punitions celle des récompenses : les honneurs, les décorations, les médailles, les titres, la gloire, les charges honorifiques disparaîtront. Le succès, l'estime publique, la popularité se réduiront à une peau de chagrin. Les gens de génie devront s'habituer à disposer des faveurs d'un public de plus en plus restreint. Le nom d'un homme deviendra peu de chose.

## 34

**Que faire ?** Si Guyau a raison : le libre arbitre est une fiction ; la responsabilité n'existe pas ; la culpabilité constitue une faute de jugement ; le bourreau vaut ontologiquement la victime ; une force aveugle nous veut et fait impitoyablement la loi sans que nous ayons notre mot à dire ; la justice pénale n'est pas juste ; nous nous dirigeons vers la fin de la vengeance ; sanctionner est immoral ; punir ajoute à la négativité ; le bien et le mal n'existent pas ; la sanction arrive toujours trop tard. D'accord. Mais *que faire* en présence d'un criminel qui tiendrait l'*Esquisse d'une morale sans obligation ni sanction* dans une main et dans l'autre un couteau sanglant avec lequel il aurait trucidé, par exemple, l'auteur du livre en question ?

« Charité pour tous » dirait Guyau – dans un dernier souffle... Voilà le projet : « Charité pour tous les hommes, quelle que soit leur valeur morale, intellectuelle, ou physique, tel doit être le but dernier poursuivi même par l'opinion publique. » Et ailleurs : « Il faut donner le bien à tous. » Le philosophe veut la charité, l'amour, la douceur, la tendresse, l'amour du prochain, la philanthropie, le don, car si l'on distribue la méchanceté, on récolte la méchanceté. En revanche, si l'on se répand en bénévolence, on obtient la reconnaissance de ceux à qui on a donné.

La seule peine défendable l'est quand elle assure l'empêchement d'une récidive : pour défendre la société. Mais, optimiste radical, notre philosophe affirme qu'on n'est jamais certain qu'un criminel recommencerait le même forfait si l'on récompensait son geste par une indifférence philosophique. On se munira d'un impératif simple : « le maximum de défense sociale avec le minimum de souffrance individuelle ». Guyau veut donc la charité. Donner, donner, donner encore et toujours, voilà la seule façon de contribuer au progrès de l'humanité.

Donner donc à ceux qui nous prennent, nous volent, nous pillent : le crime a toujours sa justification dans l'économie de la vie. Selon le principe vitaliste, plus on donne, plus on augmente la vie, plus on l'élargit, plus on la rend belle, plus on la rend forte. Plus forte, elle donne encore plus et mieux. On comprend que Nietzsche fasse de Guyau un libre penseur qui laïcise les vieilles formules chrétiennes : l'*amour du prochain* de l'Eglise catholique, apostolique et romaine devient sous la plume du philosophe républicain *charité universelle*...

126

35

**L'anomie morale.** A l'issue de ce grand plaidoyer optimiste, suite à cet acte de foi vitaliste, Guyau propose son idéal éthique : l'*anomie*, autrement dit « l'absence de loi fixe ». C'est-à-dire non pas la fin de la morale, mais l'avènement des morales, la naissance annoncée et désirée d'une multiplicité de morales. Chacun doit chercher ce qui lui est utile et réaliser également ce qui est utile aux autres. Dès lors, tout un chacun doit se fabriquer sa morale sur mesure, se construire une éthique personnelle. De la diversité des morales naîtra la réconciliation des morales dans une humanité un jour réconciliée avec elle-même et dans laquelle les hommes vivront d'amour...

Une seule morale, une unique morale, une morale dogmatique qui fait la loi de façon monolithique, dogmatique, autoritaire, impérieuse, voilà le meilleur moyen d'entraver les progrès de l'humanité. On ne pourra s'empêcher, bien sûr, de songer aux deux mille ans de christianisme avec la domination sans partage de la morale judéo-chrétienne. Voici donc venue pour les temps post-chrétiens l'ère des morales diverses, multiples, polyphoniques, relatives, perspectivistes, le temps des éthiques moléculaires subjectives, des échelles de valeurs taillées sur mesure par chacun selon sa vitalité, sa force, sa puissance, son énergie. De cette prolifération de morales, Guyau nous l'assure, faisons confiance au principe vital, naîtra comme par enchantement une humanité pleinement et totalement réalisée.

Dans l'*Esquisse*, Guyau écrit des phrases qui tranchent sur la philosophie de son temps : « Vouloir gouverner les esprits est pire encore que de vouloir gouverner les corps ; il faut fuir toute espèce de *direction de conscience* ou de *direction de pensée* comme un véritable fléau. » Il veut en finir avec les « métaphysiques autoritaires » – on comprend la joie de Kropotkine... Ailleurs : « Il est temps que nous marchions seul, que nous prenions en horreur les prétendus apôtres, les missionnaires, les prêcheurs de toute sorte, que nous soyons nos propres guides et que nous cherchions en nous-mêmes la *révélation*. » Il n'y a plus de Christ... Alors « que chacun de nous soit son Christ à lui-même »...

Chacun doit défendre ses propres positions. En morale comme en politique. Monarchie ? République ? Oligarchie ? Chaos ? Que chacun défende ses idées. Athéisme ? Déisme ? Théisme ? Christianisme ? Même remarque. Matérialisme ? Optimisme ? Pessimisme ? Peu importe le détail, seule compte la multiplicité des affirmations, la diversité des opinions, la prolifération des points de vue, la polyphonie généralisée. Tout ce qui peut être dit, pensé, vécu doit pouvoir être dit, pensé, vécu. Il existe un genre d'homéostasie naturelle (loin du triomphe généralisé du chaos affiché par ailleurs...) en vertu de laquelle l'expression de cette profusion, de cette abondance, de cette richesse, de ce foisonnement, générera, grâce aux lois de l'évolution, une humanité réconciliée avec elle-même. Version millénariste du vitalisme de ce XIX$^e$ siècle...

## 36

**Une religion de l'agir.** Guyau croit à la fécondité de l'action. L'important, c'est d'agir. Peu importe le reste. Ce qui peut être fait doit l'être : « Je puis, donc je dois » conclut l'auteur dans les dernières lignes de l'*Esquisse d'une morale sans obligation ni sanction*. Agir, c'est manifester la vie, c'est l'élargir, l'élargir c'est la rendre plus forte, plus puissante, plus dense, plus vive. La répandre c'est la fortifier, la donner c'est l'augmenter. La vie est faite pour être dépensée, donnée, consommée, consumée. Il existe un devoir impersonnel créé par le pouvoir même d'agir. Le devoir ne vient pas d'en haut et d'ailleurs, mais du dedans de la vie. Vivre c'est faire ; faire c'est vivre.

Dans l'action, la nature manifeste notre tropisme altruiste. Si j'agis, la nécessité me conduit à agir pour autrui, même si je crois que j'agis contre, je réalise toujours le projet de la nature qui est expansion de la vie et augmentation de la vitalité. Répandre la vie, c'est connaître le plaisir d'être, expérimenter l'hédonisme vitaliste ou le vitalisme hédoniste. En même temps, c'est combler Autrui, un geste qui ne peut pas ne pas avoir lieu : la force de la vie nous conduit dans cette direction qui nous fait naturellement aimer notre prochain, naturellement lui donner, naturellement vouloir son bonheur, son plaisir, sa joie, son contentement.

Si l'on doute que la violence infligée à autrui trouble cette religion de l'agir, contrarie la foi dans le progrès et l'évolution de l'humanité, n'entre pas raisonnablement ou de façon compréhensible dans le processus vital, c'est qu'on ne saisit pas l'économie du réel, le fonctionnement du monde : tout ce qui advient a lieu nécessairement et réalise toujours le triomphe de la vie. Ce qui semble ici incompréhensible trouve ailleurs son sens : rien ne peut arriver en pure perte, la négativité est un moment nécessaire de la positivité, le mauvais contribue à l'avènement du bon, le criminel joue son rôle au même titre que sa victime, le tout dans un grand chaos vitaliste...

En refermant le fameux ouvrage de Guyau, on reste troublé par l'existence d'un hiatus entre l'affirmation d'une part du « désordre superbe de l'univers » et, d'autre part, celle de l'existence d'une « morale de l'évolution humaine ». Comment peut-on décrire le monde comme un chaos de force, un magma de vie, un ensemble d'énergies en mouvement, une figuration de puissances en guerre perpétuelle, écrire, par exemple « il est impossible de montrer un plan dans l'univers – même celui de tout abandonner à la *spontanéité* méritoire des êtres », et, *dans le même ouvrage,* professer « l'humanité est en marche », confier sa foi dans la réalisation d'un projet inscrit dans la nature, affirmer l'existence d'instincts naturels altruistes, sacrifier à l'idée d'une téléologie vitaliste, enseigner la religion de l'humanité miraculeusement réalisée par la confiance laissée au jeu aveugle des forces ?

Cette contradiction n'échappe pas à Nietzsche qui, avec Guyau, sacrifie à l'idée d'une lecture vitaliste du monde comme chaos de force mais, contre lui, récuse en bloc que, naturellement, il puisse émerger de ce chaos un dessein humaniste. Par quel prodige de la nature ? Ou par quelle sophisterie de philosophe ? Cette schizophrénie travaille l'œuvre complète car, comment expliquer sinon que le jeune auteur de l'*Esquisse d'une morale sans obligation ni sanction* soit également, et dans le même temps, auteur de livres de morale pour enfants qui, best-sellers du XIX$^e$ siècle, ont contribué à formater intellectuellement et idéologiquement des générations d'écoliers dans l'école de la République française ? Sans obligation ni sanction la morale qui ouvre la première page du premier livre de morale et dit : « Aimez et aidez vos parents » première leçon d'une série des cinquante-huit que comporte *L'Année enfantine de lecture* par M. Guyau, Lauréat de l'Académie des Sciences morales et politiques, un « ouvrage composé conformément au nouveau programme de 1882 » avec de nombreuses gravures ? Sans obligation, vraiment ? Ou bien existe-t-il un Docteur Jean-Marie et un Mister Guyau ?

### 37

**Une morale moralisatrice.** Comment, donc, peut-on écrire ici : « Je ne puis rien vous *prescrire* impérativement au nom du *devoir* ; plus d'obligation alors, ni de sanction ; consultez vos instincts les plus profonds, vos sympathies les plus vivaces, vos répugnances les plus normales et les plus humaines, faites ensuite des hypothèses métaphysiques sur le fond des choses, sur la destinée des êtres et la vôtre propre ; vous êtes abandonnés, à partir de ce point précis, à votre self-government » et publier en même temps des livres de morale moralisatrice que les instituteurs utilisent dans leurs classes d'école primaire et sur la couverture desquelles, par exemple de

*L'Année préparatoire de lecture courante*, on peut lire : « Récits moraux et instructifs » ?

Plus question, donc, pour les enfants des classes primaires de la III<sup>e</sup> République de consulter leurs instincts les plus profonds ? Finie l'introspection en direction de leurs répugnances les plus normales ? Terminée la quête de leurs sympathies les plus vivaces ? Stoppée nette la confiance absolue dans le self-government ? Et l'on retrouve le bon vieux chemin de la bonne vieille « moraline » pour le dire avec le mot de Nietzsche, de la prescription impérative du chef et du devoir des familles !

Tournant le dos aux fulgurances dionysiaques rédigées par Docteur Jean-Marie dans l'*Esquisse d'une morale sans obligation ni sanction*, on se retrouve donc, ouvrant le petit manuel apollinien de morale rédigé par Mister Guyau, devant : « Un premier récit moral sur la famille » – suivi de treize autres pour célébrer l'amour des parents, la politesse, la bonne entente entre frères et sœurs, la sollicitude avec ses vieux parents, l'obéissance à sa mère et à la Famille, valeur cardinale ; *puis* d'un « premier récit sur les devoirs envers autrui » – suivi de vingt autres destinés à produire un catalogue des grandes vertus que sont politesse, respect, bonté, honnêteté, fraternité ; *puis* d'un « premier récit moral sur l'école » – suivi de trois autres ; *puis* d'un « Premier récit sur les devoirs envers soi-même » – suivi de quatorze autres pour déclarer la guerre à la gourmandise, la colère, le mauvais caractère, la coquetterie, la vanité, la parure, le bavardage et vanter les mérites de la prudence, de la propreté, de la persévérance, de la patience et de la bravoure ; *puis* d'un « Premier récit sur les devoirs envers les animaux » – suivi d'un autre afin d'inviter à prendre des leçons sur nos amies les bêtes et de s'interdire les mauvais traitements à leur endroit ; *puis* d'un « Récit sur les devoirs envers Dieu où l'on apprend que Dieu est comme le soleil dont on se rapproche « en devenant meilleur tous les jours » ce qui nous permet alors d'entrevoir « la perfection infinie » ; et *enfin* d'un « Récit sur les devoirs envers la Patrie » destiné à justifier un jour la reconquête de l'Alsace et de la Lorraine... Quid de l'expansion de la vie comme seul critère de l'éthique ? De l'accroissement de son intensité ? De son nécessaire débordement ?

## 38

**Docteur Jean-Marie et Mister Guyau.** Faut-il opposer le philosophe autonome, le penseur libre, le poète sans entraves, le jeune homme dionysiaque, l'écrivain de l'*Esquisse,* au fils apollinien d'Augustine Tuillerie, sa mère, l'institutrice pédagogue auteur de *Le Tour de la France par deux enfants* et de son mari, beau-père du jeune Guyau, Alfred Fouillée, parangon de morale moralisatrice, défenseur de l'austère République et de ses vertus ? Ou penser que l'un et l'autre font partie du même personnage réunissant le *malade* qui aspire à la santé pour lui au *médecin* de la civilisation qu'il incarne en voulant sauver la France, la nation, la République, la Race blanche des maladies qu'il diagnostique et que Nietzsche nommera « le nihilisme européen » ?

Guyau n'est pas un imbécile... Il prévoit donc qu'on pourrait lui objecter son livre sur la morale *sans obligation* ni sanction exhibant ses ouvrages de pédagogie qui prescrivent. Dès lors, parant le coup, il rédige une préface dans laquelle une belle formule de rhétorique peut satisfaire les grincheux les moins vindicatifs. Lisons : « L'éducation, ici, n'a pas pour but de faire *savoir*, mais de faire *vouloir*. » Chacun mesure le caractère spécieux de l'artifice.

Que peut signifier : *ne pas faire savoir* à un enfant : « Celui-là ne mérite pas un bienfait qui ne sait pas dire un merci » *mais lui faire vouloir* : « Celui-là ne mérite pas un bienfait qui ne sait pas dire un merci » ? Comment vouloir ce qu'on ne sait pas ? Et plus particulièrement : comment vouloir toutes ces prescriptions morales (Travail, Famille, Patrie, Dieu) si on les ignore ? Faire confiance à ses instincts pour retrouver naturellement : « Obéissez toujours à vos parents » ? Rechercher ses sympathies les plus vivaces afin de déboucher évidemment sur : « Bonté vaut mieux que beauté » là même où, jadis, Guyau disait que bonté était beauté et vice versa ? Faire de même avec ses répugnances les plus normales pour conclure : « Ne jouez pas avec le feu » ? Car la morale est une construction culturelle, la preuve c'est qu'on l'apprend et qu'elle n'est pas donnée, les livres de Guyau témoignent. L'indexation pure sur la vie, la croyance qu'elle fera tout et qu'il suffirait de *vouloir* tout en économisant le *savoir* pour *pouvoir* agir un jour, voilà qui résiste aux leçons données par le sens commun.

Car *naturellement* l'enfant se préfère à ses parents et à ses frères et sœurs ; *naturellement* il évite de dire merci ; *naturellement* il avale des sucreries plus que de raison ; *naturellement* il ne se lave pas ; *naturelle-*

*ment* il paresse et ne se lève pas le matin pour se rendre à l'école ; *naturellement* il chaparde des pommes dans le verger du voisin ; *naturellement* il bavarde en classe plutôt que d'écouter l'instituteur lui dire qu'il ne faut pas être taquin ; *naturellement* il est curieux, soulève le coin du voile, regarde par l'entrebâillement de la porte ; etc.

Et c'est parce que ces comportements sont naturels chez un enfant que la morale, art de la culture, propose la piété filiale, la politesse, la tempérance, la propreté, le courage, l'honnêteté, la sagesse, mais aussi l'ardeur au travail (même et surtout quand il est pénible), le tropisme qui conduit à se marier et à fonder une famille monogame ou celui qui invite à mourir sur un champ de bataille, autant de comportements vers lesquels on ne se dirige pas *naturellement...*

Pour ce faire, il faut faire *savoir* afin de faire *vouloir* ces vertus. La rhétorique spécieuse de Guyau ne suffit pas, si faire vouloir suffisait sans faire savoir, il n'écrirait pas de livres de morale et de manuels à l'usage de l'instituteur. Il faut bien conclure que l'*Esquisse d'une morale sans obligation ni sanction* constitue un prodigieux exercice de style et de brio philosophique, mais qu'il ne résiste pas devant la réalité qui, elle, apprend que, naturellement, l'égoïsme triomphe et les hommes se font la guerre et que c'est culturellement qu'il parviennent à réaliser la fraternité ou à construire la paix.

39

**Les vertus républicaines**. Le livre de l'année suivante enfonce le clou des préceptes moraux. On y fabrique de bons écoliers, de bons époux, de bons pères, de bons travailleurs, de bons amis, de bons citoyens, de bons soldats : il faut se sacrifier, obéir à ses supérieurs hiérarchiques, de l'instituteur au patron, travailler sans compter sa peine, ne pas rechigner, « manger pour vivre et non vivre pour manger ». On y apprend des choses utiles : « Si vous voulez savoir si un peuple est civilisé : demandez s'il dépense beaucoup de savon », ou bien : « les plus pauvres peuvent être aussi heureux que les plus riches ». On y saisit ce que peut-être un questionnement de la vitalité en soi ne serait pas parvenu à nous fournir comme type d'information, à savoir que les colonies nous procure « de braves et loyaux soldats », ou encore qu'il faut « aimer notre patrie jusqu'à la mort ».

L'ensemble dispense de revendiquer des augmentations de salaire, de créer des syndicats, de fomenter des grèves, de rechigner en souhaitant une amélioration de ses conditions d'existence, de passer du temps à manger et, pire, d'y trouver du plaisir, de désobéir, de croire qu'un Noir égale un Blanc, qu'une femme vaut un homme, ou d'imaginer qu'on pourrait dire non un jour de mobilisation générale si l'envie venait aux états-majors d'envoyer au casse-pipe des millions de citoyens pour laver l'offense et venger l'outrage de la spoliation de l'Alsace-Lorraine. Une morale sans obligation ni sanction, vraiment ?

Jean-Marie Guyau formule explicitement la morale républicaine. Elle est peu ou prou celle que Kant propose dans sa *Critique de la raison pratique* et dans *La Religion dans les limites de la simple raison* : une éthique laïque qui sent fort l'eau bénie. Une morale de libre penseur républicain si l'on veut se souvenir de l'excellent jugement de Nietzsche sur Guyau… Nous sommes loin du « Nietzsche français » et plus encore du « jeune philosophe anarchiste »… Loin aussi du penseur qui écrivait avoir trouvé le principe d'action dans l'affirmation de « La vie la plus intense et la plus extensive possible ».

Etre un élève docile, soumis et obéissant, un petit garçon obtempérant, un adolescent tempérant, un mari fidèle, un époux sérieux, un père de famille attentif, un travailleur consciencieux, un citoyen modèle, un bon camarade, un voisin serviable, un individu poli et bien élevé, un conscrit discipliné, un être résigné, un guerrier valeureux capable de mourir au combat, voilà l'idéal d'une vie intense telle que Guyau la propose en quittant *la sphère éthique de l'idéal* de l'*Esquisse* pour exercer son talent dans *le registre moral de la pratique* ? Il y eut modèle d'intensité et d'extensivité plus probants. L'éthique nous propose Hercule en modèle ; la morale nous invite à devenir Monsieur Bonhomme…

## 40

**La religion républicaine.** L'*Esquisse* constitue une notable exception dans l'œuvre complète du philosophe alors que tous ses autres ouvrages, y compris les livres pédagogiques, offrent une réelle cohérence en proposant une morale républicaine assimilable à une religion laïque – sinon une religion républicaine assimilable à une morale laïque... *L'Irréligion de l'avenir* paraît du vivant de son auteur, en 1886, c'est son dernier livre. A quoi il faut ajouter *L'Art au point de vue sociologique* en 1889 (un texte ajoutant peu d'informations nouvelles à *Les Problèmes de l'esthétique contemporaine* publié en 1884) et *Education et hérédité* en 1889, deux ouvrages publiés de manière posthume par Alfred Fouillée.

Lisons *L'Irréligion de l'avenir* : Guyau y effectue une analyse sociologique de la religion et disserte abondamment sur les thèses oubliées, mais à la mode à l'époque, d'auteurs examinant l'animisme, le polythéisme, le fétichisme, le théisme, le panthéisme. Guyau, dévoreur de livres, épluche d'indigestes ouvrages aujourd'hui obsolètes. Son livre est long, lent, épais, lourd, mal construit, il se perd dans les détails, s'embarrasse dans d'inutiles polémiques. Pendant ce temps, il ne va pas droit au but. Il faut fouiller dans ce capharnaüm pour isoler le bon grain philosophique de l'ivraie constituée par l'écume des jours...

L'intérêt de ce gros livre réside dans l'éparpillement d'une doctrine de la République qu'il faut ramasser pour en proposer la quintessence sous forme d'une *philosophie de la Troisième République.* Non qu'il soit le seul, ou qu'il formule l'authentique et unique version, le véritable catéchisme, mais on y retrouve un discours qui légitime l'usage du mot *libre penseur* sous la plume de Nietzsche – un qualificatif qu'il revendiquait pour lui-même dans ce texte.

Dans cet ouvrage, Guyau prend des distances avec la *raison tragique* qui lui faisait écrire les pages de l'*Esquisse* au profit d'une *foi évolutionniste* qui le conduit de la science à des considérations sur la vie extra-terrestre qui confinent aujourd'hui à la cosmogonie... disons fouriériste pour éviter le jugement dépréciatif ! Influencé par Darwin et Spencer, plus question d'en référer au chaos de la vie dans la nature. Cap est mis sur le lent processus d'évolution, l'inévitable téléologie, le déroulement du plan de la nature dans la direction d'une humanité radieuse.

Guyau n'est pas athée, il ne nie pas l'existence de Dieu, il ne professe aucun anathème contre la religion en soi, mais, en épicurien de son temps, il critique la superstition définie comme un mésusage de la religion, une indexation de ses attendus sur des folies déraisonnables, alors qu'il faudrait garder le meilleur de la religion : sa capacité à fédérer, à générer du lien social, à donner une forme à l'instinct naturel altruiste. La religion offre un cadre à la passion philanthropique naturelle chez les hommes.

41

**Une irréligion religieuse**. Guyau ne veut pas la fin de la religion, mais un autre type de religion que paradoxalement il nomme *l'irréligion de l'avenir*: une religion débarrassée du fatras mythologique, du carcan dogmatique, des folies superstitieuses, des tyrannies du clergé, du ridicule des cultes, de la manie des rites et des pièges de la littéralité. L'*irréligion*, prend-il soin de préciser, n'est ni l'*a-religion*, encore moins l'*antireligion*. Guyau n'est pas athée, ni anticlérical ou antichrétien. C'est un libre penseur ouvert… De la même manière qu'il vantait les mérites de l'*anomie morale* et croyait que la multiplicité vivante des morales accélérerait le processus de réalisation de l'humanité, Guyau propose l'*anomie religieuse* qui, sur le même principe, appelle à la fin d'une religion par la multiplication des religions : il faut des religions sur mesure, diverses, multiples, polyphoniques, ouvertes, tolérantes, ce qui permettra la réalisation de la dimension immanente de la religion. Toutes défendront une sagesse qui cristallisera dans un même salut ici et maintenant.

L'irréligion suppose donc la mise à distance des religions dogmatiques afin de réaliser un rapport authentique entre les hommes et le cosmos. Le dépassement des religions dogmatiques s'effectuera au profit des religions rationnelles. Si l'on veut une indication sur ce vers quoi tend Guyau, et avec lui le reste de l'humanité, lisons cette phrase : « Notre cerveau est de la chaleur transformée ; il s'agit de répandre cette chaleur, de redevenir rayon de soleil. » Voilà l'objectif rationnel de cette religion sans obligation ni sanction.

42

**Un libre penseur théiste**. Guyau s'inscrit bien dans le courant de la libre pensée française. Athées, matérialistes, radicaux, anticléricaux, impies et agressifs, farouchement contre Dieu, furieusement antichrétiens, les militants les plus déterminés de cette sensibilité sans concession attaquent sans ménagement le christianisme sous toutes ses formes, ils associent l'idéalisme de Platon, au spiritualisme des philosophes et à la métaphysique, quelles qu'en soient les formes. Ces durs de la libre pensée affirment que Dieu est mort, la religion mal en point et à détruire au plus vite, qu'il n'existe ni Dieu ni diable, ni Enfer ni Paradis, ni âme immortelle ou tout autre principe irréductible à la matière et aux atomes.

La libre pensée athée revendique le droit au bonheur terrestre ici et maintenant. Pour ce faire, elle attaque la collusion entre l'Eglise catholique et le pouvoir monarchique, elle fait de la République son fer de lance pour « démonarchiser » le ciel et la terre. Ces descendants du Curé Meslier détestent Robespierre et « son échafaud spiritualiste », mais aussi son culte de l'Etre suprême, tout autant que ses Temples de la Raison, ils mettent dans le même sac la *Profession de foi du Vicaire Savoyard* de Rousseau et *La Religion dans les limites de la simple raison* de Kant tout juste traduite en français par Trullard en 1841.

Ces guerriers de la libre pensée athée se réclament de Hébert le déchristianisateur, et d'une batterie de philosophes dont un grand nombre procèdent du lignage isolé par Guyau dans *La Morale d'Epicure* : Démocrite, Protagoras, Epicure, Lucrèce, Spinoza, Diderot, D'Holbach, La Mettrie, Meslier, Feuerbach, Cabanis, Broussais, Broca. De plus, ils manifestent une curiosité pour les avancées de la science du moment, Lamarck hier, Darwin aujourd'hui et autres positivistes cherchant la vérité du monde dans leurs laboratoires plus que dans les livres de théologie.

Cette libre pensée radicale existe bien sûr, mais elle n'est aucunement celle de Guyau, car elle comporte une aile plus modérée, la sienne, qui revendique un autre dispositif intellectuel théiste ou déiste, spiritualiste, idéaliste, modéré et clérical, si l'on prend soin de préciser ce que ce terme recouvre alors. Cette tendance souhaite une religion naturelle, elle se réclame de Kant, de Rousseau ou de Franklin, auquel Guyau fait référence dans les devoirs envers Dieu dans les pages de ses livres de morale pour les enfants.

Guyau ne veut pas supprimer les prêtres, fermer les Eglises, empêcher la pratique religieuse, mais instruire les curés, les payer plus cher s'ils sont plus diplômés, rendre possible leur reconversion après un hypothétique défrocage, les amener doucement, par l'instruction, la persuasion, la discussion, à se défaire des scories dogmatiques pour se diriger vers une religion rationnelle. Guyau sait qu'on ne peut faire marche arrière en arrêtant le mouvement impulsé par la révolution. Il faut donc l'épouser et travailler à cette irréligion religieuse.

Son militantisme sans agressivité s'inscrit dans la descendance des Lumières qui croyaient à l'éducation et à l'instruction pour amener progressivement mais sûrement les hommes à la raison. Guyau confie à l'éducation, à l'instruction et aux instituteurs la tâche de faire avancer la science ce qui, pense-t-il, fera reculer non pas la religion, mais sa formule dogmatique. Parce qu'il croit que « les hommes n'adorent que ce qu'ils ne connaissent pas bien » il pense qu'en augmentant la connaissance on diminue la croyance à des stupidités que la passion antiscientifique de la religion maintient au pouvoir.

Dans son programme républicain, pas de persécution des religions, mais un enseignement factuel de leur historicité : on lutte bien plus sûrement contre le dogmatisme en montrant combien, avec les siècles, les religions s'encombrent de fatras inutiles et en affirmant la nécessité de les épurer dans le sens d'une foi rationnelle, d'une croyance naturelle, non contraignante qui permette l'exacerbation du lien entre les individus et le cosmos. Car seule importe cette relation entre l'homme et l'univers.

## 43

**Jouir dans les étoiles.** L'athéisme constitue un alcool trop fort pour ce sensible écorché, malade, souffrant, mystique qui connaît des extases sans raison et pleure parfois sans justification… Guyau ne saurait être matérialiste et souscrire aux thèses radicales de la mort de Dieu, de la mortalité de l'âme, de la vérité de la seule immanence, de la réduction de toute chose à une pure et simple combinaison de particules. Le jeune philosophe malade, souffrant, mourant, qui vit dans les livres et cherche son salut dans la philosophie demande à la science la voie d'un salut certain. Curieux de ce qui se passe après la mort depuis ses plus jeunes années, il suppose que *quelque chose* a lieu, car il ne saurait être question pour lui de souscrire à cette idée qui le tuerait deux fois qu'il n'y a rien après et que le néant triomphe en faisant disparaître toute trace de nous sur la planète.

Dans ses poèmes, Guyau rapporte ses fusions avec le monde pour se nourrir de sa substance : un paysage, une agave, une source, un insecte, des étoiles, la mer, une ronde d'enfants, un clair de lune, une étoile filante, un éclat de rire, une marche en montagne, un parfum, une odeur, et cette expérience, qui donne son titre à un poème de *Vers d'un philosophe*, « Le vertige des choses », montre la capacité extatique, mystique, inspirée avec laquelle il se lie au monde et au-delà même du monde. *L'Irréligion de l'avenir* le précise : la sociabilité va jusqu'aux étoiles ! Il ne s'agit pas dans son esprit d'une formule de poète, ou d'une image. Guyau croit vraiment à la nécessité de s'unir au principe de l'univers, à la force qui le constitue, à la vie qui lie l'ensemble. L'anomie morale et l'irréligion de l'avenir nous conduisent vers ces perspectives nouvelles : admirer le cosmos, en jouir, y vivre même. Dans un esprit spinoziste, il écrit : « Se sentir vivre c'est se sentir infini. » Voici donc venir le temps du salut immanent recherché par le philosophe : cette expansion de la vie, cette passion pour la vie, déborde les limites du monde connu pour se diriger vers le cosmos.

## 44

**L'immortalité conquise.** Le philosophe va quitter ce monde-ci bientôt, il le sait, il le sent. Il l'expérimente jour après jour avec toujours plus de certitude, ne se contente pas du monde donné – ce qui définit habituellement le matérialiste selon Lange. Sa vitalité veut une survie, elle ne peut se contenter d'une extinction définitive. La mort qu'il aborde en philosophe, le hante, le nourrit, le pousse à la nier au profit d'une immortalité d'un nouveau genre.

Epicure croyait à une infinité de monde et situait ses dieux composés de matière subtile dans les inter-mondes ! Pourquoi pas lui, épicurien hétérodoxe ? Le voilà donc pariant sur l'existence d'extra-terrestres, d'une vie en dehors de notre système solaire, dans des mondes assez probablement semblables aux nôtres. Guyau parle d'une biocosmologie et du rayonnement de la conscience dans le cosmos qui permettrait, on ne sait comment, une connaissance immédiate et inédite.

Cette « conscience intercosmique » légitimerait l'éternel retour par la survivance éternelle du meilleur en nous. De sorte qu'on pourrait parler d'une immortalité scientifique de l'action et de la vie. Plus nous aurions vécu densément, intensément, plus nous aurions élargi la vie, aimé la vie, répandu la vie, donné la vie, plus nous aurions acquis et conquis une certitude de ne pas mourir totalement dans le cos-mos. Les consciences s'interpénétreraient alors et les morts ignoreraient les grandes douleurs versifiées par le sublime Baudelaire…

Ces rêves *ultrascientifiques*, écrit Guyau, ne sont pas des rêveries *antiscientifiques*… L'amour est fécond par-delà la mort affirme celui qui va mourir, a aimé, et qui sait avoir été aimé. Il s'assure ainsi en se rassurant qu'il va mourir, certes, mais qu'il ne mourra pas com-plètement. Cet amour produit une présence éternelle qui réalise l'idéal moral et religieux. Souvenons-nous que Guyau racontait aux enfants dans les écoles pour-quoi Dieu était comme un soleil et qu'en se rappro-chant de lui tous les jours, on travaillait à sa propre perfection, ainsi réalise-t-on son salut.

En commençant son cours de morale par « aimez et aidez vos parents », Guyau croyait obtenir son salut dans le cosmos parce qu'en obéissant à ce commandement il augmentait la vie, répandait l'amour. Or l'amour et la vie sont deux mots pour dire une même chose. On obtient ainsi l'assurance de demeurer dans l'univers par le meilleur de soi : l'amour. Dans le cosmos, ce qui reste de ces consciences communique. Voilà pourquoi on lit aujourd'hui sur la pierre tombale du philosophe : « Ce qui a vraiment vécu une fois revivra »...

## 45

**Une République des Lumières.** Guyau meurt à trente-trois ans et laisse une œuvre qui, sous des allures simples, ne se livre pas si facilement. L'épicentre se refuse, la quintessence échappe, elle semble insaisissable, on ne parvient pas tout de suite, et encore, on n'est jamais vraiment sûr d'y parvenir vraiment, à saisir la totalité du système de Guyau.

Alfred Fouillée écrivait de lui dans *La morale, l'art et la religion d'après Guyau* : « *Vie et sympathie universelle* était sa devise comme philosophe, et comme poète il en a fait celle de l'art. » Le vitalisme est une chose, la sympathie universelle en est une autre et, à première vue, contradictoires. Car la confiance en la vie, quand on a pris soin de décrire la nature comme un immense chaos de forces, laisse peu de place à la sympathie universelle ; et la sympathie universelle, quant à elle, paraît un produit construit par l'humanité, la culture et la civilisation entendues comme autant de puissances antinaturelles.

Guyau semble ignorer la contradiction en affirmant l'existence du chaos dans la nature en même temps que d'une finalité dans la nature... En lecteur des thèses évolutionnistes auxquelles il souscrit, Guyau affirme cette téléologie bien dans l'esprit des Lumières, notamment d'un Condorcet sûr que la flèche du temps se dirige vers une Humanité pacifiée. Dans les dernières lignes de son *Esquisse d'un tableau historique des progrès de l'esprit humain*, Condorcet invite à marcher « d'un pas ferme et sûr dans la route de la vérité, de la vertu et du bonheur ». Guyau se trouve engagé sur ce genre de chemin auquel il croit fermement. Vérité, vertu, bonheur, voilà des idéaux situés au bout de la route à emprunter, de toute façon, on n'a pas le choix de ne pas l'emprunter puisque ce sentier trace dans le chaos un chemin montant et régulier.

Cette sympathie universelle, Guyau ne la voit pas comme une construction de la volonté mais comme un produit de la nature. Darwin a beaucoup servi à droite pour légitimer et justifier un libéralisme échevelé justifiant les pleins pouvoirs du marché au nom de la lutte pour la vie, de la sélection des mieux adaptés et du progrès qui s'ensuit. La formule libérale *fort avec les faibles, faible avec les forts*, procède d'un prélèvement dans *L'Origine des espèces* de ce qui sert son dessein. Herbert Spencer donne à ce courant une aide substantielle et une visibilité qu'on dira médiatique...

Mais il existe un darwinisme de gauche, plus méconnu, dans lequel on retrouve le Kropotkine de *L'Entraide*, lecteur du célèbre livre de Darwin, mais qui précise également dans *La Descendance de l'homme* qu'il existe un instinct à la sympathie, à l'entraide, à l'association, à l'empathie, à la conjugaison des efforts pour que, *forts avec les faibles par la coopération,*

147

la formule de la gauche darwinienne, on puisse croire au progrès dans l'humanité *via* l'association des forces et la multiplication des puissances par et pour le groupe. Guyau s'inscrit dans cette logique darwinienne de gauche.

Le premier moment en vertu de quoi Guyau peut être dit un philosophe des Lumières en plein siècle positiviste est donc son *optimisme* : il croit que l'humanité, quoi qu'il arrive dans le détail de son évolution, va vers cette réalisation d'elle-même, vers sa perfection. Les analyses critiques, mais lucides, qu'il donne de l'optimisme dans l'*Esquisse*, Guyau aurait pu se les appliquer... Anomie morale, anomie religieuse, autrement dit polymorphisme des morales et des religions, contribuent à ce mouvement du monde qui semble réglé sur le principe biologique de l'homéostasie.

A la manière parfois naïve d'un optimiste des Lumières du XVIIIe siècle, Guyau professe pour demain, ou après-demain, un monde sans prison, sans bagne, sans peine de mort, sans violence, tout entier réglé par une force invisible qui aura eu besoin d'une morale sans obligation ni sanction, puis d'une irréligion religieuse pour s'affranchir dans un temps à venir de toute morale et de toute religion. Guyau donne un rôle dialectique à l'éthique et à la religion : elles s'autodétruiront après avoir exprimé ce pour quoi elles ont vu le jour. Une fois réalisée leur substance, au-delà de la morale et de la religion, l'humanité connaîtra un genre d'ataraxie...

46

**La vertu pédagogique.** Le deuxième moment par lequel Guyau s'apparente aux Lumières est sa *confiance dans la science.* Tel un Helvétius du siècle positiviste, Guyau croit à la révolution douce par le progrès de la science. Nul besoin, par exemple sur le terrain de la religion, de prêter son concours aux libres penseurs radicaux, ni même d'effectuer un bout de chemin en leur compagnie. Il suffit d'investir dans les écoles, de solliciter les instituteurs, de transformer les prêtres en pédagogues de la raison, de mettre les découvertes de la science à disposition du grand public, de multiplier les conférences, d'aller au devant du plus grand nombre pour leur exposer, dans un langage simple, les conséquences des théories de l'évolution ou des thèses de Darwin. Ne pas persécuter de personnes ou de catégories sociales, comme le clergé, ne pas s'en prendre aux biens sur le principe du vandalisme, du genre : détruire les fétiches chrétiens, incendier leurs bâti-ments, interdire les cultes, mais militer par la parole, discuter, discourir, parler, expliquer. La vérité finit par triompher si on l'expose clairement à un public disposé à l'entendre.

D'où, troisième moment des Lumières républi-caines incarnées par Guyau, une *foi éducationniste* : l'éducation peut tout, il suffit de solliciter les insti-tuteurs. Dans *Education et hérédité,* un ouvrage pos-thume, Guyau ouvre sa réflexion sur la suggestion, l'hypnose, le somnambulisme, les états de conscience modifiés. Il met en perspective l'éducation et la faculté de solliciter des pensées ou des comportements par

149

l'action magnétique du pédagogue. La leçon de choses du cours primaire de l'éducation nationale, voilà la meilleure façon non pas de lutter contre la religion en soi, mais de lutter contre sa formule superstitieuse, dogmatique, irrationnelle, déraisonnable et intolérante.

L'instituteur doit donc s'emparer de l'instinct naturel à la sociabilité présent chez tout enfant pour le fortifier en le sollicitant de manière adéquate. Voilà probablement à quoi pense Guyau lorsqu'il se soucie moins d'une éducation au savoir qu'une éducation au pouvoir et à la volonté. Dans sa classe le pédagogue sculpte cette force naturelle pour en obtenir les plus belles formes sociales. Même si l'optimisme de Guyau lui fait parfois affirmer qu'il suffit de s'abandonner à la vie, à sa force, à sa puissance pour aboutir tout naturellement à l'altruisme, la sympathie, la bienveillance, l'amour du prochain, la solidarité, il semble tempérer un peu son optimisme en pensant qu'on peut *aussi* aider la nature avec la culture – le travail de l'école primaire.

Autre point de convergence avec les Lumières, dans leur partie la moins radicale, le *déisme rationaliste.* Même si son déisme semble assez cosmogonique, voire panthéiste, il suppose une force immanente susceptible de permettre des emballements mystiques, des exaltations poétiques, des enthousiasmes extatiques. Pas d'athéisme dans son irréligion, mais une religion irréligieuse, autrement dit, sur le mode voltairien, une possibilité de créer du lien social et du lien avec la nature dans ses limites extrêmes, on l'a vu, jusque dans les étoiles...

Ce déisme s'enseigne dans l'Ecole de la république comme couronnement de *L'Année enfantine de lecture* – avant, il est vrai, les « devoirs envers la patrie » : Guyau célèbre Benjamin Franklin, philosophe, inventeur, scientifique, homme politique, franc-maçon, encyclopédiste à sa manière, propagandiste des Lumières par l'imprimerie dans les foyers les plus modestes, francophone et francophile. Aux petits enfants de la République, à qui on inculque par ailleurs le catéchisme dans l'Eglise catholique, l'instituteur enseignait *via* Franklin : « Dieu est la bonté même ; deviens meilleur tous les jours, tu te rapprocheras de lui et tu verras alors se refléter dans ton cœur comme une lointaine image de la Perfection infinie. »

### 47

**La république des ténèbres.** Tous ces traits de caractère communs aux Lumières du Siècle de la révolution française et aux Lumières de la République positiviste – optimisme progressiste, confiance dans la science, foi éducationniste, déisme rationaliste – installent Jean-Marie Guyau dans le lignage des Lumières : réformiste et non révolutionnaire, il croit à la possibilité de changer les choses par le militantisme philosophique ; il pense transformer la société, mais sans violence, avec les armes de la science, de la conviction et du débat ; il souhaite une morale scientifique post-chrétienne, mais il ne se fait pas radicalement antichrétien. Helvétius, Voltaire, Condorcet, Franklin constituent la famille de Guyau.

151

Toutefois ce républicanisme des Lumières se double, comme chez beaucoup à l'époque, d'un Républicanisme des Ténèbres. En effet, ce recto semble en phase avec Condorcet et l'esprit le plus progressiste du siècle de l'*Encyclopédie*, mais le verso semble préfigurer Vichy... Sachant ce que nous savons depuis de leur devenir dans le temps, notamment avec la Révolution nationale de Pétain, un certain nombre de thèses de Guyau font froid dans le dos. La République n'y apparaît pas comme l'antinomie de Vichy, mais comme une partie du régime maréchaliste... On saisit alors, en examinant les choses du côté de la philosophie, qu'un historien contemporain comme Gérard Noiriel ait pu parler, dans l'un de ses livres, des *Racines républicaines de Vichy*...

En regard de ce versant sombre de Guyau, on peut lire autrement ce qui semble relever du versant solaire. Disons-le autrement : les thèses qui semblaient neutres, parce qu'inscrites dans une logique philosophique vitaliste, selon l'ordre de l'*ontologie* ou de la *métaphysique* donc, peuvent sembler soudainement suspecte une fois saisies sous l'angle *sociologique* ou *politique*... Car le vitalisme signifie une chose sur le premier terrain et une autre sur le second.

Ainsi, la vie, le vitalisme, la vitalité, la puissance, l'énergie, la « jouissance de commander », la force, la dialectique des « êtres supérieurs » et des « êtres inférieurs », le culte de l'action, l'éloge de la vie répandue, y compris par le soldat sur le terrain de bataille, la mythologie de la vie surabondante, la religion cosmogonique assurant la survie de qui aura vécu une existence sous le signe du risque, le

plaisir du danger, la transfiguration de la souffrance, toutes ces lignes de force de l'idéologie de
l'*Esquisse d'une morale sans obligation ni sanction,* associées à celles des livres de morale qui célèbrent le
Travail, la Famille, la Patrie, Dieu, tout cela finit par
définir une République suspecte... La fascination
d'un Kropotkine semble bien lointaine quand on
imagine ce qu'un Georges Sorel, un Georges Valois,
un Charles Maurras ou les futuristes italiens peuvent
faire d'une pareille œuvre...

48

**Considérations sur l'art dégénéré.** La lecture de
ses deux livres sur l'art, *Les Problèmes de l'esthétique
contemporaine* (1884) et *L'Art d'un point de vue sociologique* (posthume, 1889), confirme les craintes. Car
Guyau s'y montre pourfendeur de l'art contemporain. Il utilise le vocabulaire clinique qui associe les
productions esthétiques de leur temps et le déran-
gement mental. Sa défense d'une esthétique vitaliste
un peu courte – l'art doit célébrer la vie, donc toute
œuvre qui y contribue et en permet l'expansion, se
trouve coefficientée d'un fort degré artistique – se
double de philippiques contre un *art dégénéré.*
   Qu'on en juge par le lexique utilisé pour qualifier
nombre d'artistes contemporains et poser un *diagnostic* sur son époque : décadents, déséquilibrés, névro-
pathes, délinquants, détraqués, insociables, fous,
neurasthéniques, criminels... Veut-on des noms ?
Théophile Gautier, Paul Verlaine, Emile Zola,
Charles Baudelaire parmi beaucoup d'autres...
Tous ces artistes sont mis en perspective avec la

décadence de la race blanche et le déclin du peuple français. Guyau pointe donc le déclin de l'activité vitale, la vieillesse, l'épuisement, l'impuissance, l'affaiblissement, l'usure du système nerveux, l'imagination sénile, dépravée, obscène, les voluptés contre nature, le goût des choses corrompues, la sénilité morose, la perversion de la vitalité.

Le philosophe isole des *symptômes* : la passion de l'art pour l'art ; l'égotisme forcené ; la forme primant le fond ; la surabondance d'auto-analyses ; l'étalage spleenétique ; la complaisance dans la mise en scène des souffrances ; la célébration de la luxure ; les pratiques orgiaques ; le besoin d'excitants, du vin à l'opium en passant par le haschich ; la récurrence des images sombres ; l'obsession du mot ; l'incapacité à la pitié ; la religion de la cruauté ; la fascination pour le crime ; le goût exacerbé pour l'analyse au détriment de l'action ; la polarisation outrancière sur le moi ; la multiplication des procédés de fabrication ; le mépris du fond ; la prédominance des instincts qui dissolvent la société ; etc.

Après les diagnostics et les symptômes, Guyau propose une *thérapie* : redonner à l'art un rôle social et moral ; en finir avec l'art pour l'art. Car la peinture du crime rend le crime désirable, la description des débauches les fait vouloir connaître. Suivant ce principe, l'inverse permettrait de conduire à la vertu, de mener au bien (nous sommes loin de la morale sans obligation ni sanction…), d'utiliser l'art pour édifier l'individu, la personne, le mari, l'époux, le père, la femme, la mère de famille, le citoyen, le soldat, le travailleur, etc. Cette esthétique vitaliste se rapproche des artistes du réalisme socialiste ou de l'art folkloriste de Vichy…

## 49

**Une esthétique vitaliste.** Se souvenant qu'il écrivit l'*Esquisse*, flairant le danger, Guyau refuse que l'art soutienne une thèse morale ou vise un but moral à atteindre par le moyen de l'art. Il n'en reste pas moins qu'en fixant pour tâche à l'artiste de lutter contre l'art dépravé avec une esthétique vitaliste de la santé, de la force, de la virilité, Guyau s'installe bien dans la moralisation de l'art, dans l'inscription de l'esthétique dans la perspective de l'ordre moral… Guyau disserte sur « la passion de la vertu » qui devrait animer les artistes…

Cette dissociation de l'art et de la « moraline » suppose chez Guyau une lecture vitaliste de l'art, donc au-delà du bien et du mal… L'art relève de l'activité sociologique qui avance à la même vitesse que la valeur sociale. « La vraie beauté artistique est par elle-même moralisatrice » conclut-il dans les *Problèmes de l'esthétique contemporaine*. L'œuvre d'art doit exciter en nous les sentiments les plus généreux et les plus sociaux. Comment ? Par leur inscription dans la logique vitaliste.

Guyau propose une esthétique anti-kantienne dans laquelle le Beau définit ce qui stimule la Vie, et rien d'autre. Le Beau stimule la Vie et, conséquence du vitalisme hédoniste, un plaisir s'ensuit. Le Beau se définit ainsi : « La pleine conscience de la vie même. » Et plus loin : « La vie est l'idéal même de l'art. » Cette esthétique vitaliste généralisée permet

la confusion entre l'art, la morale, la vie, l'esthétique. Au fond de l'art, se trouve le fait de se sentir
vivre qui est aussi un plaisir. Ce plaisir esthétique à
sentir notre vigueur amène Guyau à célébrer
l'ordre, le rythme, la cadence, la grâce, la force, la
symétrie, l'euphonie, la métrique – autrement dit le
classicisme contre les avant-gardes.

Le philosophe qui exècre les décandentistes, fustige les épuisés, moque les malades, se rit des petites
santés, tance les abattus, le tuberculeux que la vie
quitte jour après jour, lentement mais sûrement, le
cachectique amoureux des virilités débordantes, le
jeune homme qui finit son existence alité par
manque de résistance physique, cet individu donc
bande toutes ses forces psychiques, en appelle à la
vie, se dresse du fond de sa couche et s'écrie :
« Vivre d'une vie pleine et forte est déjà esthétique ;
vivre d'une vie intellectuelle et morale, telle est la
beauté portée à son maximum et telle est aussi la
jouissance suprême. » Voilà donc le fin mot de
l'affaire : la jouissance suprême, c'est le travail intellectuel du philosophe – formulation positiviste de
l'idéal spinoziste de la béatitude et de la joie par la
connaissance. Cet hédonisme vitaliste est un pur
intellectualisme.

La pensée circulaire de Guyau s'illustre ici une
fois de plus : faire confiance à la vie quand on
s'occupe d'art, donc incarner l'esthétique vitaliste,
donc augmenter la vie, donc travailler à son expansion, donc augmenter la puissance de la vie, donc
échapper au tropisme décadentiste de l'époque,
donc générer socialité, sociabilité, solidarité, altruisme,
donc créer de quoi nourrir l'éternité, donc entrer
dans le cosmos avec une énergie impérissable, donc

travailler à la communication des consciences dans l'univers, donc aller vers l'immortalité cosmogonique, donc devenir immortel... Le tout sans obligation ni sanction, bien sûr.

## 50

**Le surhomme de Guyau.** Comme le système de Guyau s'apparente au flux et au reflux océanique, on entre dans son eau par n'importe quelle vague : on finit toujours par rejoindre le cœur de la mer. L'Ethique ? C'est l'Esthétique. La Morale ? C'est la Vie. Le Bien ? C'est le Beau. Le Beau ? C'est le Vrai. Le Vrai ? C'est la Vie. Ou bien c'est la Poésie, ou le Cosmos, comme on voudra. Car l'Ethique est Cosmos, souvenons-nous que la solidarité va jusqu'aux étoiles... Dès lors, tout cela est aussi *Politique.* Quand Guyau disserte sur la décomposition de l'art, il parle, *en même temps*, de « la décadence de la race ».

Guyau entretient de « l'homme à venir » – une expression de *L'Irréligion de l'avenir.* Aucun ouvrage n'est clairement consacré à ce sujet, nul chapitre ne le développe précisément, mais il est tout de même question d'un autre homme non pas en deçà de l'homme, mais au-delà, surhomme alors... « Surhumain » est un substantif utilisé par Guyau pour caractériser le monde des dieux. Mais comme il n'imagine pas, dans la perspective de son irréligion de l'avenir, un avenir athée, mais religieux selon le principe rationnel et cosmique, on peut imaginer que le surhumain qui jadis convenait pour dire le monde des dieux concerne le monde à venir, celui qui ne pourra pas ne pas advenir en vertu des lois de l'évolution de l'univers. Le philosophe vitaliste parle d'« êtres capables de se donner à eux-mêmes un but et d'aller vers ce but en entraînant après eux la nature. La sélection naturelle se changerait ainsi finalement en une sélection morale et, en quelque sorte, divine. C'est là sans doute une hypothèse encore bien hardie, mais qui est pourtant dans la direction des hypothèses scientifiques. Rien ne le contredit formellement dans l'état actuel des connaissances humaines. L'évolution, en effet, a pu et dû produire des espèces, des *types supérieurs* (c'est moi qui souligne) à notre humanité : il n'est pas probable que nous soyons le dernier échelon de la vie, de la pensée et de l'amour. Qui sait même si l'évolution ne pourra ou n'a pu déjà faire ce que les anciens appelait des "dieux" »...

Des hommes supérieurs, des dieux qui, hier, furent surhumains, et des hommes qui, demain, pourraient bien être des dieux, est-ce que nous ne disposons pas de la formule qui autorise à penser qu'à l'avenir, des hommes pareils à des dieux verront le jour et que, semblables à ces dieux qui furent surhumains, des hommes à venir, « les types supérieurs » selon l'expression de Guyau, ne définissent pas, déjà, des individus susceptibles de relever de la catégorie du Surhomme ? *L'Irréligion de l'avenir* est le dernier livre paru du vivant de Guyau. Sa mort à l'âge du Christ arrête sa pensée qui cheminait dans cette direction...

51

**Un autoportrait rêvé.** Cherchons donc, dans *Education et hérédité*, un ouvrage posthume, des informations susceptibles de nous renseigner sur la nature de ce *type supérieur* annoncé par Guyau. Alfred Fouillée publie ce livre – et avec lui *L'Art au point de vue sociologique*. Il donne donc l'imprimatur. Avec ces huit cents pages posthumes, on ne dispose pas de fragments, de brouillons, d'états intermédiaires de textes, de pensées éclatées, mais de deux véritables ouvrages.

Demandons donc à *Education et hérédité* un portrait de ce « type supérieur ». Attardons-nous sur « l'homme robuste et fécond » portraituré au fil des pages lors de démonstrations parfois un peu longues, on y pointe des traits d'esprit, de caractère, de tempérament à même de contribuer à une définition du surhomme chez le jeune philosophe. L'éducation vise la production d'une belle individualité formée par les leçons du vitalisme : un grand consentement à la vie en soi, un désir de répandre et d'étendre cette force afin de devenir immortel.

Le portrait comprend : un éloge du plein air et du sport doublé d'une critique de l'intellectuel et du fonctionnaire de bureau – on se trouve donc loin de l'intellectualisme de l'*Esquisse d'une morale sans obligation ni sanction* ; une célébration de l'action contre la contemplation pure – on ne reconnaît plus le poète qui s'abîme dans la contemplation de l'Océan et qui versifie comme un cœur fragile sur le coucher de soleil, le passage des comètes ou la nuit étoilée dans le corset de la métrique classique des *Vers d'un poète* ; une apologie de l'hygiène physique et psychique contre le surmenage intellectuel – où se trouve donc le Guyau qui depuis sa tendre jeunesse avale et digère des bibliothèques entières de classiques de la littérature et de la philosophie, l'auteur à peine âgé de vingt ans de plus de mille pages sur le devenir de l'épicurisme pendant plus d'un millénaire ? ; une apologie du travail manuel supérieur au seul travail intellectuel qui épuise les vitalités et produit des corps débiles, chétifs, malingres, impuissants – quels étaient les talents de jardinier, de cultivateur, de forestier, de bûcheron du penseur tuberculeux ? ; une défense et illustration des longues marches en montagne, de l'alpinisme, du grand air contre les loisirs des villes – souvenirs de jeunesse chez ce garçon réduit par la maladie ; un portrait élogieux du paysan rustique proche de la terre, familier du cosmos, capable d'une véritable relation mystique avec la nature contre l'ouvrier des villes surmené, fatigué, épuisé, alcoolique – Guyau, l'auteur de la *Genèse de l'idée de temps*, compagnon des paysans praticiens du temps virgilien ? ; Un plaidoyer pour le bon air, la bonne nourriture, le bon sommeil – chez cet homme des bibliothèques, du bureau, du papier, de l'écriture ?

Le surhomme de Guyau constitue son autoportrait rêvé, son désir transfiguré en une figure vénérée, aimée, animée selon le processus très bien mis en évidence par Feuerbach quand il théorise la fabrication des dieux et des religions dans *L'Essence de la religion.* Cet homme robuste et fécond renvoie à ce jeune philosophe épuisé qui théorise ses manques. Le « type supérieur » désiré constitue un idéal de la raison chez cet épuisé de naissance. Sa proposition d'un surhomme n'en devient pas pour autant caduque, mais, parce qu'existentielle, irréfutable.

## 52

**Un hygiénisme nocturne**. Ce surhomme, cet « homme nouveau », ce « type supérieur », cet « homme robuste et fécond », Guyau le met en scène dans la société, il en fait donc une figure politique. Or cette théâtralisation de son type surhumain dans une république qui fut des Lumières mais qui est aussi des ténèbres inquiète. Car cet homme à venir fortifiera « la race française » dont Guyau affirme, sans jamais essayer même une ébauche de démonstration, sa supériorité sur les autres. De sorte qu'on découvre, pour finir, un Guyau défendant un hygiénisme aux odeurs nauséabondes.

Ainsi : le *racisme*. Guyau parle de « races supérieures » et de « races inférieures », de « races les plus fortes » et de « races les moins fortes », de « races les plus intelligentes », de « races les moins intelligentes », ou bien encore de la « race française » : « l'une des races du globe les mieux douées » – avec la « race allemande » et la « race anglaise ». Si l'on définit le racisme comme la vision du monde qui hiérarchise les races en fonction de prétendues capacités intellectuelles ou culturelles, Jean-Marie Guyau, l'auteur de l'*Esquisse d'une morale sans obligation ni sanction*, est un philosophe raciste.

Dans cet ordre d'idées, et en conséquence, Guyau n'aime pas les Nègres dont il affirme qu'à douleur égale, ils souffrent moins qu'un Blanc, car le degré de développement de leur conscience est moindre, que les organismes supérieurs sont toujours plus sensibles aux affections venues de l'extérieur, que le remords ne concerne que les sujets les plus évolués et que, enfin, les êtres les mieux organisés moralement pâtissent plus que les individus inférieurs sur ce terrain...

Ainsi la *xénophobie*. Le philosophe ne se contente pas d'affirmer la supériorité de la race blanche sur la race noire, il englobe toutes les autres races, les autres couleurs, les autres nations dans sa réprobation et dans sa lecture inégalitaire des races. Lisons : « Un Français, avec les aptitudes scientifiques et esthétiques de sa race, représente en moyenne un capital social cent fois supérieur à un Nègre, un Arabe, un Turc, à un Cosaque, à un Chinois » ou à un Espagnol qui, dixit Guyau, relève d'un peuple qui n'a pas produit un seul génie scientifique. Les attaques contre les Turcs et les références sur le *péril jaune* trouvent en Guyau un relais très actif.

En conséquence, Guyau s'oppose évidemment au *métissage* qui élève les races inférieures et rabaisse les races supérieures, ce qui est de mauvais profit pour celui qui, comme Guyau, vise la démographie élevée de la nation française pour contrer la natalité galopante des Allemands qui, même s'ils font partie du groupe racial de tête, n'en demeurent pas moins l'ennemi héréditaire. Qu'on se souvienne de l'Alsace-Lorraine... En se condamnant à ne pas avoir d'enfants, un peuple génial se condamne à disparaître, mais n'imaginons pas pour autant que les croisements de race sont une bonne idée. Dans *L'Irréligion de l'avenir*, Guyau entretient de « la trituration des races les plus diverses qui aura lieu un jour sur le globe. Un tel mélange, en élevant à peine le niveau des races mal douées intellectuellement, pourra abaisser beaucoup celui des races mieux douées, si celles-ci restent dans une trop grande infériorité numérique ».

Ainsi l'*antisémitisme* : tout se tenant dans cette aventure, on trouve une référence, une fois en deux mille cinq cents pages de philosophie, mais une fois tout de même, dans l'*Esquisse*, lors d'une analyse de l'avarice présentée comme un penchant moralement inférieur et socialement indéfendable. Guyau défend la dépense et la prodigalité, en regard de quoi, l'avarice représente le vice absolu. Guyau écrit : « Chez nos paysans français, et surtout chez les israélites, on peut trouver cette obligation peu morale élevée à peu près au niveau des devoirs moraux. »

On peut également rapprocher ce passage, bref mais significatif et ne souffrant aucune pondération, avec un *éloge des Aryens* : « Qu'on s'en souvienne, c'est dans le groupe aryen, et surtout chez les Grecs, que sont nés la haute science et le grand art ; c'est de là qu'ils sont passés à d'autres Aryens, puis aux autres races humaines. » On comprend donc qu'au sommet du dispositif racial de Jean-Marie Guyau se trouvent les Aryens, inventeurs et généreux, et que, tout au bas, se situent les Nègres, qui n'ont rien trouvé ni découvert et qui ignorent les sentiments moraux...

Cette analyse se termine par un couplet sur ce qu'on nommait alors la *ploutocratie*, autrement dit le règne de l'argent et que Guyau nomme dans *Les Problèmes de l'esthétique contemporaine* de manière fort intempestive « l'américanisme » défini comme le règne sans partage de l'argent, la domination du profit, l'amour du lucre, les préoccupations trop pratiques, l'incapacité à viser un idéal autre que l'accumulation du capital, une activité que Guyau condamne par ailleurs, le mépris pour la spéculation gratuite, théorique et désintéressée, moteur de tout progrès.

Guyau prévoit qu'un peuple qui s'abandonnerait totalement à « l'américanisme, cette science toute terre à terre, tout industrielle et mercantile », travaillerait à sa propre perte en abaissant considérablement l'intelligence, ce qui entraînerait la disparition de la nation ayant opté pour cette dangereuse hypothèse. Le même Guyau prévoit que les peuples barbares, les Chinois par exemple, « ces fourmis humaines », accumuleront les profits et comme la prochaine aristocratie sera d'argent, que les Chinois sont d'excellents commerçants, ils accumuleront de l'argent, ce qui ne nécessite aucune intelligence particulière et assurera leur domination totale : « Avec l'argent ils pourront acheter tous les droits, y compris même celui de se mêler à notre sang, d'épouser nos filles et de noyer notre race dans la leur. »

Raciste et xénophobe, contre le métissage, antisémite et défenseur des Aryens, Guyau persiste à célébrer l'altruisme comme la vertu des vertus, mais entre Blancs, Aryens, Français ; il ne paraît pas choqué d'en appeler à l'amour du prochain, à la réalisation de l'humanité, à sa pacification, mais il livre les uns contre les autres les groupes, les races, les peuples, les nations ; il ne donne pas l'impression d'avoir ressenti une certaine gêne… *morale*, à l'idée de hiérarchiser les hommes à partir de leur couleur de peau en théorisant une vision du monde n'ayant pas grand-chose à voir avec sa thèse que la nature pourvoit en sentiments de fraternité…

## 53

**Une doctrine de l'assolement**. L'hygiénisme républicain de Guyau table sur un postulat partagé par nombre de républicains de la III<sup>e</sup> République : la paysannerie doit fournir la matrice de l'idéal en matière de santé des races, des peuples et des nations. L'ouvrier des villes va de pair avec l'usine, le syndicalisme revendicatif agressif, la révolution marxiste, le radicalisme, les banlieues toxiques polluées, mais aussi avec l'alcoolisme, la prostitution, le suicide, la criminalité, et autres pathologies sociales sinon médicales – syphilis, rachitisme, tuberculose… La santé mentale des prolétaires ne saurait servir de modèle…

En revanche, le paysan incarne les vertus visées par Guyau : santé psychique et mentale, robustesse de la race, grande vitalité physique, force, sens des réalités, contact sain avec la nature dont il comprend les leçons, capacité à entrer en contact avec l'énergie du cosmos par sa connaissance du grand cycle des saisons, de la nature et de la vie. Pour préfigurer une phrase qui, malheureusement deviendra célèbre sous Vichy, la terre, elle, ne ment pas…

L'hygiénisme suppose qu'on se donne les moyens de réaliser la vie, de ne pas l'exploiter ou la gâcher, mais de la conserver, de l'augmenter et de la propager. Il s'agit donc d'épargner les physiologies en évitant le surmenage intellectuel et la surcharge d'efforts psychiques. Première leçon : le pédagogue proportionnera l'extension de l'intelligence à son intensité : autrement dit, en cas de haute densité, pas trop longtemps...

A quoi s'ajoute une seconde leçon : ne pas concentrer l'intelligence dans un seul domaine. La spécialisation, voilà l'ennemi. Recourant à la métaphore agricole, Guyau propose « l'assolement en éducation » suivant le principe bien connu par le paysan qu'on perd à cultiver toujours une même plante sur un même lopin de terre. Evitons la sollicitation intellectuelle réitérée chez un individu. Le modèle ? Organiser une rotation. Le paysan, le laboureur, le propriétaire terrien, voilà des figures auxquelles il faut demander des leçons de sagesse. Un homme de la terre le confirmera : le contact avec la nature forge un caractère sain, un tempérament robuste, une intelligence non corrompue.

D'où la proposition de Guyau : faire alterner les séjours dans les villes et dans les campagnes. « Le moyen de conserver une suite de générations robustes et brillantes tout ensemble, ce serait de faire alterner pour elles le séjour des villes et celui des champs, de les faire se retremper dans la vie végétative du paysan, toutes les fois qu'elles se seraient dépensées dans la vie intellectuelle et nerveuse des habitants des villes. » Le XX\ :sup:`e` siècle, en Chine notamment, et plus particulièrement pendant la Révolution culturelle, fit un usage bien connu de ce genre d'argument. Vichy eut également ses chantiers de jeunesse...

L'alternance de la ville et de la campagne se double d'une alternance entre l'activité intellectuelle et l'activité manuelle. Lisons : « Il faut substi-

166

tuer pendant un certain temps, chez les masses, un travail intellectuel *bien dirigé* (souligné par Guyau…) au travail matériel ; chez les classes aisées, on doit au contraire compenser par un minimum de travail matériel la déséquilibration (*sic*) qu'entraîne soit le travail exclusivement intellectuel, soit l'oisiveté. »
La proximité dans cette phrase entre le travailleur de l'esprit et le paresseux inquiète sous la plume de cet hyper cérébral qui vivait dans une famille de cerveaux, mère, beau-père, femme ! On imagine mal le philosophe subissant sa propre loi d'assolement qui le conduirait de son bureau-bibliothèque de la Riviera aux champs des moissons estivales sous la canicule beauceronne. Par ailleurs, on se demande ce que cache ce projet d'un « travail intellectuel *bien dirigé* » qu'on assénerait au paysan venu en retour de sa Beauce dans un amphithéâtre où l'on nourrirait son intelligence en friche… Guyau parle de ce projet pour les masses, autrement dit pour la nation française dans sa totalité.

## 54

**Un vitalisme racial.** L'obsession de Guyau, le malade, l'alité, l'allongé, le tuberculeux, le cachectique ? La santé et la pureté de la race, l'hygiène nationale, la propreté allogène, la virilité et la robustesse des hommes autant que des peuples, la haine des mélanges qui appauvrissent et épuisent, la détestation du métissage qui fatigue et extermine les plus forts, la fascination pour la Grande Santé entendue cette fois-ci non plus comme un intellectualisme qui lui permettrait, du fond de son lit, de pouvoir revendiquer l'appartenance à la race forte, mais comme la richesse physique, donc psychique, d'un peuple. Car la robustesse dont il entretient n'a pas grand-chose à voir avec la capacité à écrire des vers de mirliton ou de lire la *Critique de la raison pure*...

Alfred Fouillée, qui méprisait tant Nietzsche et a contribué puissamment à associer en France le nom du philosophe allemand à la barbarie germanique, à la passion de détruire tout ce qui est mal venu, en mauvaise santé, aura-t-il lu dans *Les Problèmes de l'esthétique contemporaine* cette phrase de son beau-fils aimé, plus aimé encore qu'un enfant de sa propre chair selon ses dires, une phrase qu'on lit en passant dans le fil d'une démonstration sur les causes de la décadence physique de la race : « Ajoutez-y encore l'effort de la science pour conserver les malades et les infirmes, pour les aider à se reproduire », etc.

De fait, Guyau savait de quoi il parlait en matière de malades et d'infirmes, d'aide à la reproduction des santés déplorables, lui dont la famille se démena pour lui trouver la femme à laquelle il fit un enfant avant de mourir peu de temps après. Fouillée est mal venu de fustiger à longueur de pages dans *L'Immoralisme de Nietzsche*, le *mauvais* Nietzsche pour mieux célébrer le *bon* Guyau, car, le plus toxique des deux sur le terrain politique n'est pas celui qu'on croit...

Guyau veut accéder à l'hérédité de l'individu, donc de la race, par l'éducation, le dressage mis en perspective avec la suggestibilité, l'hypnose, les états de conscience modifiés. En bon darwinien, il souhaite fortifier le fond naturel et instinctif de l'homme pour le transformer en habitude. Nous sommes donc naturellement altruistes, mais il nous faut culturellement le devenir, voilà l'étrange paradoxe de ce philosophe qui ne croit pas assez à la force naturelle de l'instinct qu'il éprouve le besoin de demander à l'école de formater culturellement, intellectuellement ce qui, selon lui, se trouve naturellement présent en chacun sous forme d'instinct…

## 55

**La furie nataliste.** S'il fallait parachever le portrait d'un républicain susceptible de nourrir l'idéologie de Vichy, après le racisme, la xénophobie, l'antisémitisme, la critique de « l'américanisme », celle de la ploutocratie, du métissage, sinon l'esquisse d'un désir eugéniste actif avec le portrait en creux d'une déploration qu'on laisse les infirmes et les malades vivre et se reproduire, nous devrions ajouter une *furie nataliste* doublée d'une *sévère misogynie* qui renvoie les femmes à leur destin de reproductrices allaitantes.

La bourgeoisie ne fait pas assez d'enfants. Quand elle en fait, elle génère des produits bas de gamme, épuisés, fatigués, manquant de vitalité à cause d'une éduction urbaine, mondaine. Cette dénatalité entrave « la sélection naturelle des supériorités ». Les femmes issues de la bourgeoisie ne veulent pas d'enfants, ou bien elles en veulent peu : elles aspirent aux études, parfois à un métier, sinon à des activités frivoles sans subir une progéniture qui les entrave, ainsi les occupations intellectuelles, salonardes, en contradiction avec leur fonction première qui est de faire des enfants et de les allaiter. Leur destin ? Non pas la jouissance égoïste ici et maintenant, mais la préparation de la vitalité des générations futures en donnant corps à la race et en la fortifiant par des exercices appropriés.

Des lois doivent donc être promulguées pour faciliter la vie des familles nombreuses et taxer celles qui font peu ou pas d'enfants ; elles devraient également imposer lourdement les célibataires ; elles gagneraient à alléger les successions afin de fortifier les familles ; elles pourraient fort opportunément obliger les enfants à subvenir aux besoins de leurs vieux parents ; elles raccourciraient ou dispenseraient les pères de famille de service militaire...

Cette furie nataliste, ce souci de la démographie transforme les individus en simples rouages de la machine nationale, patriotique, donc à courte échéance belliciste, se double d'une *critique de l'avortement,* un autre argument s'il en fallait de nouveaux pour établir des passerelles entre la république et Vichy. Guyau stigmatise le fait que « Paris a réussi à se créer une réputation dans l'art de l'avortement » contre laquelle il faudrait se battre...


56

**Philosophie de la femme allaitante**. A l'évidence, si les femmes n'ont pas à se soucier des choses de l'esprit, de se cultiver, de lire de la philosophie, de mener une vie à égalité avec les hommes, il leur reste ce pour quoi elles trouvent leur sens sur terre : faire des enfants en quantité suffisante et en qualité supérieure. Guyau écrit : « La pédagogie pratique, avec l'hygiène de la famille qu'elle comprend, est presque la seule science nécessaire à la femme. » Autrement dit : on l'éduquera dès le plus jeune âge à cette noble tâche qui consiste à copuler pour se faire engrosser, puis accoucher, avant de passer sa vie à éduquer, ce qui supposera la cuisine, la vaisselle, le ménage, la couture, les soins du foyer et le repos du guerrier...

Les exercices intellectuels conviennent peu aux femmes. On rappellera, pour mémoire, que sa mère, Augustine Tuillerie, écrivait sous pseudonyme des livres de pédagogie qui furent les best-sellers de la république et que sa femme, Marguerite André Barbe, sous couvert d'un prête-nom... masculin, Pierre Ulric, écrira elle aussi des livres pour la jeunesse. Pendant que son géniteur, violent et brutal, laisse place à un beau-père intellectuel passant son temps à lire, écrire, enseigner, travailler de sa tête...

Les femmes existent pour le corps social, et non pour elles-mêmes. *Idem* pour les hommes car la morale sans obligation ni sanction n'est pas la licence, comme chacun l'aura compris, mais l'obéissance à la nécessité qui nous conduit à réaliser la vie – qu'il faut tout de même, malgré le caractère inéluctable des choses, beaucoup aider si l'on en croit le restant de la production philosophique de Guyau en dehors de l'*Esquisse*... Donc des femmes saines, robustes, bien charpentées, avec un corps de nourrice dans lequel le cerveau ne sert pas à grand-chose. Du lait, pas d'idées : « Il faut élever avant tout la mère dans la jeune fille. »


57


**Une politique vitaliste**. Guyau théorise la vitalité individuelle et la vitalité collective. Il propose donc

171

deux objectifs, semblables dans le fond : « la vie individuelle la plus intense » et « la vie sociale la plus extensive », autrement dit une *éthique vitaliste* doublée d'une *politique vitaliste.* Cette articulation se fait sans difficulté selon le philosophe puisque la réalisation de l'éthique constitue une politique et que la politique est une éthique, le tout relevant du vitalisme...

Ce que veut l'individu ne peut aller contre le bien de la collectivité. L'optimisme de Guyau persiste dans cette aventure qui lie le tropisme de l'individu vers plus de vie et celui de la société vers un même désir. L'individu veut ce que veut la société et vice versa : une même religion de la vie intense, débordante, répandue, étendue, densifiée par les dilatations existentielles et communautaires. La téléologie évolutionniste conduit les individus et les sociétés vers un même but : la jouissance d'être.

Cette jouissance d'être pour une nation, quelle est-elle ? Ressentir sa force, expérimenter sa vitalité et jouir de cette sensation. On ne s'étonnera donc pas, pour conclure, que Jean-Marie Guyau fasse déboucher sa politique vitaliste raciste, xénophobe, antisémite, familialiste, misogyne dans un *éloge du colonialisme...* Le colonialisme est, à la dimension de la terre, l'équivalent en politique du cosmos pour l'éthique : la conscience des hommes va jusqu'aux confins de l'univers, et même au-delà des univers connus, mais la vitalité d'un peuple ne peut aller que dans les limites du globe. Guyau remarque que « ce qui nous manque, ce n'est pas la faculté de coloniser, mais l'habitude d'émigrer ».

Dans le combat qui oppose Clemenceau et Jules Ferry sur le colonialisme à l'Assemblée nationale en

1885 – l'éloge du colonialisme se trouve dans *L'Irréligion de l'avenir* qui date de 1886 –, Guyau fait partie
du groupe qui gagne à l'Assemblée nationale, celui
de Ferry, contre Clemenceau. Ferry qui, républicain
comme Guyau, croyant à l'école laïque comme
Guyau, nourri des idéaux des Lumières comme
Guyau, partisan des révolutions douces par l'éducation comme Guyau, adepte d'une République de
paysans qui tient l'ouvrier des villes à distance
comme Guyau, ardent thuriféraire du pouvoir de
l'instituteur comme alternative à celui des prêtres
comme Guyau, revendiquant le « droit de civiliser »
des « races supérieures » (des propos tenus par lui
au Parlement le 27 mars 1884…) comme Guyau,
affirmant que la Déclaration des Droits de l'Homme
n'a pas « été écrite pour les Noirs de l'Afrique équa-
toriale », une idée partagée par Guyau, Ferry, donc,
par sa politique de fierté nationale, sa défense du
colonialisme, sa lecture raciale et inégalitaire,
illustre une ligne de force dans la république qui ne
trouble pas les vichystes au siècle suivant…

Le bilan de la politique vitaliste de Guyau effraie :
Dieu, Travail, Famille, Patrie ; maternité, allaite-
ment, natalité, fécondité, lutte contre l'avortement,
misogynie ; ruralisme, anti-intellectualisme ; racia-
lisme et xénophobie, refus du métissage ; antisémitisme et célébration du groupe aryen ; inégalitarisme
et hiérarchisation des races ; hygiénisme physique et
psychique mis en œuvre par l'Etat ; soupçon d'eugénisme actif ; anticommunisme ; colonialisme ; considérations sur le décadentisme de la race et de la
nation ; haine de l'art contemporain ; critique de
la « ploutocratie bourgeoise » ; éloge des « traditions nationales » ; moquerie contre « la superstition

intellectuelle » ; doctrine de l'assolement : cet hygiénisme de la III<sup>e</sup> République, qu'aurait eu à y redire
un certain maréchal Pétain en 1940 ?

Nous étions partis d'une *éthique vitaliste* soucieuse
d'une morale sans obligation ni sanction qui réjouis-
sait Pierre Kropotkine, le penseur anarchiste russe ;
nous voici englués dans une *politique vitaliste* pleine
de morale moralisatrice, d'éducateurs qui incul-
quent des valeurs et enseignent le bien et le mal à
tout un peuple, pour une nation, et ce à la face du
monde, un corpus qui, on vient de le voir, ne
contredit en rien les idéologues et les doctrinaires
de la Révolution nationale qui, semble-t-il, ont ignoré
Guyau et ne l'ont pas annexé. Une chance pour sa
mémoire.

# II

# NIETZSCHE

*ou « apprendre à mieux s'éjouir »*

1

**Dynamiter la philosophie.** Un millénaire et demi
de tradition philosophique idéaliste et spiritualiste
laissent le corps dans un pitoyable état... Le *corps de
chair et d'os*, bien sûr, celui des Européens et des
populations vivant sous régime intellectuel chrétien,
(quel que soit l'état de ce régime), mais aussi le *corps
de papier*, autrement dit le traitement philosophique
du corps... Côté chair, automutilations mentales,
morcellement psychique, fragmentation identitaire,
retournement de la pulsion de mort contre soi ;
côté papier, un oubli dans la meilleure des hypothèses, sinon, dans la pire, un traitement de faveur
assimilable à l'enterrement de première classe tant
on appréhende le corps... comme une idée !

La pensée pense, la conscience pense, l'âme
pense, l'esprit pense, mais, de quelque côté que l'on
se tourne, la pensée, la conscience, l'âme et l'esprit
semblent n'entretenir aucun rapport avec la matérialité du corps. Le *Discours de la méthode* de Descartes économise le corps et part à la conquête de
sa première vérité armé du seul instrument de
l'auto-réflexion, de la conscience et de ses relations
avec une mystérieuse « substance pensante »... Kant
rédige sa volumineuse *Critique de la raison pure* pour
percer le mystère de la connaissance, de la pensée,

de la réflexion, et il nous livre sa solution sans parler de chair, de corps, de cerveau, de matière grise en nous abreuvant de formes *a priori* de la sensibilité... Et tous emboîtent le pas à ces discours dominants en relayant cette idée héritée de Platon qu'on connaît en vertu de l'âme qui est parcelle de divinité en nous, sublime partie qui nous sauve puisque, de même nature que la divinité, elle rend possible le contact avec elle, donc avec la vérité qui est idéale, conceptuelle, nouménale. Porteurs de cette étincelle divine, on peut donc partir à l'assaut du ciel et saisir la conformation de la réalité doté de cet instrument immatériel qui n'a qu'un seul inconvénient, c'est qu'il n'existe pas. Avec une pareille machine décérébrée, on n'obtient que des produits fantasques... L'immatériel ne vit que des songes creux et des fantômes.

Nietzsche ouvre la philosophie en deux : il y a un avant lui et un après lui. La dialectique ascendante platonicienne, le cogito cartésien, la connaissance transcendantale kantienne explosent, pulvérisés sur place, carbonisés, réduits en cendres par le feu nietzschéen. Ce champ de ruines fumant n'a toujours pas été pris en compte par l'institution philosophante qui, dans la plupart des cas, persiste à exercer son magistère comme si ce passage à tabac métaphysique mémorable n'avait jamais existé.

Nietzsche affirmait qu'il était de la dynamite et qu'un jour, l'humanité ouverte en deux par la grâce de son attentat ontologique contre le vieux monde, modifierait son comput pour dater à partir de lui ! Qu'il ne soit pas *encore* question de cette modification majeure dans l'histoire du monde, passe, mais que dans le petit univers des philosophes on en soit toujours à verbigérer comme au temps d'Aristote, quel talent ! Il n'est guère loin le temps où certains des docteurs de la corporation déniaient même à Nietzsche le titre de philosophe : trop poète, trop littéraire, trop fantasque, trop allégorique, trop elliptique, trop métaphorique, trop syphilitique, trop incandescent, trop lyrique, trop vagabond, trop violent, trop artiste, trop exalté, trop malade, pas assez bonnet de nuit ou ennuyeux ou sinistre, pas assez le sens de la corporation, pas diplômé, trop philologue, ou trop musicien, pour être vraiment philosophe.

Et puis les falsifications de sa sœur, vraiment nazie, tellement faussaire, ayant fait de Zarathoustra et de son Surhomme des préfigurations du national-socialisme, donc de la Shoah, étaient tellement utiles pour reléguer au placard cet immense penseur ! La meilleure façon de se débarrasser d'un être qui préfère la vérité payée de solitude à l'erreur avec l'assentiment des médiocres, c'est de le faire passer pour ce qu'il n'est pas – ce qui dispense d'aller voir ce qu'il est *vraiment*, ce qu'il a *réellement* écrit, ce qu'il a *clairement* enseigné.

## 2

**La confession d'un corps.** Sur la question de la généalogie de la pensée, Nietzsche récuse la théorie dominante qui s'apparente à celle des dévots de la génération spontanée pour qui les idées naissent miraculeusement comme les microbes, par fermentation d'immatérielles substances pensantes, par combustion spontanée des âmes, par autoallumage des esprits ! Le père de Zarathoustra sort ses alambics et, sa vie durant, via autobiographies, écriture de livres et correspondances, il tient le journal de bord de ses expériences : il affirme, après l'avoir constaté, que la pensée d'un philosophe procède des arrangements de son corps avec lui-même ; que les idées viennent d'opérations complexes obscurément effectuées dans la chair d'un homme ; que la biographie d'un être ouvre une porte pour pénétrer la forteresse d'une vision du monde ; que l'organisme tout entier agit en athanor d'une transmutation du plomb de l'existence en or philosophique.

La première formulation de cette thèse révolutionnaire se trouve dans une lettre à Lou Salomé datée du 16 septembre 1882 : « Votre idée de ramener les systèmes philosophiques aux actes personnels de leurs auteurs est vraiment l'idée d'une "âme sœur" ; moi-même, à Bâle, j'ai enseigné dans *ce* sens l'histoire de la philosophie antique, et je disais volontiers à mes auditeurs : « Ce système est réfuté, et mort – mais la personnalité qui se trouve derrière lui est irréfutable ; il est impossible de le tuer – par exemple Platon. » Lou Salomé ouvre ainsi son ouvrage *Frédéric Nietzsche à travers ses œuvres*. Elle met en branle une machine efficace pour montrer ce que Nietzsche écrit d'ailleurs en permanence dans toute son œuvre : la philosophie, la sienne donc, se résume à l'« exégèse du corps » – donc de son propre corps.

L'idée se retrouve dans la préface à la seconde édition du *Gai Savoir* rédigée à Ruta près de Gênes à l'automne 1886. Ces pages constituent le propylée du temple de la méthode nietzschéenne. Jadis, un historien de la philosophie – Ferdinand Alquié, en

1956 pour être précis… – posait la question : *Qu'est-ce que comprendre un philosophe* (sans point d'interrogation…). Il abordait la question de la relation entre la biographie et la généalogie d'une pensée, certes, mais pour mieux écarter « les raisons psychologiques » réfutées au nom de la vérité universelle portées par le philosophe dont la mission consiste à *sauver l'esprit…*

### 3

**Physiologie de la philosophie.** On comprend que Nietzsche écrive dans *Ecce Homo* : « Avant moi la psychologie n'existait même pas » (§ 6) ! Le structuralisme reprit à sa manière cette volonté farouche de congédier la biographie, donc d'écarter les correspondances, l'écriture d'un journal, l'histoire intime et son interaction avec l'histoire générale. Du texte sans contexte, autrement dit : l'exégèse d'un texte sacré suffit à la compréhension d'un philosophe, nul besoin d'en appeler à sa matérialité, l'esprit se suffit.

Nietzsche affirme exactement l'inverse : le texte est second, et périphérique, il fonctionne comme une trace, la preuve d'une quête. La vie est première. Que dit cette fameuse préface ? D'abord, elle est écrite à la première personne. Le philosophe ne parle pas à partir du Ciel des Idées, mais de lui-même et de son expérience existentielle de la maladie, de la souffrance, de la douleur et, finalement, de la guérison survenue. Il revendique une généalogie à sa pensée : *l'expérience.* Malade, mais guéri, le philosophe expérimente la jubilation d'une santé recouvrée. Il souhaite partager cette aventure existentielle et affirme que la souffrance et la jubilation corporelle entretiennent une relation intime. Dès lors, il revient au philosophe devenu psychologue de dénouer les fils emmêlés de cet écheveau singulier. Le psychologue définit l'homme qui excelle dans l'art d'effectuer la physiologie de la philosophie.

Le *gai savoir*, non seulement comme titre, mais aussi comme façon de nommer une sagesse, relève d'une opération de transmutation de la maladie en philosophie : un livre, des livres, une œuvre complète. La douleur profondément ressentie, au point que Nietzsche eut souvent la tentation d'en finir avec cette existence, achève le corps – ou le sauve. C'est le sens de cette phrase célèbre du *Crépuscule des idoles* (§ 6) : « Ce qui ne me tue pas me fortifie ». Ou Nietzsche succombait ; ou il s'en sortait – mais plus fort, plus dense, aguerri. Il n'en est pas mort, l'œuvre en témoigne.

Lisons : « Pour peu qu'on soit une personne, on a nécessairement la philosophie de sa propre personne » (*Gai Savoir* § 2). Le *nécessairement* mérite explication, car la nécessité à l'œuvre dans ce processus ne relève pas de lois générales du genre : *vivre ceci produit toujours cela,* car il faudrait bien plutôt dire : *vivre ceci, quand on est celui-là, produit cela…* Ce qui suppose donc un caractère, un tempérament, une subjectivité, une radicalité différenciée, une *idiosyncrasie,* un mot que Nietzsche utilise parfois dans *L'Antéchrist.*

Que faut-il entendre par là ? Ce terme, nous dit Littré, relève du vocabulaire de la médecine et signifie : « Disposition qui fait que chaque individu ressent d'une façon qui lui est propre les influences des divers agents. » La *nécessité* à laquelle renvoie Nietzsche se saisit véritablement dans le cadre de sa philosophie de l'Eternel retour qui peut expliquer cet apparent paradoxe que nous sommes à créer bien que déjà créés – autrement dit : que les événements nous constituent, certes, mais que nous sommes déjà constitués en vertu de la conception cyclique du temps nietzschéen. Le sens de la formule de Pindare réactivée par Nietzsche, « Deviens ce que tu es », s'éclaircit à la lumière du nietzschéisme.

## 4

**La loi de l'idiosyncrasie.** L'idiosyncrasie fait donc la loi. De sorte que si le corps pense, ça n'est pas chez tout le monde le même corps, le même tropisme corporel qui décide : chez l'un, les manques philosophent, chez l'autre ses richesses et ses forces ; ici la vie descendante, là la vie ascendante ; une fois la maladie, ailleurs la grande santé, la pétulance, la vitalité ; parfois la détresse, la mélancolie, la lassitude, l'épuisement, l'appauvrissement, ou bien la vigueur, la puissance, la robustesse, l'abondance. Pour ajouter aux Lumières de sa psychologie nouvelle, Nietzsche fait entrer dans l'histoire de la philosophie une notion appelée à un certain succès : l'inconscient. « Inconsciemment » écrit-il dans sa préface, le corps veut, crée, produit, élabore des pensées constitutives d'autant de réponses aux énigmes posées par lui.

« Le travestissement inconscient de besoins physiologiques sous les masques de l'objectivité, de l'idée, de la pure intellectualité, est capable de prendre des proportions effarantes – et je me suis demandé assez souvent si, tout compte fait, la philosophie jusqu'alors n'aurait pas été uniquement une exégèse du corps, et un malentendu à propos du corps. » Ce sont donc les forces corporelles, ou leur défaut, qui, chez les philosophes, produisent leur pensée. La vérité ? Un prétexte ontologique pour la crudité de cette évidence qu'un corps plus ou moins sain tâche de résoudre le problème posé par son idiosyncrasie. Le ciel des idées ramasse les ratages existentiels de pensées *débiles*, au sens médical du terme...

Nietzsche parle de transfiguration d'états de santé divers et multiples : autant d'états de santé, autant de pensées. La maladie génère une philosophie qui répond aux questions posées par la santé défaillante. De la physiologie transfigurée, voilà la matière, la source, la généalogie de toute philosophie. La multiplicité des formes physiques d'un être explique la multiplicité des formes philosophiques produites par ce même être. Nietzsche donne la clé de la compréhension de son œuvre complète qui explique pourquoi il put, un temps, célébrer Wagner dans *La Naissance de la tragédie* puis, dans les derniers moments de son existence lucide, écrire *Le cas Wagner*, tout en restant le même, du fait même de la variation de ses états de santé : du nihilisme pessimiste de ses jeunes années à l'affirmation de la grande santé de ses derniers moments conscients.

Un esprit rapide ou mal informé verrait dans ces prises de position différentes des contradictions qui infirmeraient la validité de la pensée de Nietzsche, ou qui témoigneraient pour des moments différents avec des pensées contradictoires : un temps schopenhauerien, puis un temps violemment opposé au philosophe dont les idées, dira-t-il, sentaient le croque-mort ; un moment wagnérien, puis un moment où le compositeur devient le parangon de l'impuissance, du nihilisme et de la décadence ; une époque sous le signe de Paul Rée et Lou Salomé, puis une époque de violente détestation de ces deux figures ; une période dite de « l'idylle héroïque » placée sous le signe d'Epicure, puis une période où le philosophe du jardin se fait reprocher sa petite santé ; un instant de fascination pour la vie communautaire, un instant pour la célébration de la vie solitaire...

Voltes-faces ? Contradictions ? Incohérences ? Légèretés ? Oui si l'on cherche un trajet rectiligne obéissant aux principes de la raison raisonnable et raisonnante ; si l'on regarde l'œuvre complète armé du principe de non-contradiction ; si l'on cherche le fil droit dans le bois courbe qu'est toujours une existence qui évolue dans de pareils degrés d'incandescence, avec un corps hypersensible, une âme d'écorché ; si l'on envisage une vie à l'aune d'Apollon, dieu des mathématiques, de l'architecture, de l'ordre, du chiffre, du nombre, de la mesure, du syllogisme et de la dialectique, de la science.

Mais non si l'on sait qu'une vie, toute vie, et plus encore celle de Nietzsche, est poésie, au sens étymologique, autrement dit création ; qu'elle est toujours placée sous le signe de Dionysos, dieu des pampres et de l'ivresse, de la danse et de l'orgie, de la musique et du chant, du mythe et des forces mystérieuses.

Etonnons-nous donc que Nietzsche écrive dans les maximes d'ouverture au *Crépuscule des idoles* (§ 26) : « Je me méfie de tous faiseurs de systèmes et les évite. L'esprit de système est un manque de probité » !

5

**Le triomphe de l'inconscient.** Afin de préciser la méthode nietzschéenne, et dans la perspective de répondre à la question *Qu'est-ce que comprendre un philosophe ?* autrement qu'en idéaliste, la lecture de la préface du *Gai Savoir* doit se compléter par celle du chapitre de *Par-delà bien et mal* intitulée « Des préjugés des philosophes ». Nietzsche y avance plus en profondeur dans la précision du rôle de l'inconscient dans la formation de la pensée d'un penseur. (Freud n'aura de cesse de minimiser l'importance de Nietzsche dans l'élaboration de sa propre vision du monde, on comprend pourquoi...)

La théorie d'un philosophe procède donc de son corps. Mais de quelle partie du corps ? Qu'est-ce qui, dans le corps, produit les idées ? Nietzsche parle clairement des « activités instinctives » qui conduisent malgré sa conscience et son vouloir clair, dans des chemins déjà tracés. Il entretient dans un même temps d'« exigences physiologiques » et d'« activités instinctives » tout en tournant le dos à l'une des formules plutôt que l'autre : ni « l'atomisme matérialiste » des uns, ni « l'atomisme de l'âme » des autres, autrement dit ni la formule matérialiste, ni la formule idéaliste, en d'autres termes, ni Epicure ni Platon, mais une proposition nouvelle d'« âme multiple »

186

dont la spécificité serait d'être mortelle et de composer avec les instincts et les passions.

Contre la métaphysique ancienne et ses créations immatérielles, mais aussi contre cette autre métaphysique qui a besoin d'atomes, « le *nouveau* psychologue » est condamné à « inventer, et qui sait ? Peut-être à découvrir » (§ 12) l'existence, la nature et les mécanismes de cette *âme multiple*… Car, lit-on dans *Par-delà bien et mal*, « la majeure partie de la pensée consciente doit être imputée aux activités instinctives, s'agit-il même de la pensée philosophique » (§ 3). Disons-le autrement : les racines de la conscience sont inconscientes.

Voilà donc pour la première fois la chose dite clairement, en 1885, soit quinze ans avant *La Science des rêves* de Freud : la conscience du philosophe est secondaire, produite, générée, conséquence, résultat, effet, engendrée, enfantée par l'inconscient qui, lui, est premier, producteur, générateur, cause, géniteur, père des idées, des pensées, des productions intellectuelles, culturelles, philosophiques. Les idées ne tombent donc pas du ciel récupérées par une âme immatérielle faite de la même matière qu'elles, mais elles montent du corps, formulées par une conscience qui leur donne une allure, un ton, un style.

Les philosophes prétendent donc utiliser la raison, faire fonctionner la rhétorique, mettre en route la dialectique, alors qu'ils se contentent d'enregistrer, après coup, sans disposer du choix de faire autrement, ce que leurs instincts commandent. Ils parlent de vérité, mais ils dissimulent sous ce vocable leurs préjugés, leur arbitraire, la gratuité de leurs intuitions, leurs vœux les plus chers, leurs désirs inconscients. Le Nouveau Psychologue débusque les feintes, les ruses des philosophes prêcheurs, leur charlatanisme, leur talent pour défigurer, travestir, mentir, cacher, dissimuler leur pitoyable mascarade car, en fin de compte, il s'agit de tenir dans l'ombre *qu'ils n'ont pas voulu*, car ils en sont bien incapables, mais *ils ont été voulus* – tous, sans exception. Nietzsche compris.

Les idées ne viennent donc pas quand le philosophe le veut, mais quand *elles* le veulent. Là où Descartes écrit « Je pense », Nietzsche affirme « Quelque chose pense » détrônant ainsi la suprématie d'un « Je » autonome, indépendant, supérieur au reste de l'être qu'il couronnerait et définirait. La psychologie à laquelle Nietzsche aspire doit en finir avec la vieille habitude de renvoyer à la conscience qui veut librement. Elle doit désormais compter avec l'inconscient qui requiert la conscience sans possibilité pour elle de s'y refuser.

Dès lors la psychologie nietzschéenne, autrement dit son herméneutique, s'avance telle une « morphologie et (une) théorie générale de la volonté de puissance » (§ 23). Voilà le maître concept lâché : *volonté de puissance* – plus judicieusement traduit par volonté *vers la* puissance, le *zur* de *Wille zur Macht* étant plus justement rendu de la sorte, ce qui présente également l'avantage de rendre fautive la lecture de cette expression comme volonté d'exercer sa puissance sur autrui, cause de tant de mésinterprétation de la pensée de Nietzsche.

## 6

**Le « Soi » commande.** Si Nietzsche propose sa *théorie de l'inconscient* en termes clairs dès 1885 avec *Par-delà bien et mal,* il avait avant cette date déjà annoncé cette pensée, mais de façon lyrique, énigmatique dans *Ainsi parlait Zarathoustra* – notamment dans le chant intitulé *Des contempteurs du corps,* des pages écrites fin janvier 1883. Cette proposition poétique lui fournit l'occasion de quelques concepts utiles à l'exercice de la nouvelle psychologie nommé par lui *morphologique.*

Ainsi « la grande raison », la « petite raison » et le « soi créateur » qui, respectivement, nomment le *corps,* la *raison classique* et l'*inconscient.* Dans ce bref chant de deux pages, Nietzsche enseigne qu'on parle faussement du corps et de l'âme, comme de deux instances séparées.

Car l'âme nomme une partie du corps, dans son vocabulaire : le soi créateur est grande raison qui commande à la petite raison. Dit autrement : l'inconscient est corporel et ce que l'on nomme habituellement la raison en est le produit… La fameuse *âme multiple* de *Par-delà bien et mal* nomme donc la chair et l'inconscient qui la travaille, les instincts qui la parcourent. Le corps, qui est grande raison, informe la petite raison qui est esprit, ou bien la raison au sens classique et traditionnel du terme.

Nietzsche s'adresse aux « Contempteurs du corps », à ceux qui le dénigrent et ne veulent pas entendre parler de lui. De Platon jusqu'à Schopenhauer, c'est toute la tradition philosophique que le penseur fustige et discrédite. Ironiquement, il souhaite que ces prestidigitateurs laissent la place, joignent le geste à la parole, et disent adieu à leur propre corps en devenant muets. Que le contempteur du corps commence donc par dénigrer le sien en se taisant et cesse d'enseigner ses sottises néfastes. Car le soi commande, il est « un puissant maître, un inconnu montreur de route » qui habite le corps. Le soi des contempteurs du corps décline, il trahit la pensée faible, la puissance entamée, la force manquante, l'incapacité à créer au-dessus de soi. D'où leur haine du corps, leur mépris de la terre, leur création du ciel et des arrière-mondes, nihilisme auquel Zarathoustra se refuse en voulant très exactement l'inverse : l'amour de la vie et le consentement au corps.

Résumons : l'idiosyncrasie fait la loi : les idées procèdent du corps, et non d'un hypothétique monde immatériel ; la conscience est voulue par « quelque chose » qui la veut ; ce « quelque chose », c'est l'inconscient ; l'inconscient se réduit à la volonté de puissance ; la morphologie psychologique remplace métaphysique idéaliste et spiritualiste en matière de généalogie des idées philosophiques. La pensée d'un penseur cristallise donc les modalités corporelles de sa volonté de puissance. L'histoire de ses idées suppose l'anatomie de cette cristallisation.


7


**La révélation de Surlej**. Nietzsche théorise les logiques de cette cristallisation car il les a expérimentées. La lettre du 16 septembre 1882 à Lou, la seconde préface du *Gai Savoir* datée de l'automne

1882, la rédaction du chant *Des contempteurs du corps* d'*Ainsi parlait Zarathoustra* fin janvier 1883, le premier livre de *Par-delà bien et mal* de 1884-1885 suivent l'événement d'août 1881 au cours duquel le philosophe expérimente dans sa chair l'évidence de sa thèse : la toute-puissance du soi ; le corps traversé par son empire ; l'expérience existentielle du corps transformé en grande raison ; la soumission de la petite raison à son ordre ; la production d'une idée sur le mode extatique.

Dans *Ecce Homo*, Nietzsche raconte la genèse de ses idées, notamment celle de l'Eternel Retour en août 1881. Longeant le lac de Silvaplana, près de Sils-Maria, un village d'Engadine en Suisse, il a, près d'un rocher dressé comme un monolithe préhistorique, ou tombé du ciel lancé par un dieu grec, la révélation de *l'Eternel retour*. Dans une lettre à sa sœur (2 septembre 1886), il confesse son désir d'être enterré là… Plus tard, à l'hiver 1882, sur un sentier qui domine la baie de Rapallo, face à la mer, il a une autre révélation, celle de *Zarathoustra*.

Ces idées philosophiques procèdent d'une extase corporelle, d'une résolution mentale de longs conflits qui travaillent le corps nuit et jour, d'affects qui l'éprouvent dans sa chair jusqu'au plus profond. Sa correspondance abonde en détails sur son état de santé pitoyable : nausées, migraines, vomissements, douleurs ophtalmiques, herpès, autant d'épreuves qui lui font envisager le suicide. Et puis ces *révélations* – le mot se trouve sous la plume de Nietzsche qui connaît sa connotation religieuse… – qui produisent ensuite un état de création compulsif.

Nietzsche expérimente le corps comme un « médium de forces supérieures » (VIII 309). Au plus

profond de soi a lieu un bouleversement, un ébranlement secoue le plus intime de l'être : les forces
invisibles qui s'activaient dans le corps deviennent
visibles, l'inaudible se fait entendre, le caché se
montre à l'air libre. Un éclair, un don, un ravissement, une force, une puissance, une illumination,
une résolution parfois accompagnée de larmes, des
frissons qui parcourent la totalité du corps, jusque
dans ses extrémités, un débordement de lumière...
Dans pareil cas, on subit, requis par une force impérieuse, on chavire sous la loi d'une puissance qui
ravage tout et s'impose. Ce qui s'accomplit se déplie
et se déploie justement, correctement, et s'ajuste à
la perfection. L'événement qui devait avoir lieu a
lieu. Le corps exulte. Nietzsche rit. Il marche sept
ou huit heures dans la nature. Il danse. Il dort profondément du sommeil du juste. Il se trouve envahi
par une vigueur sans nom. *Le soi parle.*

## 8

**Le plomb existentiel.** A son ami Overbeck il écrit :
« Vu ma façon de penser et les principes auxquels
aboutit ma philosophie, il faut même que ma victoire soit complète, c'est-à-dire que je dois transformer en *or* et en projet de premier ordre les
expériences que j'ai vécues « (été 1883). On mesure
ici les raisons pour lesquelles Nietzsche s'enthousiasme pour Schopenhauer qui oppose les philosophes qui vivent leur pensée, expérimentent et
mènent une vie philosophique, *vivent la philosophie*
aux professeurs de philosophie qui analysent la
pensée des autres, effectuent des saucissonnages

dans l'œuvre d'un tiers dans leur bureau, ignorent le travail de l'idée en eux et *vivent de la philosophie.*

Qu'y a-t-il en effet de commun entre Hegel débitant son sabir en chaire à Iéna et Nietzsche terrassé par le génie de l'inspiration philosophique devant le paysage sublime de la baie de Portofino – « ce petit univers de bonheur oublié » selon *Ecce Homo* (VIII 307). Le philosophe connaît l'intuition, il expérimente l'enthousiasme, il vit les idées dans sa chair, il assiste à l'illumination dans son être le plus intime, il est conduit par un inconscient agissant telle une fontaine d'eau fraîche un jour de canicule, penseur, il est le spectateur de lui-même comme penseur, il mène une vie philosophique – le professeur, quand à lui, agit comme un parasite sur le travail du philosophe.

Voici donc comment il faut lire et comprendre Nietzsche : comme un grand transformateur d'énergies noires en lumière aveuglante. La lumière aveuglante, on la connaît, il s'agit de l'œuvre philosophique. Mais les énergies noires ? Réponse : la maladie et plus particulièrement ses *yeux* de quasi-aveugle qui le forcent à se murer des jours durant dans des chambres obscures, à ne pas écrire plus de vingt minutes, à se faire lire des textes et corriger ses manuscrits mis au point par des tiers ; ses migraines interminables qui paralysent son *cerveau* entre deux et six jours ; ses *nausées* d'une telle violence qu'elles le contraignent à s'aliter parfois plusieurs jours ; ses *vomissements* qui durent trois jours et trois nuits ; ses attaques qui l'affectent d'une demi-paralysie et l'empêchent de parler, le laissent étendu sans force sur son lit ; ses *dépressions* profondes qui le conduisent au bord du suicide ; son *eczéma* génital géant et chronique constaté par les médecins lors de son admission à la clinique de Iéna après son effondrement...

Ajoutons à cela ces autres pathologies : un accident de cheval avec infection de la plaie au thorax qui l'alite cinq mois pendant son service militaire ; une cholérine compliquée par une diphtérie pharyngale ; des inflammations gastro-intestinales ; des hémorroïdes ; des maux de ventre ; des névralgies de trente heures, et puis, si l'on en croit le témoignage donné par le Docteur Podach qui tient l'information de Nietzsche lui-même, une syphilis contractée très tôt dans sa jeunesse, probablement dans un bordel de Leipzig. A l'époque, la syphilis évolue jusqu'au tabès, le stade tertiaire qui conduit à la paralysie générale. Enfin, la folie le coupe du monde début janvier 1889. Il vivra onze années reclus dans le silence et mourra le 25 août 1900 d'un catarrhe au poumon.

9

**L'âme multiple de Nietzsche.** Pendant onze années de folie, Nietzsche se trouve libéré des somatisations qui l'accompagnent toute son existence... Ce qui, en matière de diagnostic, témoigne pour un dispositif existentiel relevant de la lecture psychologique, au sens donné par Nietzsche à ce mot.

Le théoricien de l'âme multiple n'a pas manqué d'effectuer sur lui une *auto-analyse* de type socratique qui lui ouvre un peu les portes de son intimité psychique. A deux reprises il écrit, dans sa correspondance des phrases capitales pour comprendre sa pensée.

Avec Overbeck, le 30 juin 1887, *il pose l'énigme* : « Il doit y avoir en moi quelque profonde inhibition psychique, dont je ne saurais indiquer la cause ni le siège et qui fait que la moyenne de mes sensations ("l'état général" comme disent les psychologues) se trouve toujours au-dessous de zéro. » Il parle à cette occasion de « dépression constante ». Une autre fois, toujours à son ami Overbeck, le 4 juillet 1888, donc quelque six mois avant l'effondrement, *il propose une résolution de l'énigme* : « Je ne suis nullement malade *ni* du cerveau, *ni* de l'estomac, mais les *effets* d'un épuisement nerveux (en partie *héréditaire* – du côté de mon père qui, lui aussi, n'est mort qu'à la suite d'une défaillance générale des forces vitales – et en partie contractée) se manifestent sous toutes les formes possibles. » « Lui aussi » dit le texte d'une façon effrayante pour signifier que, comme son père, il assume un destin de malade. Prenons garde également à la confidence de la « partie contractée », probablement l'aveu de la syphilis.

La clé du dispositif existentiel mis en place par Nietzsche est très claire. Le philosophe donne lui-même les solutions, mais pas forcément à l'endroit même où il pose le problème. Dans *Ecce Homo*, le livre de toutes les confessions, il écrit : « Je fis de ma volonté de santé et de vie ma philosophie. » Voici donc le chantier sur lequel mener l'enquête : malade, Nietzsche met au point une thérapie personnelle pour recouvrer la santé. Cette automédication a pour nom *philosophie*. Dans la grande tradition de la pensée antique, la philosophie n'est pas un pur exercice de rhétorique, mais une activité qui engage la vie tout entière. Il propose des exercices spirituels pour parvenir à la sagesse – Zarathoustra est le nom de cette sagesse, le Surhomme, la figure inédite d'un sage post-chrétien. Nietzsche tenté par le suicide, malade et usant pour ce faire de substances susceptibles de lui apporter la paix, le calme, la sérénité, cherche aussi, et surtout, une solution existentielle et philosophique. Il trouvera le Surhomme, son fils, son enfant, sa progéniture comme il écrit si souvent. Le Surhomme est son double rêvé, sa thérapie, son salut ici et maintenant. Cette première sagesse païenne constituée après la mort de Dieu est d'une redoutable actualité...

## 10

**Comment lire l'énigme.** Les *œuvres publiées du vivant* de Nietzsche constituent le matériau de base auquel il faut bien évidemment ajouter les *fragments posthumes* qui représentent l'échafaudage à retirer une fois le palais terminé. J'intègre à cela les *textes autobiographiques de jeunesse* qui livrent une mine de renseignements utiles à la généalogie de l'être et de l'œuvre dont certains datent de sa treizième année. Complétons avec la *correspondance* qui, des années les plus reculées (la première lettre date du 1er juin 1850, il a cinq ans... elle est adressée à sa grand-mère) à la dernière écrite dans la folie juste arrivée (le 6 janvier 1889 à Burckhardt, il a quarante-quatre ans), témoigne sans fard de ce qu'il est, ressent, vit, de ce qu'il souffre, pense, de ce qui lui manque et le réjouit.

Evitons évidemment la triste et sinistre *Volonté de puissance*, un livre qui n'existe pas (comme le montre magistralement Mazzino Montinari) et repose sur un faux grossier construit par sa sœur antisémite, nazie, amie d'Hitler, qui rassemble des textes de Nietzsche auxquels elle ajoute des faux de sa main, des aphorismes tronqués, démembrés, des passages bien écrits de la main de son frère, mais qui sont des copies de citations d'auteurs (plus d'une vingtaine sont de Tolstoï et elles sont prises pour des affirmations de Nietzsche !) ou des notes de lecture, des morceaux sortis de leur contexte – le tout publié pour faire de l'argent et créer le culte de son frère qu'elle veut présenter en précurseur du national-socialisme.

Donc, résumons-nous : les œuvres publiées, les fragments posthumes, les autobiographies de jeunesse, la correspondance, surtout pas *La Volonté de puissance*, voilà le matériau de base d'une lecture de Nietzsche susceptible de faciliter l'accès à une œuvre lyrique, affirmative, poétique, enflammée, incandescente, se travestissant souvent, lançant des leurres, jouant des masques, écrite avec le sang d'un homme qui souffre. Je propose donc ici une lecture du chef-d'œuvre qu'est *Ainsi parlait Zarathoustra*.

## 11

**La réédition de son père.** Dans un fragment posthume, Nietzsche écrit entre 1881 et 1888 : « Je ne suis qu'une réédition de mon père ; et je continue sa vie après sa mort si prématurée. » Tout est dit. Encore faut-il comprendre ce qu'il veut dire par là

LA CONSTRUCTION DU SURHOMME

et comment les choses se passent pour que la vie du fils soit la répétition de celle du père. Du moins, comment l'*âme multiple*, autrement dit l'inconscient de Nietzsche, s'y prend pour produire cette répétition. *Je* est ici un autre, et l'autre, c'est le père. Par ailleurs, Nietzsche écrit dans *Ecce Homo* : « Cette *mauvaise* hérédité que je tenais de mon père, et qui était au fond une prédestination à mourir jeune » – comment dès lors ne pas songer à l'épiphanie de la folie alors qu'il a quarante-quatre ans, un âge qui, somme toute, permet à Nietzsche d'honorer sa prédiction en mourant jeune, autrement dit en quittant ce monde à un âge *ad hoc* si l'on a prévu de partir à celui où son père est mort, autrement dit trente-six ans... On peut même imaginer que de cet âge du père mort à l'âge où Nietzsche entre en folie, il y a l'ouverture d'un champ de mine existentiel dans lequel il va se mouvoir et qui correspond à l'espace biographique qui va de 1880 (date de l'illumination de l'Eternel Retour d'août 1881, un an après la mort du père...) à 1889 (date de la folie).

Le père du philosophe nous enseigne donc ce qu'est le philosophe : la paternité, la descendance, la filiation trouvent ici de nouvelles définitions. Nietzsche, fils de son père pasteur luthérien, sera le père d'un Zarathoustra en lieu et place d'un fils qu'il n'aura pas. Cette énigme proposée par Nietzsche en ouverture à *Ecce Homo* me résiste, mais probablement la résistance fait sens car, assez sûrement, le noyau dur du mystère de Nietzsche se trouve dans cette phrase volontairement cabalistique et revendiquée comme une énigme volontaire. Elle ouvre son autobiographie : « En tant que mon propre père, je suis déjà mort, c'est en tant que je suis ma mère que je vis encore et vieillis »… Elle reste celée : on ne saura pas ce que, pour Nietzsche, signifie être « son propre père », être « déjà mort », être « sa mère » et, cependant, vivre et vieillir en tant que mère de lui-même…

Retenons que l'identité de Nietzsche passe par la résolution de problèmes d'enfance, ce qui, somme toute, est banal, sauf que, en ce qui concerne le philosophe, les traumatismes majeurs ne manquent pas, et ce dès l'âge de quatre ans. Conçu par un père malade, il assiste à sa longue déchéance pendant une année (1848-1849) avant de vivre son agonie puis son décès ; l'année suivante il perd son petit frère après avoir eu un rêve prémonitoire du drame la nuit qui précède sa disparition. Dans cette période essentielle pour la constitution d'une identité, Nietzsche voit son père pasteur luthérien perdre de l'acuité visuelle, devenir aveugle, souffrir, subir au quotidien les affres de la maladie, faire face à de longues et douloureuses migraines, vomir et tant d'autres symptômes qui deviendront les siens durant toute sa vie consciente. Dans *Ecce Homo*, rapportant l'affection qu'avaient ses paroissiens, Nietzsche consent à leur jugement, il écrit de son père : « C'est à cela que doit ressembler un ange ! » Dans cette configuration existentielle particulière, que pourra donc bien signifier « en tant que mon propre père, je suis déjà mort » ?

## 12

**Le combat de l'ange et de la canaille.** La mère de Nietzsche, fils de pasteur, veut que son fils se destine à la même profession. Il aimerait être compositeur, mais sa mère n'y consent pas : il ne s'agit pas d'un métier digne de ce nom et elle lui assure que, pasteur, il aura tout le loisir de composer et de jouer de l'orgue autant qu'il voudra. La mère veut la profession du père pour le fils ; le fils ne veut pas de ce destin. Sa scolarité est bonne. Il se plie aux rigueurs du pensionnat de Pforta. Il a les lectures d'un garçon très mûr – les classiques grecs et romains le conduiront, après le renoncement aux études de théologie, à la philologie, sa formation et sa profession comme enseignant à l'université. Point de philosophie à proprement parler.

Très tôt, il écrit. Il donne même dans un genre étonnant pour son âge : l'autobiographie... En sept années il en écrira six. La première date de 1858, il a treize ans, la dernière de 1864, il en a vingt. La seule année 1861, il rédige trois versions nommées *Ma vie*. La correspondance avec sa mère, concomitante avec ses premiers récits, montre une femme peu soucieuse des souhaits de son fils : le pensionnaire demande un certain nombre de choses à sa mère, dont des lunettes pour sa vue qui lui pose déjà problème, elle ne lui répond pas. Il n'écrit pas moins de sept lettres entre le 9 octobre et mi-novembre 1858, toutes restent sans réponse. Dans tous ces mots envoyés, il fait pourtant savoir qu'une réponse lui ferait vraiment plaisir...

Dans *Ecce Homo* il parle de sa mère comme d'une « venimeuse vermine », d'une « machine infernale » et d'une « canaille ». Puis, alors qu'il se fait fort avec l'éternel retour d'avoir trouvé un axe autour duquel enrouler son monde et son existence, il précise : « J'avoue que mon objection la plus profonde contre le retour éternel, ma pensée proprement

"abysmale", c'est toujours ma mère et ma sœur »…
Que faut-il penser, donc, de cet autre morceau de
l'énigme : « En tant que je suis ma mère, je vis
encore et vieillis » ? L'*ange* est mort et la *canaille* vit
en lui : est-ce la résolution de l'énigme ?

Son père mort, sa mère fait le mort, l'enfant rentre
en lui. L'introspection autobiographique le conduit
à revenir sur son petit passé déjà tellement lourd. La
répétition produit ses effets sur le papier : le croisement de toutes ces versions d'autobiographie tourne
autour de cet événement majeur : la mort du père.
L'étiologie ? Un ramollissement cérébral. Rien de
plus précis. Une tumeur ? Possible. La mort hante le
jeune garçon : il idéalise le portrait de son père. Paré
de toutes les vertus d'un chrétien vivant sa foi, gratifié
de tous les dons de l'esprit, menant une vie calme,
simple, mais heureuse, homme à l'humeur sereine,
aux manières raffinées, le pasteur attire la sympathie
générale. Il occupe ses loisirs avec la science et la
musique. Il se révèle un excellent interprète et un
talentueux improvisateur. Portrait d'ange…

Nietzsche met en perspective deux événements
avec 1848 qui, comme chacun sait, est une année
révolutionnaire en Europe : la naissance de son frère
et le surgissement de la mélancolie de son père.
L'association des révolutions quarante-huitardes, de
l'arrivée du frère qui va mourir et du début de la fin
du père catalyse la négativité dans l'esprit de
Nietzsche. La maladie s'aggrave. Le fils assiste aux
crises : « Mon cher père fut en proie à d'horribles
souffrances. » Puis : « Il finit par perdre la vue. »
Enfin, il meurt sereinement, âgé de trente-six ans
seulement, le 26 juillet 1849. Nietzsche a cinq ans.

## 13

**Autoportrait du père.** Le portrait du père par le fils montre un fils autant qu'un père. Nombre de détails concordent entre les dires de l'enfant sur son père et cet enfant devenu adulte : car cet éternel voyageur, habitué des pensions de famille suisses, italiennes, françaises, se révèle, pour quiconque ignore sa prose incandescente et volcanique, ses imprécations contre Dieu et la religion, son dynamitage de la métaphysique occidentale, le plus aimable des convives qui panse la patte d'un chien blessé, manifeste force politesse et prévenances pour les dames qui partagent ses tables d'hôtes : sa pitié, sa compassion semblent, vues de l'extérieur, les vertus d'un chrétien vivant sa religion dans le détail du quotidien ; il ne manque pas d'esprit et de talent pour les choses qui en relèvent ; sa vie semble calme, simple mais heureuse à tous ceux qui le jugent sur les apparences : frugalité, simplicité, marche dans la montagne ; humeur sereine : personne n'imagine que ce gentilhomme bien habillé, soucieux de sa mise, à l'emploi du temps réglé comme du papier à musique, frappe parfois des poings jusqu'au sang les murs de sa chambre tant la douleur le martyrise ; manières raffinées : tout le monde s'accorde sur ce point ; par ailleurs, il joue du piano et, au dire même de Wagner, il excelle dans cet art et celui de la variation libre ; la science l'intéresse, sa bibliothèque témoigne et il envisagera de se remettre aux études, notamment scientifiques, pour tâcher de fonder son intuition de l'éternel retour avec l'aide de la physique. Vu de l'extérieur, portrait d'un ange là aussi...

En ce qui concerne la souffrance et la douleur du père, et non plus le portrait brossé en regard des jugements venus de l'extérieur, là aussi, là encore, le portrait semble un autoportrait : car les douleurs, les migraines, les souffrances, les vomissements, les douleurs oculaires, la perte progressive de la vue, la mort du père en pleine jeunesse correspondent exactement au même type d'affection du fils qui, toute sa vie, se plaint très exactement de ces souffrances. Nietzsche a raison d'écrire qu'il est une réédition de son père – une idée intéressante quand il faudra aborder la question de l'éternel retour et les modalités de l'épiphanie corporelle de cette intuition un an après l'âge où son père est mort – Temps de la gestation...

## 14

**La vérité d'un rêve.** Ajoutons un second traumatisme à la mort du père tout aussi déterminant dans la formation de la psyché de Nietzsche car la disparition de son petit frère s'effectue dans des conditions qui plongent dans une infinie culpabilité. Nietzsche a en effet rêvé la mort de son frère la veille de l'événement : cette façon pour le destin d'exaucer le fantasme onirique pèsera lourd sur la conscience d'un philosophe qui récusera le remords comme une « bêtise » et une « indécence » et qui rédige une critique impitoyable de ce sentiment dans la *Généalogie de la morale...*

Voici le rêve : fin janvier 1850, autrement dit six mois après la mort de son père, Nietzsche a cinq ans et rêve qu'il entend de l'orgue dans l'église, comme pour un enterrement. Une tombe s'ouvre, son père en sort, vêtu d'un linceul, et se dirige vers le lit de l'enfant qu'il prend dans ses bras pour l'emporter avec lui dans le caveau avant que la pierre se referme sur eux et que le chant de l'orgue cesse. Le lendemain, écrit Nietzsche, son frère Joseph est saisi de convulsions et meurt en quelques heures.

L'arrivée d'un petit frère, quelle que soit la famille, présente toujours l'inconvénient de distraire l'attention et l'affection des parents sur le nouveau venu, de sorte que la jalousie est consubstantielle à l'apparition du cadet. Lorsque ce désir se manifeste, il contraint l'aîné à trouver sa place, à réajuster ses relations avec ses parents, autrui, les autres, le monde. Si d'aventure la disparition physique réelle donne raison au désir de disparition fantasmatique, qui plus est quand il est rêvé, scénographié par l'inconscient, imagé, le risque est grand que le survivant se sente coupable et responsable de la disparition.

Nietzsche a cinq ans, le voici témoin des souffrances et de l'agonie de son père, puis de sa mort ; l'année suivante, le voilà également emporté dans les douleurs complexes de la culpabilité liée à la mort de son petit frère. On ne peut placer plus violemment un enfant sous le signe de la pulsion de mort. D'autant que l'été 1855 il perd sa tante, puis sa grand-mère paternelle en 1856, toutes deux vivaient sous le toit familial. En 1859, c'est le tour de son grand-père paternel. Cinq morts et cinq enterrements alors qu'il a quinze ans. Il vit entouré de cinq femmes dont sa petite sœur ayant à peine deux ans de moins que lui. Dans la version 1861 de son autobiographie, le jeune garçon écrit : « En tant que plante, je suis né près d'un cimetière ; en tant qu'être humain, je suis né dans un presbytère »…

## 15

**Le gyrovague compulsif.** En 1864, il fait de la mort de son père une rupture radicale dans sa vie. Lucide, il écrit : « Il est peut-être regrettable que, à partir de ce moment-là, mon développement n'ait pas été surveillé par le regard d'un homme. » De fait, jusqu'à douze ans, Nietzsche vit avec ses deux tantes chez sa grand-mère qui, après la mort de son pasteur de fils, avait *manu militari* emporté à Naumburg la mère de Nietzsche, alors jeune veuve âgée de vingt-quatre ans, et sa petite sœur.

Nietzsche associe donc souffrance, agonie, mort du père et mort du frère à Röcken, le petit village de son enfance quitté pour Naumburg, la ville qu'il n'aime pas. Le déménagement fut un crève-cœur. Quitter le terrain de jeu de son enfance, mais aussi la tombe de son père, abandonner la sépulture à tous les vents, pour un endroit qui deviendra celui de l'austère pension génère chez lui un sentiment nostalgique. Un paradis perdu dans un monde où l'enfer a déjà calciné une partie de son âme.

Faut-il voir dans le traumatisme de ce déménagement la compulsion maladive qui conduit Nietzsche à sans cesse changer de lieu, sa vie durant, partout en Europe, à passer d'un pays à l'autre (Allemagne, Italie, Suisse, France), d'une pension de famille à l'autre, d'une ville à l'autre (Naumburg, Leipzig, Bâle, Lugano, Triebschen, Bayreuth, Sils-Maria, Rome, Venise, Zurich, Lucerne, Menton, Munich,

Florence, Nice, Sorrente, Genève, Marienbad, Gênes, Rapallo, Turin...), à rêver d'Autriche, de Japon, de Tunisie, de Grèce, de Mexique, d'Algérie, de Pérou, de Corse et d'Afrique pour y trouver, sous prétexte d'hygrométrie et de climat adéquat, l'endroit idéal pour poser son corps ? Donc son âme.

## 16

**Le salut par l'art.** En attendant d'obéir à son tropisme compulsif de gyrovague européen, Nietzsche s'enferme en lui-même et voyage mentalement. La mort de son père, écrit-il, l'a disposé au sérieux et à la contemplation. Il multiplie l'apprentissage des langues : latin, grec, français, hébreu, italien ; il lit et écrit de la poésie ; il envisage d'écrire un dictionnaire de stratégie militaire – sa grand-mère lui racontait avec enthousiasme les batailles de Napoléon et son village natal, Röcken, fut le théâtre d'opérations militaires ; à neuf ans, il commence à composer de la musique ; il déplore la médiocrité des cours d'éducation religieuse et parsème ses textes d'éloges de Dieu et de son « Roi bien-aimé » ; il pense écrire un livre pour se le lire, un ouvrage dans lequel il montrerait « combien le bonheur est éphémère » ; il aime le sport, plus particulièrement la natation et le patinage ; solitaire, silencieux, il vit à l'écart de ses camarades ; à Noël, pour être sûr de recevoir du courrier, il s'écrit une carte...

Dans un petit texte autobiographique intitulé *Regard en arrière*, il écrit : « C'est une très belle entreprise que de dérouler devant ses yeux les premières années de sa vie et de voir comment l'âme s'est formée. » Dans *Ma vie*, version 1861, il affirme : « Les germes de nos dispositions morales et spirituelles sont depuis toujours cachés en nous. » Et plus loin : « Quand je considère ma vie, je remarque nombre d'événements dont l'influence sur mon développement est incontestable. » Le milieu et l'hérédité se mêlent donc dans l'auto-analyse effectuée par le jeune garçon : la maladie, la souffrance, l'agonie et la mort d'un père ; le déménagement et l'abandon de la tombe du père ; la naissance et les premières années passées dans un presbytère au milieu d'un cimetière ; la mort de sa grand-mère, puis de deux tantes ; la vie auprès d'une jeune mère veuve, avec sa petite sœur, dans un milieu sans homme. Dès cette époque, donc, le schéma s'impose de la conversion du plomb existentiel des jeunes années en or artistique : culture, savoir, poésie, musique, écriture. Il écrira dans la *Naissance de la tragédie*, plus tard, que l'art est « lui seul à même de plier ce dégoût pour l'horreur et l'absurdité de l'existence à se transformer en représentations capables de rendre la vie possible » (§ 7).

Le salut par l'art constitue un leitmotiv dans son existence. Certes, il y aura des variations sur ce thème (de la passion pour Wagner à l'invention de Zarathoustra en passant par la conversion à la pensée de Schopenhauer et la proposition d'un « philosophe artiste », ou bien l'invitation du *Gai Savoir* à faire de sa vie une œuvre d'art), mais cette basse continue parcourt tout l'opéra nietzschéen : la négativité du monde, son absurdité, son tragique, sa facticité se dépassent par la poésie, la musique, la littérature, l'écriture – la philosophie.

## 17

**Comment tuer un père déjà mort ?** Lorsqu'il posera un regard rétrospectif sur son travail de jeunesse, en 1856..., Nietzsche sauvera seulement son étude sur Ermanaric. De la légende de ce roi ostrogoth, il conserve un épisode qui fait sens dans l'économie de son identité : de la vie de ce roi très guerrier et valeureux qui sème la terreur chez ses voisins, Nietzsche retient le moment où le père tue son fils dans un combat au cours duquel lui aussi trouve la mort. Quel sens donner à ce prélèvement dans la légende avec lequel Nietzsche souhaite écrire un poème symphonique musical ? *Que le père tue le fils en mourant.* Nietzsche a perdu son père, il n'y a pas d'homme autour de lui, pas de père, pas de loi qui ne vienne des femmes, la grand-mère et la mère du philosophe ; Nietzsche a perdu son frère après ce rêve prémonitoire culpabilisateur. Comment se construire sans homme, sans Loi, sans figure d'autorité masculine, sans Père ?

A Paul Deussen, son ami indianiste, il écrit en 1887 : « Je traverse maintenant les années où mon père est mort, et je sens que je succomberai au même mal que lui. » Dans *Ecce Homo*, concernant son père, il note : « A l'âge même où sa vie déclina, la mienne aussi se mit à décliner » (VIII 245). Souvenons-nous de cette confidence faite en ouverture du même livre : il voit sa vie comme une « réédition » de son père, une continuation de son existence après sa disparition prématurée. L'ombre du père accompagne en permanence l'auteur du *Voyageur et son ombre...*

S'il écrit que « Tout homme porte en soi une image de la femme qui lui vient de sa mère ; c'est elle qui le détermine à respecter les femmes en général ou bien à les mépriser ou bien à ne ressentir pour toutes qu'indifférence » cet aphorisme (§ 380) intitulé « Legs maternel » se trouve dans *Humain trop humain* que faut-il penser du *Legs paternel* ?

Que donne un père à son fils en partant trop tôt pour constituer son rapport à venir avec la virilité, la masculinité, habituellement associée à la force, à la puissance, à l'énergie ? Une *volonté de puissance*, même et surtout peut-être quand elle est traduite comme volonté *vers la* puissance ; la proclamation de la *mort de Dieu le Père* ; la *construction d'un surhomme* susceptible de dépasser l'homme ; *l'invitation de l'Amor Fati* à aimer ce qui ne peut être évité ; *l'intuition de l'éternel retour* vécue dans sa chair par Nietzsche qui rejoue le calvaire de son père dans sa chair ; le dépassement de la culpabilité, du remords, de la mauvaise conscience susceptibles d'être associés au rêve prémonitoire de la mort de son frère par l'inscription de son projet *par-delà bien et mal* ; autant de concepts nietzschéens pensables en regard de ce legs impossible…

## 18

**La névrose de destin.** Trouvons un fil d'Ariane pour entrer dans ce labyrinthe en sachant qu'on pourra ensuite en ressortir sans difficulté. Dans certaines existences, des situations se répètent régulièrement quoi qu'on fasse. Les mêmes individus produisent indéfectiblement les mêmes comportements après s'être mis dans les mêmes situations jadis douloureuses, pénibles, pour tout dire *traumatisantes* dans le temps généalogique de leur identité. On souffre et, pour passer outre la souffrance, du moins le croit-on, on reproduit cette même souffrance. Chacun connaît le cas de l'abuseur d'enfant abusé dans sa propre enfance, des frappeurs frappés dans leurs jeunes années, des violeurs violés. Voyons dans ce tropisme une réitération du traumatisme pour tenter de le dépasser, un besoin de voir venir ce qui a troublé pour s'essayer à lever le trouble, une machination diabolique à faire revenir la douleur et la souffrance pour tenter de mieux les dépasser et les nier. Ce que le sujet répète, il le recommence dans l'espoir d'en finir. Le tropisme de répétition illustre donc un *éternel retour des choses*, des mêmes choses. Ce que le sujet a vécu, un traumatisme, une douleur, une souffrance, revient sans cesse sous la même forme.

Ce traumatisme qui revient, cette souffrance réitérée, aussi bizarre que cela puisse paraître, provoquent du plaisir. Les causes de cet étrange hédonisme sont obscures. L'association de la jouissance à la souffrance semble constituer un tropisme appelé à se répéter. Nietzsche écrit dans *Par-delà bien et mal* (§ 229) : « On trouve aussi de la jouissance, à souffrir soi-même, à se faire souffrir » – ce qu'il faudrait entendre par : la souffrance répétée de façon traumatique constitue une joie qu'on peut vouloir voir se répéter sans cesse...

Cette compulsion de répétition constitue donc une fatalité existentielle : on ne peut pas ne pas vivre ce que l'on vit. Dans le cas de Nietzsche, qui pose lui-même si bien le diagnostic : il ne peut pas ne pas répéter, dupliquer, réitérer, recommencer la vie de son père qui est vie de souffrance, de douleur et de mort. Faut-il voir là le sens possible de la première partie de l'énigme qui ouvre *Ecce Homo* : « En tant que mon propre père, je suis déjà mort » ? Possible… Le philosophe va s'appliquer, du moins son inconscient, son « âme multiple », son corps comme « grande raison », ses « instincts », ses « pulsions » pour utiliser son vocabulaire, vont s'appliquer à réaliser un scénario déjà écrit. L'existence de Nietzsche ? L'éternel retour de la souffrance de son père, le jeu sans cesse recommencé de l'interminable agonie de son géniteur, la duplication méthodique du traumatisme qui sépare sa quatrième année de la cinquième, âge de Nietzsche lors de la disparition du pasteur.

Voilà le sens de cette « profonde inhibition psychique » dont Nietzsche entretenait Overbeck dans sa lettre du 30 juin 1887 peu de temps avant d'entrer dans une folie qui autorise une autre façon de quitter le monde sans le quitter, de mourir sans mourir, de jouer la partition de son père, tout en jouant la sienne… Cette « dépression permanente » diagnostiquée par ses soins se comprend en regard de l'étiologie du tropisme de destin : la vie s'écrit sous le signe de l'inconscient nietzschéen qui fait la loi et mène le sujet dans le trajet qu'il aura choisi. L'œuvre devient alors le journal de bord du travail de ce tropisme de destin.

19

**Corps du père, corps du fils.** Le père voit sa vue diminuer, devient aveugle et sourd ; Nietzsche souffre d'importants problèmes de vue dès ses plus jeunes années : onze ans si l'on en juge par une lettre à sa mère datée d'août 1858 dans laquelle il demande à sa mère de fortes lunettes – demandes plusieurs fois réitérées sans réponse maternelle... Le 20 mars 1859, il lui écrit que les migraines ont recommencé... Fin avril 1860 : « Si seulement mes yeux ne me gênaient pas tellement pour chercher et pour trouver.» Et puis, à l'autre extrémité de son existence, le 2 décembre 1887, autrement dit, un mois avant de sombrer dans la folie, il écrit de Nice à Georg Brandès : « Je suis aux trois quarts aveugle.» Dans *Ecce Homo* il confesse ceci : « Chaque fois qu'augmentait ma force vitale, mon acuité visuelle reprenait aussitôt»...

Les migraines, les souffrances de l'agonie, les vomissements du père qui pourraient expliquer les douleurs d'estomac constantes dans la vie du philosophe, la crainte du ramollissement cérébral, l'angoisse d'une mort jeune vécue comme un destin inévitable, l'expérience d'une fin de vie à laquelle Nietzsche assiste, tout cela constitue les leitmotivs de sa propre existence. Le corps du philosophe, ce sismographe capable du pire (les somatisations violentes en cas de contrariétés) comme du meilleur (les intuitions philosophiques et la production d'une vision du monde vécue comme une thérapie), se trouve à l'origine du Surhomme.

A ce tableau clinique en rapport avec le tropisme de répétition, ajoutons les conséquences physiologiques de l'infection syphilitique et, si l'on en croit les rapports d'hospitalisation au moment de la folie, un terrain héréditaire familial qui, loin des ancêtres polonais rêvés par Nietzsche, renvoie moins prosaïquement à un oncle maternel mort dans une clinique pour maladie nerveuse et à des sœurs du père rangées dans la catégorie des hystériques quelque peu excentriques – autant d'informations données par sa propre mère dès son admission à Iéna.

## 20

**La formule de l'énigme.** Résumons donc ce avec quoi Nietzsche doit composer pour construire son identité dès l'adolescence : la naissance dans un presbytère jouxtant le cimetière ; l'agonie et la mort du père ; le rêve prémonitoire de la mort de son frère ; le déménagement consécutif au deuil et l'abandon du corps du père dans la tombe de Röcken ; l'éducation dans un milieu de femmes ; l'absence totale de figure masculine dans l'entourage familial ; des problèmes de vue et des migraines associées dès le plus jeune âge ; le refuge dans l'art et la contemplation ; la solution esthétique – poésie, lecture, écriture, composition et interprétation en musique – aux problèmes existentiels ; voilà autant de paramètres utiles pour saisir la nature et le développement de cette névrose de destin qui deviendra la vie réelle du philosophe et sa vie sublimée.

Car la formule de l'énigme nietzschéenne est qu'il inverse la nécessité pour en faire une liberté.

Ce qu'il n'est pas *naturellement* (en pleine forme, disposant d'une grande santé, d'une magnifique vitalité, incapable d'une puissance, inapte à la jouissance du pur plaisir d'exister, solaire, radieux, jubilatoire, amoureux de la vie pour sa générosité, héroïque dans la sensualité et la volupté...) il le sera *culturellement*, virtuellement, philosophiquement : le Surhomme propose la formule de la transmutation. Quand on n'a pas ce que l'on aime, il faut aimer ce que l'on a. Dans *Le Crépuscule des idoles* il écrit : « Formule de mon bonheur : un oui, un non, une ligne droite.» Nietzsche dit oui à la vie, non à la souffrance, la ligne droite conduit de la souffrance à la vie, du non au oui, de l'homme qui souffre au surhomme qui rit.

21

**Le livre le plus énigmatique.** Nietzsche a partout écrit que *sa* biographie était derrière *sa* philosophie – et que *la* biographie était aussi derrière *toute* philosophie en général... Comment lire *Ainsi parlait Zarathoustra* ? A l'ami Overbeck, professeur de théologie à Bâle, il écrit le 5 août 1886 : « Mon Zarathoustra est, avant tout, incompréhensible parce qu'il a une quantité d'expériences vécues que je n'ai partagées avec personne.» Ce livre semble simple, lyrique, facile d'accès, il est en fait le plus compliqué de Nietzsche, évidemment, mais aussi de toute l'histoire de la philosophie occidentale. Son degré de complexité surclasse les jargonneuses *Critique de la raison pure* de Kant ou *Phénoménologie de l'esprit* de Hegel, car Nietzsche associe le haut degré de conceptualisation d'un philosophe classique, et le haut degré de lyrisme d'un poète majeur de l'Occident…

A quoi Nietzsche ajoute l'allégorie, le symbolisme, le poétique, le lyrique, l'image, l'allusion, l'allitération, l'ellipse, l'évocation, le sous-entendu, le masque, le travestissement, la métaphore, l'abondance d'animaux qui parlent, comprennent les hommes, échangent avec eux, le recours aux rêves, la création de personnages, la scénographie de ces rôles sur une scène allusive, la multiplication des registres dont l'entrecroisement des personnages sans qu'on sache si le discours d'une figure, d'un rôle dans la pièce philosophique, est un propos à retenir, à écarter, à mettre de côté en regard de la ligne de Zarathoustra qui n'est pas droite et obéit elle aussi aux métamorphoses dans le temps, car Zarathoustra vieillit entre les premiers et les derniers vers du poème – au point qu'il entre sur la scène philosophique à l'âge de trente-trois ans, l'âge du Christ, puis apparaît à un moment comme se lissant une barbe blanche…

La longue, lente et patiente lecture étendue sur des années résiste pour la majeure partie des mystères et des énigmes. Une infime partie du cryptage semble lisible, visible, perceptible au fur et à mesure de la lecture et de la relecture. *Le chant des tombes*, par exemple, renvoie aux morts de la vie de Nietzsche, certes, mais aussi à celle de Richard Wagner qui a tant compté comme on le sait, et quitte la planète au moment où le philosophe termine la première partie de son immense poème ; *Les contempteurs du corps* ou *Des prêcheurs de mort* font songer à Schopenhauer, aux schopenhaueriens, donc à Wagner encore, bien sûr, mais aussi aux chrétiens, dont sa sœur, sa mère ; *Des petites jeunes et des petites vieilles* fait un signe dans la direction de Lou Salomé, de Paul Rée et de leur relation triangulaire complexe ; *D'enfant et de mariage* ne se comprend que dans le cadre biographique de son désir avoué à Malwida Von Meysenbug de trouver une compagne pour partager sa vie ; *De la chasteté* agit en confession à peine voilée du désert de sa vie sexuelle ; au même titre que *Parmi les filles du désert* qui rapportent, travesties, les expériences d'un bordel semblable à celui dans lequel il a contracté la syphilis de sa jeunesse ; *Du lire et de l'écrire* procède clairement de la confidence personnelle sur la signification de lire et écrire ; de même avec *De l'ami,* car Nietzsche pratique constamment l'amitié comme un viatique ; *De la libre mort* renvoie à ses envies d'en finir avec la vie au moment où la douleur était tellement insupportable ; *Des érudits,* de son rapport avec la corporation universitaire du temps de son enseignement à Bâle, mais aussi de l'absence de considération de son œuvre par les philosophes ; le chapitre inaugural *Des trois métamorphoses* propose quant à lui une lecture rétrospective de sa propre évolution intellectuelle.

22

**Des trois métamorphoses.** *Zarathoustra* s'ouvre sur un prologue suivi par ce premier chant *Des trois métamorphoses.* Dès le lever de rideau, Nietzsche y apparaît sous son jour le plus emblématique : allégorique, métaphorique et dissimulant sa thèse sous un bestiaire à déchiffrer... Un mélange d'anti-Hegel pour critiquer la dialectique, de Granville ou La Fontaine pour les animaux mis en scène (un chameau, un lion et un enfant réduit à leur charge elliptique…), de son contemporain Whitman des *Feuilles d'herbe* pour la forme poétique dionysiaque, et de… Wagner pour le leitmotiv, la répétition, la culture portée à son paroxysme de l'assonance et de l'allitération musicale dans la langue allemande d'un texte qui pourrait s'apparenter à un livret d'opéra.

Que dit-il ? Il s'ouvre sur la notion de *métamorphose*, une véritable machine de guerre vitaliste lancée contre la dialectique cultivée dans le discours philosophique classique et avec lequel Nietzsche veut rompre. Le réel n'est pas dialectique, ce qui supposerait une grille de lecture apollinienne, mathématique, algébrique, scientifique, ordonnée, logique, prévisible, calculable, en vertu de laquelle l'architecture apparaîtrait comme la bonne et belle image du mouvement du monde. La lecture adéquate nécessite la grille dionysiaque, autrement dit : l'ivresse, le chant, la danse, l'extase, l'enthousiasme, le lyrisme – la poésie. La métamorphose de la vigne en vin contre la dialectique qui conduit de l'Esprit Subjectif au savoir Absolu dans la *Phénoménologie de l'esprit*.

Nietzsche a lu et aimé Goethe. Mais connaissait-il ces deux textes intéressants : *La métamorphose des plantes* (1790) et *Objet et méthode de la morphologie* (1807) ? De fait, quid de la dialectique pour rendre compte de ce qui lie dans un processus vital la graine minuscule et l'arbre aux frondaisons immenses ? Quoi de commun entre le gland, nourriture des cochons, et le chêne, arbre mythique à l'histoire plusieurs fois millénaire ? Extrapolons : qu'est-ce qui relie le spermatozoïde pénétrant l'ovule et l'homme qui, un jour, publie *Ainsi parlait Zarathoustra* ? Une série de métamorphoses dont il faut rendre compte. Un noyau unique, agissant comme un thème en musique, sur lequel s'effectuent un nombre incroyable de variations. L'œuvre philosophique témoigne de ces variations qui se nomment métamorphoses et dont certaines, une fois réunies, constituent parfois d'authentiques *périodes*. Nietzsche propose donc trois métamorphoses pour expliquer son devenir à cette date de janvier 1883 – il a trente-huit ans. Cette tranche de vie correspond à celle qui le conduit jusqu'à l'âge de son père quand il est mort – elle correspond à la rédaction de ces pages inaugurales du livre.

23

**Une sainte trinité dans la chair.** Métamorphoses, transformations, transfigurations, transmutations, changements, mutations, développements : le petit garçon dont on connaît l'origine a rédigé presque quatre décennies plus tard ce vaste poème autobiographique et philosophique. Il va se livrer, donc il se cache, il se masque, il se travestit. Il va dire, donc il (se) cache. Ou, disons-le autrement : il cache, donc il va dire. Il donne lui-même la clé des dissimulations en écrivant à plusieurs reprises que ce que l'on met en lumière permet de mieux maintenir dans l'obscurité ce qui doit y rester car l'aveu préserve plus sûrement le secret. Lisons donc entre les lignes, écoutons les silences, cherchons derrière les mots...

Ces trois métamorphoses de l'esprit constituent les trois métamorphoses de *son* esprit… Nietzsche fut donc chameau et lion, il a été enfant – mais seulement une fois devenu adulte… Autrement dit : il fut *porteur* de fardeau, *créateur*, puis *affirmateur*. Précisons : à l'époque du chameau, l'esprit s'agenouille, il souhaite sa charge pour maltraiter son orgueil, il aime ses contempteurs et se dirige vers le désert ; dans cet endroit, il devient lion qui, lui, veut « se créer liberté », être le maître chez lui – là où la morale enseignait « Tu dois », il dit « Je veux » et crée de nouvelles valeurs ; enfin, devenu enfant, l'esprit entre dans la perspective majestueuse de « l'innocence du devenir », il active « un Saint dire Oui » et acquiesce au réel dans sa totalité. Subir, créer, consentir – voilà les trois temps de la métamorphose de l'esprit en général et de Nietzsche en particulier.

Cette trinité de l'esprit fonctionne dans la vie intellectuelle de Nietzsche. Laissons le temps qui la prépare et va de la naissance à la publication du premier livre – du 15 octobre 1844 à 1872 ; oublions également la période qui s'ouvre avec la folie et se clôt avec la mort – janvier 1889-25 août 1900. Reste une période qu'on peut artificiellement couper en trois. Les dates et points de repères sont indicatifs : dans la métamorphose d'une plante, le jour, la date et l'heure n'ont aucun sens car les zones intermédiaires, les périodes de transition, les espaces de mutation agissent en interfaces aux bords invisibles comme autant de périodes de turbulences.

Premier temps, sous le signe du chameau : le *moment généalogique* qui correspond au projet clairement affirmé dans *Humain, trop humain* : « Si l'on n'a pas un bon père, s'en faire un » (§ 381) et va de la publication de la *Naissance de la tragédie* début 1872 à la déception de Bayreuth en 1876. Il s'écrit sous le signe de Schopenhauer et de Wagner, de la tragédie grecque et du drame musical, de la décadence de la civilisation et de la renaissance de l'Allemagne, d'Eschyle à *l'Anneau du Nibelung*. Dans ce segment temporel, on trouve les quatre *Considérations inactuelles* dont les deux premières s'intitulent *Schopenhauer éducateur* (1874) et *Richard Wagner à Bayreuth* (1876). La première, *David Strauss croyant et écrivain* (1874) permet à Nietzsche d'assassiner un homme ayant du succès... Dans *Ecce Homo*, Nietzsche rapporte le propos d'un universitaire orientaliste pour qui cet « attentat avait été mortel pour Strauss » qui, en effet, mourut bientôt...

Deuxième temps, sous le signe du lion : le *moment épicurien* procède de cet impératif catégorique « soyons les poètes de notre existence » (*Gai Savoir* § 280) et s'appuie sur un Epicure transhistorique qui traverserait l'histoire de la philosophie en activant un art de vivre avec le soleil, le grand air, la mer, la marche, la liberté, l'amitié, la lecture, la contemplation, la nature, le silence, la solitude, la vie cachée. Cette période couvre donc le temps allant de son congé à l'université, qui lui laisse du temps libre, du loisir, de l'otium, à la mort de Richard Wagner – 1876-1883. Moments importants d'un point de vue biographique : la vision de l'Eternel retour en août 1881 et la vision de Zarathoustra en 1882 à Rapallo. On trouve dans cette temporalité intellectuelle les œuvres suivantes : *Humain, trop humain* (1878), suivi de *Le Voyageur et son ombre* (1879-1880), puis *Aurore* (1881) et le *Gai Savoir* (1882).

Troisième temps, sous le signe de l'enfant : le moment surhumain. Finies les charges à porter et qui ont pour nom Schopenhauer ou Wagner ; terminée l'époque de l'épicurisme méditerranéen ; avènement du temps véritablement nietzschéen : *Nietzsche est devenu Nietzsche*. Plus besoin de prétextes tels *Le Monde comme volonté et comme représentation*, le *Tristan* de Wagner ou la *Lettre à Ménécée* d'Epicure, Nietzsche marche enfin sur ses propres jambes, il a enfanté Zarathoustra et proclame : « Foncièrement je n'aime que la vie » – *Le chant de danse*. Ce temps s'ouvre avec la rédaction de la première partie d'*Ainsi parlait Zarathoustra* en 1883 et se termine dans les premiers jours de janvier 1889 avec son effondrement à Turin. C'est le temps du dynamitage, des œuvres explosives, des ouvrages volcaniques : *Par-delà bien et mal* (1886), *Généalogie de la morale* (novembre 1887), le *Crépuscule des idoles*, *l'Antéchrist*, *Le Cas Wagner* (fin septembre 188) et *Ecce Homo*. Le reste, notamment *La Volonté de puissance*, n'existe pas…

24

**Le moment généalogique**. Le temps du chameau concerne la construction d'un père de substitution avec l'aide de Schopenhauer. Fils et petit-fils de pasteur, Nietzsche devait reprendre le flambeau. Il souhaite devenir compositeur, sa mère s'y oppose, il fait des études de théologie. Sa période d'enfance et de jeunesse s'effectuent sous le signe de Dieu : il croit encore très tard et écrit dans *Regard en arrière* un étrange texte qui, si l'on substitue au mot *Dieu* celui de *Volonté de puissance* donne la clé de la pensée du personnage. (Parlant de Dieu, donc : « Que sa volonté soit faite. J'accepte avec joie ce qu'il m'enverra, bonheur ou malheur, pauvreté ou richesse, et je regarde en face la mort qui nous réunira tous un jour dans la joie et la béatitude »... Accepter avec joie ce que donne la volonté de puissance ; regarder la mort comme occasion de faire triompher à nouveau la volonté de puissance ; consentir et aimer ce que propose la volonté de puissance, positivité ou négativité, afin d'en retirer de la béatitude ; accéder au salut dans l'adhésion au mouvement providentiel de la volonté de puissance qui, seul, confère la paix – voilà un schéma directeur franchement posé...)

L'abandon des études de théologie en 1865 correspond peu ou prou à la fin de la croyance en Dieu. Il a vingt-deux ans. Cette même année, fin octobre, il découvre *Le Monde comme volonté et comme représentation*. Coup de foudre, choc considérable, révélation... A l'époque, il le note lui-même, il dérive, accumule les expériences malheureuses, collectionne les déconvenues douloureuses, vit sans principe, sans espoir, sans amis. « Je n'avais, écrit-il, qu'un but du matin jusqu'au soir : me tailler une existence à mes propres mesures. » Le livre lui tombe sous le regard : « Je ne sais quel démon me chuchota : Remporte ce livre chez toi. » Lecture compulsive de six heures du matin à deux heures dans la nuit pendant quinze jours. Il découvre : la dictature du vouloir vivre ; le triomphe inévitable du néant ; la mort comme vérité de tout ce qui est ; l'absurdité d'un monde de pure nécessité ; la sexualité décrite comme une ruse de la nature pour parvenir à ses fins ; l'amour démonté comme une illusion ; un portrait à l'acide de la nature humaine ; une critique de la philosophie universitaire ; et, surtout, la positivité de Schopenhauer : le salut par l'esthétique ; l'art comme consolation ; une philosophie existentielle, une pensée à vivre…

Convaincu par les analyses du philosophe pessimiste sur le néant de toute existence, il écrit à sa mère et à sa sœur pour leur demander comment elles peuvent continuer à vivre ainsi leur vie de devoir… Stupéfaction de la parentèle ! Lui se meut aisément dans ce monde noir, sans Dieu, sans providence, gouverné par une force aveugle qui fait la loi en tout et sur tout. Nietzsche se convertit au renoncement, à l'ascèse, à la négation du vouloir vivre, mais aussi à la musique, il assiste à des concerts où il entend Liszt, Wagner et Berlioz. La vocation pour l'idéal ascétique tombe assez vite…

Lui qui baigne dans le milieu universitaire, il trouve en Schopenhauer un pourfendeur de la philosophie des professeurs, des exégèses inutiles de textes classiques, des transpirations dans les bibliothèques, il consent à la critique du philosophe d'Etat, courroie de transmission des valeurs dominantes, à la nécessité de dépasser Hegel et le modèle de philosophie qu'il représente, coupée du réel, absconse, et qui, au bout du compte, se contente de reformuler en sabir de la corporation les vieilles idées éculées du christianisme luthérien. Ce que Nietzsche retient de sa lecture ? Le monde obéit à la force aveugle du vouloir vivre ; l'art permet d'éviter de succomber à ce tropisme mauvais ; l'arrachement au tragique par l'esthétique offre une direction à prendre dans la perspective de créer une

« vie philosophique ». Dans *Schopenhauer éducateur*, il écrit qu'il cherchait « un philosophe pour (l)'éduquer » (§ 2)... Peut-on mieux dire qu'il se crée le père qui lui manque ? Il vivra presque dix années sous le regard de cette figure-là...

## 25

**Richard Wagner éducateur.** L'inconvénient de ce père de substitution, c'est qu'il est mort lui aussi... Nietzsche s'en ouvre à un ami et déplore que la disparition récente de Schopenhauer – cinq années avant sa découverte du livre majeur – lui interdise la rencontre physique avec son grand homme... Qu'à cela ne tienne : le hasard faisant bien les choses, à défaut de visiter Schopenhauer dans son antre à Francfort, il va rencontrer un schopenhauerien avec lequel il va pouvoir accéder non pas au fantasme du père de substitution, mais à sa réalité : Richard Wagner.

Dans ce projet de trouver un axe à son monde, et dans la configuration de la révélation du *Monde comme volonté et comme représentation*, Wagner présente l'avantage d'être schopenhauerien – le contraire n'étant pas vrai, car le vieux bougon pessimiste avait reçu le livret de *l'Anneau du Nibelung* avec une dédicace du compositeur, il avait fait savoir que Wagner devrait renoncer à la musique... L'acariâtre mélomane avait confirmé sa passion pour Mozart et Rossini, dès lors, la modernité wagnérienne n'avait pas droit de cité dans son panthéon. Pourtant, *Tristan et Isolde*, puis le projet d'un opéra sur le Bouddha, et nombre d'idées, de pensées, de prises de position sur l'art, son rôle civilisateur et consolateur de Wagner descendent en droite ligne de Schopenhauer.

Nietzsche est un jeune professeur de philologie de vingt-quatre ans ; Wagner un compositeur célèbre de cinquante-six ; plus de trente années les séparent. Pour quelle raison l'ancien souhaite-t-il rencontrer le jeune homme ? Nietzsche fréquente le cercle de son maître et professeur en philologie Ritschl. Wagner également. Lors d'une soirée en salon, le musicien aimant qu'on l'aime joue une réduction pour piano du chant des *Maîtres chanteurs*. Madame Ritschl s'esclaffe : elle connaît l'œuvre ! Nietzsche la lui a effectivement fait découvrir. Elle s'en ouvre à Wagner qui veut sur-le-champ rencontrer son jeune admirateur…

La rencontre s'effectue dans un état d'excitation raconté par Nietzsche dans une lettre à son ami Erwin Rohde, lui aussi schopenhauerien et wagnérien. La conversation a porté sur la philosophie du maître, bien sûr, sa modernité, sa possible actualité, l'excellence de la théorie développée dans le *Monde*, sur l'essence de la musique, le rôle néfaste des professeurs de philosophie à l'université, la nécessité de sortir la philosophie de son ghetto scolaire. L'un et l'autre se proposent de faire ensemble de la musique et de la philosophie.

Voici donc un homme qui a l'âge d'être son père et lui propose une solution esthétique à son problème existentiel : Nietzsche se cherche, Wagner le trouve, il croit se trouver lui aussi et l'amitié d'un être que l'Europe reconnaît comme un grand homme dans son univers, l'opéra, le drame musical pour être plus précis, donne au jeune philologue l'impression de n'être plus seul sur terre, qu'il a une oreille bienveillante pour l'écouter, pour partager et peut envisager des projets, donc, trouver une direction à sa vie qui, pour l'heure, n'en a pas. En trois années, entre mai 1869 et 1872, les deux hommes se verront vingt-trois fois... Et ce n'est qu'un début. Entre ces deux dates, Nietzsche a donné sa leçon inaugurale à Bâle après y avoir été nommé professeur extraordinaire de philologie, bien qu'il n'ait pas soutenu de thèse ; il a ensuite été nommé docteur sans soutenance, sur travaux, signe de sa valeur dans le domaine de la philologie ; il avait renoncé à sa nationalité prussienne, eu égard à l'université de Bâle qui l'accueille, il sera désormais apatride, mais en 1870, il a tout de même pris part à la guerre franco-allemande comme infirmier volontaire ; pendant cette période, il travaille à ce qui deviendra la *Naissance de la tragédie* ; il tombe malade après une semaine seulement sur le champ de bataille, et retourne à l'arrière en convalescence ; il passe Noël 70 à Triebschen chez les Wagner, il est invité l'année suivante, mais refuse : Nietzsche veut préparer sa conférence *Sur l'avenir de nos établissements d'enseignement* ; parution le 2 janvier 1872 de *La Naissance de la tragédie à partir de l'esprit de la musique*.

## 26

**Une double déclaration d'amour.** *La Naissance de la tragédie* semble une déclaration d'amour faite à Richard Wagner, certes, mais aussi, en biais, à Cosima Wagner, la jeune épouse du compositeur, fille de Liszt. Elle a vingt-quatre ans de moins que

Wagner et sept ans de plus que Nietzsche, elle est donc moins une mère potentielle qu'une femme possible, une maîtresse pensable, mais inaccessible pour le jeune professeur ayant déjà contracté sa syphilis dans un bordel de Bonn en 1865. Toute sa vie il nourrit une passion refoulée pour Cosima. Les dernières lettres, quelques semaines avant l'effondrement, comportent une déclaration d'amour à… Ariane. Le 27 mars 1889, enfermé dans sa folie, il dira à un médecin de la clinique d'Iéna consignant la chose sur un registre : « C'est ma femme Cosima Wagner qui m'a conduit ici »…

Le 25 décembre est la date anniversaire de Cosima. A Noël 1870, Nietzsche lui donne le manuscrit de *La Naissance de la tragédie* pour ses trente-trois ans, un geste qu'il destinait dans un premier temps au mari, avant de se raviser… Richard Wagner offre *Siegfried Idyll* à sa jeune épouse tout juste divorcée du chef d'orchestre Hans Von Bülow qui éreintera Nietzsche qui lui avait soumis les partitions de son travail de compositeur… Nietzsche reçoit, parmi d'autres présents, un exemplaire des *Essais* de Montaigne. Et Wagner, des mains de Nietzsche, la gravure de Dürer *Le Chevalier, la Mort et le Diable*… Une figure guerrière, virile, martiale, caparaçonnée, juchée sur un destrier fier et majestueux, guetté par la mort et le diable, offerte à un père de substitution le jour de la Nativité, jour anniversaire de la femme du père qu'on aime secrètement…

Nietzsche aime Wagner comme un père. Dans une lettre qui accompagne les douze rosiers envoyés à l'occasion de son anniversaire, le jeune philologue commence son mot par « Père séraphique » et signe « Un des enfants bienheureux ». Souvenons-nous que, dans *Ecce Homo*, Nietzsche parle de son père comme d'une *figure séraphique* – un « ange » selon ses paroissiens. Cette référence renvoie au *Second Faust* de Goethe... Le destinataire de la lettre répond : « L'enfant bienheureux était agréable au Père Séraphique »... Wagner aime donc en retour Nietzsche comme son fils... De fait, et pour le prouver, le compositeur lui demande d'être le tuteur légal de son fils Siegfried – le vieux père sait que son fils sera probablement mineur quand il mourra, dès lors, il demande à Nietzsche, qui se vit déjà en fils de Wagner, de devenir à son tour le père symbolique de l'enfant qu'il a eu... avec une jeune femme dont le philologue est amoureux ! A quoi il ajoute également son désir de voir Nietzsche s'occuper de son œuvre – une variation sur le thème de la progéniture. Pareilles propositions ne manquent pas de laisser croire à un adoubement de Wagner pour le remplacer mort – donc pour accéder aussi à son épouse Cosima.

## 27

**Le cadeau d'une Naissance.** Que contient ce double cadeau qu'est *La Naissance de la tragédie* ? Un éloge schopenhauerien du grand homme Richard Wagner. Le philologue convoque en effet les monuments incontestables de la tragédie grecque, Eschyle et Sophocle, pour appeler à la Renaissance de l'Allemagne, via une figure capable de restaurer la civilisation paradoxalement déclinante depuis sa victoire contre la France en 1870. L'époque s'effondre ? Wagner seul peut la sauver. Wagner aidé par le génie tutélaire du grand Schopenhauer. Les marxistes prétendent que ce livre propose une *réaction politique*, un retour à l'ordre ancien, en l'occurrence féodal, en regard des craintes surgies lors de la Commune de Paris et de la montée européenne des révolutions depuis 1848. Souvenons-nous de cette lettre à Gersdorff dans laquelle Nietzsche avoue sa culpabilité dans l'incendie du Louvre – finalement une fausse information... – pour n'avoir pas pris soin en amont de la colère du peuple.

Nietzsche formule une *proposition esthétique* pour résoudre le problème dans lequel se trouve l'Allemagne, mais aussi l'Europe dont, bientôt, il diagnostiquera la décadence et le nihilisme. Au centre de cette solution par l'art, *La Naissance de la tragédie* place Richard Wagner et le drame musical allemand. Luckas et les marxistes croient voir un *remède politique réactionnaire et impérialiste* là où Nietzsche formule une *thérapie esthétique révolutionnaire et européenne...*

Le mélange des genres lui vaut un discrédit universitaire dont il ne se remettra pas : mêler les analyses sur le Prométhée d'Eschyle et le pressentiment du crépuscule des dieux dans l'Europe contemporaine, l'analyse sur l'architecture du théâtre grec et le projet de Bayreuth, le théâtre d'Euripide et la nécessité d'un dionysisme moderne, l'essence de la tragédie grecque et la renaissance allemande, le mythe hellénique et la nécessité d'une nouvelle saga germanique, voilà qui fâche pour toujours l'université avec Nietzsche...

Mais si les universitaires, une engeance qu'il n'a de toute façon jamais aimée, lui fera désormais défaut, il peut compter sur les wagnériens qui saluent évidemment ce texte comme un manifeste pour sortir de la décadence par le haut, non par les armes, la guerre, la multiplication des champs de bataille, l'impérialisme, la sujétion des peuples, ce qui constituerait une solution par le bas, mais en proposant l'aristocratisation des individus, des masses, des peuples, des nations et de l'Europe susceptible de les réunir.

L'existence et le monde, à cette époque, ne semblent justifiables, aux yeux de Nietzsche, qu'en tant que phénomènes esthétiques. L'art sauve le monde qui, sinon, s'effondrerait dans le nihilisme jusqu'à disparaître. L'esthétisation concerne l'individu et le peuple. Avec le dionysisme moderne proposé par le philologue qui devient imperceptiblement philosophe, « l'homme n'est plus artiste, il est lui-même œuvre d'art ». Dans un texte quelque peu postérieur au maître ouvrage, *Le Philosophe comme médecin de la civilisation* (printemps 1873), le peuple se voit hissé vers les sommets par la pratique de l'art.

En se mettant à l'école des éducateurs grecs, en s'appuyant sur la résolution esthétique des problèmes politiques, la lecture nietzschéenne du *Monde comme volonté et comme représentation*, en demandant à Wagner d'être l'Eschyle ou l'Euripide de son siècle, en confiant au drame musical wagnérien la tâche de fédérer les énergies pour l'heure en déshérence, en assignant au théâtre à venir de Bayreuth la fonction de laboratoire de cette esthétisation de la civilisation, Nietzsche offre à Wagner un rôle de premier plan, digne de ses dieux du Walhalla. Le fils offre au père la promesse d'une naissance.

## 28

**Bayreuth se fissure.** Le 22 mai 1872, la première pierre du théâtre de Bayreuth est posée. Nietzsche consacre une considération intempestive à Wagner achevée en septembre 1875 : *Richard Wagner à Bayreuth.* Bayreuth y est présenté comme une « lutte contre toute espèce d'ordre établi ». Wagner voit en Nietzsche le théoricien de cette aventure ; Nietzsche voit en Wagner son praticien. Une façon d'accomplir ce qu'annonçait la lettre à Rohde : faire ensemble de la musique et de la philosophie.

Dans l'esprit de Nietzsche, et en vertu des nombreuses conversations sur ce sujet avec Wagner, le théâtre de Bayreuth en Bavière doit fonctionner en épicentre au renouveau de l'Allemagne. Le lieu rassemblera *l'élite intellectuelle* soucieuse de préparer l'avènement d'une Allemagne nouvelle qui indiquera la direction dionysiaque aux autres nations, aux autres peuples européens cimentés par la positivité de la culture – et non pas, comme avec les nazis se réclamant indûment de Nietzsche, unifiés par la négativité du glaive et des armes.

Dans la réalité, le premier festival de juin 1876 rassemble *l'élite mondaine* et *l'élite aristocratique.* On y trouve deux Empereurs, un Roi, de riches industriels mécènes de l'aventure, des banquiers, l'oligarchie politique du moment. Cliquetis de bijoux, frous-frous des robes à crinolines, luisance des huit-reflets des messieurs du grand monde, queue-de-pie, fracs, lourds parfums, caquetages, bavardages, mondanités, Liszt ici, Wagner là, le jeune Bruckner ailleurs : Nietzsche perd pied, il s'enfuit avant la fin du festival en forêt de Bavière – et somatise violemment... sur les yeux. Violentes attaques de migraine pendant une trentaine d'heures. A cette date, dans l'esprit de Nietzsche, Wagner est mort. Mais il n'a pas encore annoncé au père qu'il l'avait tué.

### 29

**Un faire-part de décès philosophique.** Le faire-part se nomme *Humain, trop humain* (1878), un livre écrit à destination de Wagner, pour que le compositeur l'entende. Le sous-titre *Un livre pour les esprits libres* doit se comprendre non pas dans le sens du *libre penseur* (une erreur possible ou pensable tant à l'époque il se place sous le signe de Voltaire et revendique la paternité du sage de Ferney, ce dont témoigne la dédicace de l'ouvrage « En mémoire de Voltaire pour le centième anniversaire de sa mort, le 30 mai 1778 »), mais dans le sens d'un esprit qui s'est libéré – sous-entendu de Wagner...

Voltaire, ici, vaut comme « l'un des plus grands libérateurs de l'esprit », mais aussi, ironie nietzschéenne, comme un nouveau père à lancer dans les jambes de l'ancien devenu... chrétien ! L'anti-clérical auteur du *Dictionnaire philosophique* agit en machine de guerre contre le nouveau converti dont la foi nouvelle dégouline dans *Parsifal* auquel il travaille depuis 1877 et qui sera achevé quatre ans plus tard. Nietzsche y voit, à juste titre, un abandon des idéaux anciens au profit du renoncement et de l'idéal ascétique chrétiens. Le compositeur fustige en effet la lascivité de Kundry et célèbre la chasteté de Parsifal, autant de signes de nihilisme et de décadence selon Nietzsche. Nietzsche reçoit le texte de *Parsifal* ; Wagner reçoit *Humain, trop humain*. A propose de ce croisement d'œuvres par la poste, il écrit dans *Ecce Homo* : « N'était-ce pas en quelque sorte le cliquetis de deux épées qui se croisent ? »...

Les 1396 aphorismes de *Humain, trop humain* constituent un meurtre du père en règle. Le portrait du fameux « Esprit Libre » est en effet presque trait pour trait un antiportrait de Wagner ! Sous le signe des moralistes français, et plus particulièrement de La Rochefoucauld, le philosophe démonte l'âme humaine et gratte jusqu'à l'os de l'être. Souvent, la leçon d'anatomie s'effectue sur le corps du père que fut un temps Wagner – mais peut-on être père un temps sans être jamais père toujours ?

L'Esprit Libre affirme que Dieu est une invention ; Wagner y recourt en secours. Il invite à se débarrasser du passé et s'affranchir de la tradition ; Wagner dit son plaisir à retrouver le rite ancien du christianisme luthérien, notamment la messe. Il se veut par-delà bien et mal ; Wagner consent absolument au bien et au mal chrétien, autrement dit au nihilisme, à la haine de ce monde-ci, au mépris du corps, de la chair, de la vie. Il se détermine lui-même ; Wagner prend conseil dans le *Nouveau Testament*. Il veut la santé ; Wagner célèbre les vertus qui rapetissent, les valeurs décadentes, épuisées, exsangues. Il veut dépasser le pessimisme ; Wagner s'en délecte et en organise le culte. Il appelle à triompher des superstitions religieuses ; Wagner restaure la bimbeloterie du christianisme médiéval avec sang du Christ et Graal magique. Il passe outre les fictions du libre arbitre ; Wagner les restaure pour justifier et légitimer la responsabilité, la faute, le péché, la culpabilité. Il agit en psychologue cruel par le démontage des fictions morales ; Wagner porte au pinacle la sainteté, la pitié, l'ascétisme, le renoncement, la compassion et autres vertus qui rapetissent. Il vit seul, sans femmes, sans enfants, sans habitudes, libre de ses mouvements, en errant fugitif, ne voulant ni posséder, ni être possédé ; Wagner vit en patriarche au milieu de son épouse et de ses trois enfants, assigné à résidence dans la villa Wahnfried à Bayreuth, au milieu des courtisans, servi par des domestiques. Il ne se mêle pas de politique, il se moque des nations et des patries ; Wagner défend un nationalisme antisémite. Il exècre ce qui est allemand ; Wagner incarne l'essence même de l'esprit germanique. Le bruit du cliquetis des épées dont parlait Nietzsche est suivi par le coup sec et net du tranchant de l'arme. L'heure du chameau est passée. Fin du premier acte. Le rideau tombe sur le moment généalogique. Nietzsche a tué Wagner ; il a presque l'âge de son père quand il est mort.

## 30

**Le moment épicurien.** *Humain, trop humain* fonctionne donc comme une œuvre charnière. Dans cet ouvrage se manifeste ainsi la métamorphose qui conduit d'un premier état, le moment généalogique, à un deuxième placé sous le signe épicurien. Dans la logique des trois métamorphoses du Zarathoustra, nous entrons dans le temps du lion qui a dévoré Schopenhauer et Wagner et continue son errance dans le désert. Nietzsche écrit à Mathilde Maier le 15 juillet 1878 qu'à Bayreuth, quand il a

234

pris la fuite, atterré par ce qu'il voyait, il a compris qu'il devait mener une autre vie, changer d'existence, en finir avec la palinodie wagnérienne mise en évidence par la farce de Bayreuth. « Maintenant, jusque dans les plus petits détails, ma propre vie est une aspiration vers la sagesse. » Le travail généalogique a produit ses effets : le meurtre symbolique de Wagner débouche sur une clairière qui a pour nom... Epicure.

Dans *Le Voyageur et son ombre*, une suite à *Humain, trop humain*, du moins, une partie qui le prolonge et le constitue, Nietzsche avance une idée intéressante (qui constituait le fil rouge du travail de Guyau sur *La Morale d'Epicure* suivi de *La Morale anglaise contemporaine*) : il existe un Epicure historique, né à Samos, créateur du Jardin, etc., mais également un Epicure anhistorique qui traverse les siècles. Autrement dit : un épicurisme est possible qui ne soit pas pur et simple décalque d'une pensée du IV$^e$ siècle avant J.-C. mais une recréation de ce que pourrait être un Epicure contemporain. Un Epicure inactuel, intempestif...

L'aphorisme a pour titre : « *L'éternel Epicure* » (§ 227). Le voici : « Epicure a vécu à toutes les époques, et il vit encore, inconnu de ceux qui se disaient et se disent épicuriens, et sans renom auprès des philosophes. Lui-même a oublié jusqu'à son nom : c'est le bagage le plus lourd qu'il ait jamais rejeté. » Cet Epicure-là agit en antidote à Wagner, en *contre-père*. Sous le signe du lion, le nouveau couple Nietzsche / Epicure donne donc la formule du contrepoison à l'attelage Christ / Wagner qui avançait cahotant tracté par le chameau.

L'épicurisme guérit de la maladie wagnérienne, il offre une thérapie à la décadence, une solution au nihilisme chrétien des âmes épuisées. Le portrait d'Epicure dessiné par Nietzsche est, là comme ailleurs, un autoportrait. Cet Epicure qui ne se résume pas à son apparition dans un temps donné ne rompt pas complètement avec ce que Nietzsche pensait en amont. Car le jeune philosophe qui affirme dans *La Naissance de la tragédie* que, via l'art, et avec le dionysisme, « l'homme n'est plus artiste, il est lui-même œuvre d'art », ne contredit pas celui qui écrit dans *Le Gai Savoir* : « Soyons les poètes de notre existence. »

En maître des étymologies, Nietzsche sait que le *poësis* du poète suppose la création, l'invention d'une forme – qu'elle soit dans la poésie, au sens traditionnel du terme, ou dans un autre secteur de l'art qui pourrait être la musique, ou bien encore dans la construction de soi comme une œuvre d'art. Le lion est un créateur de valeur, un affirmateur. Et cet animal qui remplace le chameau convient à un Epicure qui transcende son temps, autrement dit à l'Epicure vivant dans l'éternel présent.

31

**Mener une vie philosophique.** Ce qui, déjà, plaisait à Nietzsche dans Schopenhauer, et ce qui subsiste malgré le désaveu de son pessimisme, c'est la possibilité d'incarner la philosophie, de vivre sa sagesse, de mettre dans sa vie quotidienne une dose d'idée puisée à la source d'un penseur. Contre le doctrinaire verbeux de la chaire universitaire, Hegel et Fichte en figures emblématiques, le *Monde comme volonté et comme représentation*, mais aussi et surtout les *Parerga et paralipomena*, proposent de mener une vie philosophique. Comme Epicure – et ses disciples. Le problème n'est pas de créer des concepts, d'enfumer avec des néologismes, de prêcher sans pratiquer, mais d'agir philosophiquement. Dans la considération intempestive consacrée à l'atrabilaire, Nietzsche écrit : « J'estime un philosophe dans la mesure où il est en état de donner un exemple » (§ 3). C'est le sens du mot « éducateur » dans *Schopenhauer éducateur*. Quel exemple à vivre donnent Hegel ou Fichte ? Epicure en revanche…

La vie frugale pour commencer. L'autonomie du sage commence par son autosubsistance. Le Jardin d'Epicure n'est pas jardin pour rien. Les épicuriens de Campanie, dans le golfe de Naples que Nietzsche aimait tant, cultivaient leurs légumes pour ne dépendre de rien ni de personne. Ainsi, ils disposaient d'une nourriture saine, simple, naturelle, prélude philosophique à un corps en forme, vigoureux, capable de bien penser, donc de vivre correctement. Toute sa vie, le philosophe sera soucieux des effets des aliments sur le corps et fera de la diététique une partie majeure de sa nouvelle philosophie.

Nietzsche écrit à sa mère une lettre le 21 juillet 1879 : il lui confie son désir de planter des légumes dans un jardin, une activité mise en relation avec la production d'une sagesse personnelle. Précisons qu'à l'époque, le professeur de philologie démissionnaire de l'enseignement vit d'une toute petite allocation. Quelques semaines plus tard, dans un courrier à Overbeck daté du 24 octobre de la même année, il renonce à jardiner… La femme de son ami lui avait promis un tablier pour ses activités nouvelles, mais se pencher lui fait mal à la tête et ses yeux ne lui permettent pas de travailler correctement. Nietzsche ne sera pas jardinier.

## 32

**Le désir d'un Jardin d'Epicure.** Si le jardin n'est pas terrestre et potager, du moins peut-il être ontologique et communautaire ! Nietzsche a eu toute son existence, malgré le permanent affichage bravache de son goût pour la solitude (il fait de nécessité vertu...), le désir de créer quelque chose qui ressemble au Jardin d'Epicure. Dans *Aurore* (§ 164), il invite les non-conformistes, gens féconds et inventifs, hors la loi et sans morale, à « procéder à un grand nombre d'expériences nouvelles de vie et de communauté ». Il s'agit, pour être dignes d'Epicure et pouvoir se dire épicuriens, *d'inventer de nouvelles possibilités d'existence.*

Le désir de mener une vie philosophique communautaire apparaît tôt dans la vie du philosophe et dure toute son existence. Nous pourrions remonter même à 1860 quand Nietzsche, âgé de seize ans, fonde une association littéraire et musicale, *Germania*, avec ses amis du gymnase... Dès le 15 décembre 1870, il confie à son ami Rohde son désir de « fonder un cloître » avec lui ; en 1873, il souhaite créer une communauté avec ce même ami et les autres fidèles Gersdorff, Desseun, Overbeck (avec lequel il a déjà partagé un appartement pendant cinq ans) et Malwida von Meysenbug ; en 1876, il envisage d'acheter à Sorrente « un monastère pour esprits libres » ; le 24 septembre de la même année, il entretient Seydlitz de son projet : un « *cloître,* je veux dire *l'école des éducateurs* (où ceux-ci s'éduquent eux-mêmes) » selon le vœu de Malwida qui voyait là un instrument performant pour aristocratiser les masses et créer une nouvelle civilisation – écho et métamorphose du projet de Bayreuth ; à sa sœur, le 20 janvier 1877 : « L'*école des éducateurs* (un cloître moderne, une colonie idéale appelée *université libre*) est dans l'air, qui sait ce qu'il arrivera » ; en novembre 1877, Paul Rée fait écho à leur discussion et l'entretient de ce sujet : « Les contours du cloître moderne, avec vous comme Pontifex Maximus, pape, prieur, se dressent sans cesse avec quelque netteté devant moi » ; en juillet 1879, du même Rée ces détails sur « Le conservatoire de l'esprit, notre cloître » : il serait « une communauté d'hommes qui aspirent eux-mêmes à l'achèvement de leur propre personnalité tout en favorisant le développement de celle des autres. Il faut évidemment une âme à une telle corporation, et celle-ci ne peut être que vous » – Lou Salomé serait de la partie ; en février 1880, Paul Rée écrit à la mère de Nietzsche : « Mademoiselle votre fille (…) évoque l'achat d'une ferme ainsi que l'édification d'une terrasse près de votre maison : peut-être constituera-t-il la fondation des Jardins d'Epicure » – le frère et la sœur cherchent concrètement, visitent, Nietzsche réfléchit aux moyens de trouver l'argent nécessaire à l'achat ; le 28 novembre 1884, à sa sœur, il parle toujours du « couvent supérieur » où il pourrait enseigner sa philosophie ; la même année, à Overbeck, et malgré la fâcherie survenue depuis avec Lou, il pense toujours à fonder une société à Nice pour profiter du climat provençal...

De l'âge de vingt-six ans en 1870 à celui de quarante ans, en 1884, Nietzsche n'a donc cessé de courir après ce rêve formulé dans une lettre à Peter Gast (26 août 1883) : «J'envie à Epicure ses disciples dans son Jardin.» Sous quelle forme? Un *cloître* moderne, un *monastère* pour esprits libres, une école des éducateurs, une colonie idéale, un conservatoire de l'esprit, un *couvent* supérieur... Ce désir de communauté cénobitique se double d'une question concrète : « *Où* réédifierons-nous nous le Jardin d'Epicure?» (A Gast, le 28 mars 1879). Dans l'attente d'une morale à venir, celle du surhomme, il s'agit « d'être autant que possible nos propres *reges* et de fonder de petits Etats expérimentaux. Nous sommes des expériences : soyons-le de bon gré» – *Aurore* (§ 453).

## 33

**L'épicurisme nietzschéen.** Nietzsche souhaite élaborer un gai savoir concret. Pour ce faire, il commence par déplorer que tout ce qui donne du goût à la vie n'ait pas encore fait l'objet d'analyses conséquentes. Ainsi l'emploi du temps, les rythmes de travail, les effets moraux des aliments, la philosophie de la nutrition, les conséquences du climat sur les corps, les âmes et les cœurs, les santés donc, mais aussi « les expériences de vie en communauté, par exemple la vie conventuelle», ou bien l'amitié, l'amour et les façons de les vivre. Le tout non pour le plaisir d'en produire la théorie, mais dans la perspective *d'expérimentations* nouvelles et inédites qui dispenseraient les civilisations anciennes.

Un aphorisme (§ 45) du *Gai Savoir* propose un portrait d'Epicure qui constitue un autoportrait de Nietzsche : le sage regarde la mer et jouit du spectacle de la vaste étendue sous ses yeux ; il repose dans la clarté d'un soleil apaisé ; de petits animaux jouent dans la lumière ; la beauté du spectacle est à couper le souffle : reflets argentés de l'eau, couleurs mordorées, densité délicate de l'air, climat de sérénité d'avant la création du mal ou du monde, Nietzsche voit avec les yeux d'Epicure, sent avec son âme, goûte la vie avec son esprit, il est en communion, en sympathie avec son caractère, il vit dans sa chair « le bonheur vespéral de l'Antiquité », il affirme : « il n'y eut jamais auparavant pareille modestie de la volupté »…

Ce que Nietzsche aime chez Epicure ? Sa personnalité, son caractère, son tempérament, son style existentiel, sa vie philosophique, son art d'incarner les principes de sa pensée dans son existence, son hédonisme construit comme une sagesse ou, l'inverse, sa sagesse construite en hédoniste, sa vie solitaire, loin du vacarme et du bruit du monde, loin de la puanteur morale des villes, au contact de la nature, son enseignement réservé à une poignée de disciples choisis, son refus de s'engager dans la vie publique, sa sagesse insouciante des dieux, son absence de besoin d'être entouré, célébré, vénéré par les autres, il n'attend rien d'autrui, sa vie cachée, son autonomie, son autosuffisance. Le portrait de l'esprit libre d'*Humain, trop humain* ? Ce pourrait être celui d'Epicure – l'anti-Wagner…

Sa correspondance témoigne : il affirme connaître un bonheur sans nom. La même correspondance témoigne d'autre chose : *simultanément*, il souffre le martyre – vomissements, nausées, migraines de plusieurs jours, sensations de paralysie, difficulté d'élocution, perte de connaissance, cécité... Le philosophe qui célèbre le détachement épicurien du monde, la volupté modeste, l'idylle héroïque, l'ataraxie voluptueuse du sage, la béatitude du contemplatif face à la mer, c'est le même qui avoue subir des « souffrances atroces » et avoue penser à la mort tant la vie est insupportable, douloureuse. Le chant du *Zarathoustra* intitulé *De la libre mort* témoigne de ces heures et de la proposition épicurienne que Nietzsche se fait d'un « art (...) de déguerpir ».

Mais là aussi, là encore, Nietzsche affirme sa parenté avec Epicure qui vivait une perpétuelle maladie avec de cruelles souffrances. A Malwida il écrit le 14 janvier 1880 : « Nulle souffrance n'a pu ni ne pourra m'induire à porter un faux témoignage contre la vie telle que je la vois »... La vie du malade génère l'aspiration à la santé du philosophe. La grande raison du corps malade produit la théorie d'une vie viable malgré tout. Quand la vie fait défaut, la sagesse veut qu'on ne la calomnie pas mais que, conscient de son caractère rare et précieux, magnifique et sublime, on la chérisse plus encore.

Malade, il l'a été, jadis, en étant schopenhauerien et wagnérien, mais il ne l'est plus. Malgré son état de santé déplorable, il s'estime désormais convalescent. Sans obligations, sans famille, sans travail qui le cloue dans un lieu particulier, apatride, sans emploi du temps mercenaire, sans comptes à rendre à personne, il se consacre à la construction de soi, à la création de sa liberté, à l'élaboration d'un corps capable de mieux supporter la souffrance par des régimes alimentaires appropriés, des essais de températures, d'hygrométrie et d'ensoleillement dans des endroits essayés et retenus pour leur nature sublime, des lectures ou des divertissements *ad hoc.* Il construit son bonheur sur terre.

## 34

**Un séisme nommé Lou Salomé.** C'est dans cette configuration ataraxique qu'arrive un séisme nommé Lou Salomé. Toujours pour conjurer la solitude, mais cette fois-ci de façon minimale, il souhaite à deux la communauté à laquelle il aspire pour son cloître. Dès lors, il tombe amoureux dès le premier cotillon venu, déclare sa flamme très vite et fait sa proposition de mariage dans la foulée. Chaque fois, bien sûr, les dames pressenties déclinent l'invitation…

Après quatre heures de promenade avec Mathilde Trampedach, au printemps 1876, il présente sa demande par courrier ; la même année, au festival de Bayreuth, il récidive avec Louise Ott, une jolie française blonde, intellectuelle et musicienne – mais elle est déjà mariée. Il sollicite Malwida von Meysenbug pour l'aider dans cette tâche. Il souhaite que l'affaire soit réglée avant Pâques 1878. Son souhait ? Une femme qui lui convienne et ne soit pas dépourvue de fortune – « gentille mais riche » sourit Malwida qui organise la rencontre avec Lou…

Dans *De l'enfant et du mariage*, il philosophe sur le sujet : il n'est pas contre le mariage, ni même opposé à la paternité. Mais il ne veut pas d'union médiocre ou de famille déplorable. Si le couple doit associer deux ennuis, deux fatigues, deux vitalités épuisées, deux petitesses, ça n'est pas la peine, mieux vaut une franche solitude. Il faut, pour avoir le droit de prétendre à ces deux objectifs, disposer de l'âme et du corps adéquats : seule la perspective de réaliser le surhumain justifie le recours au mariage et à la génération. La maîtrise s'impose. Contre la solitude à deux à quoi se réduit bien souvent le mariage, il veut une association des forces pour les décupler et progresser ensemble dans la marche vers la construction du surhumain. Dans un autre chant du *Zarathoustra, D'anciennes et de nouvelles tables*, Nietzsche parle du « jardin du mariage » et souhaite le préparer par « un petit mariage », à savoir une union libre susceptible de décider du bien-fondé ou non du « grand mariage » de l'union réelle, véritable et durable.

Malwida assure les fonctions d'entremetteuse. Elle met en contact Nietzsche et Lou Salomé. En 1882, Nietzsche a ajouté *Aurore* et *Le Gai Savoir* à la liste de ses œuvres. Il a trente-sept ans ; Lou Salomé a pour elle sa jeunesse, sa beauté, son indéniable charme, son origine slave, russe plus particulièrement – un bon point pour celui qui s'invente une parentèle polonaise. Elle a vingt et un ans. Tous deux se rencontrent à la basilique Saint-Pierre au Vatican le 24 avril, jour de l'arrivée du philosophe à Rome, Paul Rée est également là. C'est le lieu où, dans une chapelle latérale, ils travaillent ensemble. Quarante-huit heures plus tard, Nietzsche demande à Rée, lui aussi amoureux de Lou, d'intercéder en sa faveur pour le mariage. Le jour même, il souhaite rencontrer la mère de la jeune fille… Lou écarte la demande avec délicatesse.

## 35

**Paul, Lou & Frédéric.** Commence alors un trio intellectuel où, en dehors de toute perspective sexuelle ou amoureuse, les trois tempéraments travaillent à leurs œuvres respectives et se nourrissent les uns des autres. Projets d'études communs, envie d'aller à Paris, Vienne ou Munich étudier les sciences naturelles et la physique pour Nietzsche. Puis, énigme destinée à le rester, un jour de balade en barque sur un lac, le 5 mai 1882, un baiser peut-être échangé… Pendant ce temps, trop long à son goût, Paul Rée fait tapisserie avec la mère de Lou. Lou Salomé, beaucoup plus tard, vers la fin de sa vie, dira ne pas se souvenir s'il y eut ou non baiser… Rappelons qu'elle était devenue intime de Freud et psychanalyste… Cet épisode, chez un Nietzsche en mal d'amie, de compagnie amoureuse, de femme, d'épouse, ne pourra pas ne pas déclencher un capharnaüm de sentiments et d'affects… Nouvelle proposition de mariage ; nouveau refus.

Sur la demande de Nietzsche que l'idée enthousiasmait, malgré la réticence de Rée qui détestait les représentations de lui, une photo emblématique de la relation triangulaire est prise selon la scénographie du demandeur. Lou Salomé, accroupie dans une charrette tractée par Nietzsche et Rée, menace les deux bêtes de trait d'un fouet au bout duquel gigote un brin de lilas. De fausses montagnes enneigées derrière, un faux arbre au premier plan, deux vrais philosophes consentant à la mise en scène, un regard halluciné de Nietzsche, embarrassé de Rée, déterminé de Lou.

Nietzsche vivait dans le souvenir de Wagner. Il avait conduit Lou à Triebschen en ce lieu où il connut avec la famille Wagner et Cosima des heures parmi les plus belles de son existence. Près du lac, le regard abîmé dans le sol, dessinant dans le sable avec le bout de sa canne, il parle à Lou avec une voix d'outre-tombe de ces moments perdus. Relevant le visage, elle constate qu'il pleure. La photo est prise sous le signe de La Walkyrie qui s'adresse ainsi à Wotan : « Sur son char de béliers attelé. / Ah ! Comme elle brandit / Son fouet d'or tressé ». Pas de fouet d'or, mais un fouet terminé par cette branche de lilas – symbole de fidélité en amour dans le langage des fleurs... On lira avec un autre œil cette phrase célèbre d'*Ainsi parlait Zarathoustra* dans *Des petites jeunes et des petites vieilles* : « Si tu vas chez les femmes, n'oublie pas le fouet »...

La rupture se consume sans véritables raisons. Elisabeth semble avoir fomenté une cabale contre Lou, Nietzsche y a naïvement consenti. Juive, jeune, séduisante, intelligente, pétillante, cultivée, ayant envoûté son frère, elle a tout pour déplaire à la sœur du philosophe antisémite, fatiguée par l'âge, sans charme ni beauté, sotte, inculte et croyant que son frère lui vouait un culte... Les dernières lettres de Nietzsche à Lou ou la concernant sont indignes d'un philosophe. Les insultes (« petit singe décharné sale nauséabond, avec ses faux seins » écrit-il en juillet 1883) sont à la mesure de son immense dou-

NIETZSCHE OU « APPRENDRE…

leur qui le laisse plus seul encore. Plus tard, quand un tiers avancera la possibilité d'une réconciliation, il dira : « Ce que j'ai fait, on ne peut le pardonner. » En 1884, il imagine pourtant qu'une vie en communauté avec elle est encore envisageable à Nice…

La rupture avec Lou fonctionne comme avec Wagner : elle achève un cycle et prépare une nouvelle métamorphose. Après le *moment wagnérien* et le *moment épicurien* apparaît le *moment surhumain* ; après le *chameau* sous le signe de Schopenhauer, le *lion* sous celui d'Epicure, voici *l'enfant* sous les auspices… de Nietzsche qui brûle ses vaisseaux et trouve désormais Epicure nihiliste et décadent, trop malade, pas assez pétulant de santé. L'ataraxie des contemplations de paysages bucoliques ou antiques, le plaisir pris à la beauté du monde, la joie du pur plaisir d'exister ne conviennent plus au philosophe qui souhaite désormais un alcool fort. Nietzsche devient Nietzsche et la thématique véritablement nietzschéenne apparaît avec de nouveaux concepts qui constituent un monde en soi et autour desquels désormais tout va tourner : la *volonté de puissance*, l'*éternel retour* et le *surhomme*. Voici enfin Nietzsche chez lui…

## 36

**L'enfance du surhomme.** La métamorphose semble invisible. On ne peut isoler un moment précis dans ce mouvement qui seul importe. Le *Gai Savoir* agit en lieu de cette métamorphose, en propylée du temple à venir. Car ce livre qui paraît le 20 août 1882 contient en effet toute la thématique magnifiée dans *Ainsi parlait Zarathoustra* – magnifiée et parfois obscurcie, masquée, cachée, dissimulée par le lyrisme poétique des chants de cette œuvre majeure. On y trouve même pour la première fois l'expression « Amor Fati » qui ne réapparaîtra pas sous cette formulation dans le *Zarathoustra*, mais reviendra dans *Ecce Homo* et *Le Cas Wagner*.

Voici donc la thématique en question : l'apparition de *la figure de Zarathoustra* (§ 342) ; l'annonce de *la mort de Dieu* (§ 125) ; la logique de *la volonté de puissance* (§ 349) ; la révélation de *l'éternel retour* (§ 341) ; la thérapie existentielle de *l'amor fati* (§ 276) ; la nécessité de créer *de nouvelles valeurs* (§ 335) ; la *grande santé* (§ 382) ; le *surhumain* (idem) ; et la fameuse formule de Pindare revue et corrigée par Nietzsche : « *Deviens ce que tu es* » (§ 270). Dès janvier 1882, Nietzsche a trente-sept ans – un âge inconnu par son père. Date à laquelle il peut donc écrire cette fameuse énigme : « En tant que mon propre père je suis déjà mort. » Voici donc sa philosophie – celle... de *l'enfant*.

Pourquoi l'enfant ? Parce qu'il dit oui à l'existence ; il aime la vie ; il incarne « l'innocence du devenir » ; il expérimente un état intermédiaire et sa vocation est de s'en émanciper ; il est appelé à se dépasser pour se réaliser ; il représente la promesse du surhomme à venir ; il est potentialité et promesse ; il incarne la fraîcheur, la nouveauté ; il s'installe dans la pire vitalité par-delà les notions de bien et de mal qu'il ignore de fait ; il ne se questionne pas et se contente de vivre. L'enfant également, car Zarathoustra est présenté plus d'une fois par Nietzsche comme son fils, son enfant, sa progéni-

NIETZSCHE OU « APPRENDRE…

ture, sa créature, sa création. Le père qu'il ne fut pas réellement, il l'est symboliquement avec cette œuvre appelée à vivre sa vie de façon autonome.

## 37

**Un programme existentiel.** Nietzsche aimait les anniversaires, les dates à fêter, il était sensible aux périodes de fin d'année, à Noël, au premier jour de l'année et aux résolutions qui l'accompagnent si souvent. Dans *Le Gai Savoir*, un aphorisme ouvre le quatrième livre et s'intitule « Sanctus Januarius » – saint Janvier est le saint de la ville de Gênes avec laquelle il entretient une relation d'intimité. Le texte inaugural de ce livre, *Pour le Nouvel An*, se propose alors comme un programme pour les douze mois qui suivent, mais aussi pour sa vie à venir, un projet existentiel considérable : « je veux n'être plus autre chose que pure adhésion ». Voilà sa première pensée en ce jour inaugural du premier mois de l'année nouvelle.

Voici la méthode : « Je veux apprendre de plus en plus à considérer la nécessité dans les choses comme le Beau en soi ; – ainsi je serai l'un de ceux qui embellissent les choses. *Amor fati :* que ceci soit désormais mon amour. » La nécessité comme beauté, la fatalité comme beauté, le déterminisme pur comme beauté : voilà la solution au problème. Ce qui a lieu, il faut l'aimer. Ce qui advient ne peut pas ne pas advenir, on doit donc le chérir. Voilà le sens de cette formule, *amor fati :* aime ton destin.

On ne retrouvera cette formule que trois fois dans l'œuvre complète – dont j'exclus, on s'en souviendra, l'unique acception dans *La Volonté de puissance*. Dans *Ecce Homo*, il revient sur cette idée : il ne suffit pas de supporter la nécessité, il faut *aussi* l'aimer ; et dans *Nietzsche contre Wagner*, quand il affirme devoir sa philosophie à sa maladie, il trouve là une bonne occasion d'aimer ce qui advient, tout ce qui advient. Que veut-il dire avec ces cris de guerre poussés dans l'œuvre complète et qui résument sa philosophie : il faut ne rien demander à la vie, ne rien vouloir d'autre que ce qu'elle donne, ne pas récriminer, pester, se révolter, ou se rebeller contre la souffrance et la maladie, mais accueillir ces épreuves comme une occasion de joie ?

Ce programme existentiel suppose une morale radicalement nouvelle, débarrassée de sa généalogie théologique. Nietzsche propose une *éthique esthétique*, ou encore : une *esthétisation de son existence*, la production de sa vie comme une œuvre d'art. Voilà le fin mot de Nietzsche et du nietzschéisme : la construction de soi dans la perspective d'une poétique de l'existence. Non pas créer des chefs-d'œuvre, mais des œuvres, toutes distinctes, séparées, parce qu'obéissant chacune à des nécessités particulières. Ce souci d'esthétiser l'existence clairement exprimé en 1882 répète les propositions de 1872 qui faisaient dire à Nietzsche que la vie est justifiable en tant que phénomène esthétique. Elles valident également le souci épicurien de transformer sa vie en occasion de beauté existentielle.

38

**Méthode pour une vie esthétique.** Dans cet ordre d'idées, Nietzsche propose de se mettre à l'école des artistes pour apprendre d'eux à « rendre belles, attrayantes, désirables les choses quand elles ne le sont pas » (§ 299). Quelles sont les techniques utiles au bonheur ? Se tenir à distance respectable des choses afin d'en estomper les détails ; appréhender le réel sous un autre angle ; l'installer dans une perspective où il n'apparaît que dans une échappée ; le regarder à travers un verre colorié ; le solliciter dans une lumière particulière, par exemple à la lueur du couchant ; leur conférer une surface transparente.

Autrement dit, travailler sur les perspectives, les angles d'attaque, proposer une optique nouvelle et se préparer à regarder autrement les choses pour ne plus y voir ce qu'on y voit habituellement. Concrètement, il s'agira de voir dans toute réalité la manifestation de la volonté de puissance, ce qui nous fera envisager d'une tout autre manière les êtres, les autres, le monde, soi, et les relations entre toutes ces instances. Ce qui ouvrira des perspectives de sérénité tout à fait inédites. De sérénité – donc de joie, de bonheur, de plaisir.

L'esthétisation de l'existence proposée par Nietzsche s'inscrit bien dans l'esprit dandy du siècle. Le philosophe allemand aimait Baudelaire. Et nombre des aphorismes des *Fusées* du poète français concernant le dandy semblent rendre compte du surhomme nietzschéen… Qui a écrit : « Soyons les poètes de notre existence, et tout d'abord dans le menu détail et dans le plus banal ! » ? Ou bien :

« Etendre de plus en plus le *secret de l'art* et en faire l'ensemble de *l'art* de vivre » ? Ou encore : « Ce que je veux, c'est me créer un soleil personnel » ? Nietzsche...

## 39

**Vouloir la puissance qui nous veut.** Pour se construire, il faut se savoir. Nietzsche le dit clairement : nous sommes un fragment de volonté de puissance. La volonté de puissance est une force sans début ni fin, sans expansion ni diminution, sans usure ni variations de grandeur, sans dépense ni perte, sans ajout ni retranchement, un ensemble de flux et de mouvements perpétuels, une dynamique sans repos. Elle est l'essence de l'être qui suppose la recherche de toujours plus de vie là où est la vie. Elle n'est pas instinct de conservation, ni lutte pour l'existence, mais profusion et abondance de vie dépensée vers plus d'expansion. *La volonté de puissance est volonté de vie.* Sachons donc que nous ne sommes que volonté de puissance.

L'esthétisation de son existence suppose de devenir ce que l'on est : nous sommes volonté de puissance ? Alors devenons volonté de puissance. Dans *Pythiques*, la formule de Pindare *Deviens ce que tu es* fait sens dans la configuration intellectuelle grecque : elle dit que l'individu obéit au cosmos qui est un. Il est fragment d'un grand tout, dénué de libre arbitre, obéissant à la pure nécessité. Ce que tu es ? Un fragment du cosmos. Ce que tu dois devenir ? Consentement à ce fragment. Chacun est ce qu'une force supérieure à lui le fait être, il doit le devenir en le sachant et en y consentant.

Nietzsche précise cette thèse dans un chant d'*Ainsi parlait Zarathoustra* intitulé *L'Offrande du miel*. Il n'y a que volonté de puissance, en dehors d'elle, rien n'existe. L'être est, il coïncide avec cette force. Ce que je suis ? Sa cristallisation ponctuelle. Le lieu et la formule de cet être ? Mon corps qui est la grande raison. Mais si je suis un fragment de la force qui me gouverne, comment puis-je commander à ce qui me soumet ? De quelle manière s'approprier ce qui me possède ? Comment produire demain comme une nouveauté ce que je suis déjà aujourd'hui ? Si le déterminisme triomphe, comment pourrai-je exercer ma liberté en voulant ceci plutôt que cela ?

La résolution de cette aporie exige une autre définition de la liberté : Nietzsche, qui nie le libre arbitre, crée une autre liberté. Ce que je suis, je dois vouloir l'être. Ou encore, et l'on retrouve l'amor fati : je peux devenir ce que je suis en l'aimant. En aimant ce qui advient, je crée une liberté grâce à laquelle je me réapproprie. Pour devenir ce que l'on est, on doit vouloir le vouloir qui nous veut – voilà la formule magique de cette liberté immédiate au bout de laquelle apparaît la sérénité.

40

**Mort de Wagner, naissance de Zarathoustra.** Richard Wagner, le père choisi par Nietzsche, meurt le mardi 13 février 1883. A l'heure où, dit-on, le compositeur de *Tristan* rend l'âme à Venise dans une étreinte ancillaire bien dans l'esprit bourgeois, Nietzsche achève la première partie de son *Zarathoustra*. Toujours dans la logique des correspondances symboliques avec les dates, le philosophe établit une relation entre le décès du compositeur et l'avènement de sa composition, la fin du père symbolique et la naissance du fils allégorique.

Le philosophe a beaucoup dit dans sa correspondance qu'*Ainsi parlait Zarathoustra* avait été écrit avec son sang et regorgeait d'allusions incompréhensibles au commun des mortels n'ayant pas connu ou mieux *vécu* ce qu'il avait été le seul à vivre. *Le chant des tombes*, dans la première partie de cet immense livre, renvoie aux morts, au père bien sûr, probablement au frère, possiblement aussi à tous ceux qui, dans la famille, ont disparu. A l'heure où la mort lisse tout, le philosophe-artiste se souvient du passé, de sa jeunesse, de ses espérances, des morts réels, mais aussi des morts symboliques (l'épisode Lou est tout récent) que sont ruptures et séparations. Le pourfendeur du christianisme écrit : « Et seulement où sont des tombes, là aussi sont des résurrections. » La logique de l'amor fati conduit à affectionner *aussi et surtout* la mort, la disparition des personnes aimées et qui nous ont aimé.

Dans *Ecce Homo*, après avoir dit du bien de son père séraphique, du mal de sa mère et de sa sœur associées dans une même franche détestation, il écrit : « Richard Wagner était de loin l'homme avec qui j'avais le plus de parenté » car, ajoute-t-il, « c'est avec ses parents que l'on a le moins de parenté »... De son côté, six mois avant sa mort, Wagner avait dit à Elisabeth, à Wahnfried : « Dites à votre frère que je suis seul depuis qu'il m'a quitté. » Au sommet de sa gloire, célébré partout en Europe, le vieux compositeur confessait encore son affection du jeune philosophe.

A Overbeck, Nietzsche écrit parlant du vieil homme : « J'ai souffert, depuis six ans, d'avoir été privé de sa présence. » Ce qui toutefois ne l'empêche pas, cinq ans après la mort de celui qu'il regrette, d'écrire *Le Cas Wagner* et *Nietzsche contre Wagner…* Si l'amour définit cette étrange passion dans laquelle on expérimente le *ni avec toi, ni sans toi*, alors il y eut de l'amour entre ces deux-là…

## 41

**Un poème wagnérien contre Wagner.** *Ainsi parlait Zarathoustra* est un livre qui, par la grande santé prescrite, agit en antidote à Wagner qui célèbre tout ce que Nietzsche combat : la décadence, l'épuisement, le nihilisme, la force défaillante, la maladie, la lourdeur, le christianisme, la chasteté, le renoncement, l'idéal ascétique, la faiblesse, l'hystérie, la laideur, le mensonge, la comédie, la rhétorique, la nébulosité (« Hegel en musique » dit-il dans ses œuvres…), le bouddhisme, l'impuissance, l'antisémitisme, la vie déclinante, la pitié, l'abnégation, la mort enfin…

Mais ce même livre est aussi… un grand livre wagnérien ! Car Nietzsche a beau moquer le leitmotiv, une invention spécifiquement wagnérienne (« un cure-dent idéal, moyen de se débarrasser des déchets » écrit-il dans *Le Cas Wagner* (§ 8)), son immense poème en regorge : retour de thèmes, retour d'images, retour de cadences sonores, retour de mots, de phrases, d'expressions, ainsi le fameux

LA CONSTRUCTION DU SURHOMME

« *ainsi parlait Zarathoustra* » qui constitue le titre est aussi, sauf rares exceptions, la conclusion de tous les chants de l'œuvre.

Wagnériens aussi le souffle, la puissance, la longueur, la capacité à tenir son art sur de longues durées, l'abondance de personnages avec Zarathoustra en rôle-titre, la prolifération des rôles secondaires, les scènes, les situations lyriques, dramatiques et théâtrales, le tout dans un décor romantique à souhait (bien que Nietzsche peste sans discontinuer contre le romantisme !) avec grottes, montagnes, cimes, vallées, volcan, mer, levers de soleil, nuit, étoiles, quantité d'animaux qui parlent avec les hommes, sans parler des tirades emphatiques de Nains et de Bouffons, d'Enchanteur et de Mendiant Volontaire, d'Ombre Voyageuse et de Dernier Pape, d'Homme à la Sangsue et de Funambule, de Chien de Feu et de Juge Ecarlate, de Blême Criminel et d'Enfant au Miroir...

Dans la logique du portrait chinois, si *Ainsi parlait Zarathoustra* devait être une œuvre musicale, il ne serait probablement pas *Carmen* de Bizet que Nietzsche propose comme antidote le plus efficace contre le poison wagnérien. Bizet, le philosophe l'aime pour ses vertus : légèreté, sérénité, gaieté africaine (!), caractère méridional, souplesse, politesse, divinité, raffinement, race, sécheresse, limpidité... N'insistons pas, ces caractères ne brillent pas particulièrement dans le grand poème de Nietzsche... Il ne serait pas le sublime Mozart de *Cosi fan tutte*, ni le Chopin des *Mazurkas*, encore moins de Mendelssohn du *Songe d'une nuit d'été* mais... le Wagner de l'immense *Tétralogie* ! Ou même, tout bien compté, de *Parsifal*.

## 42

**Le son d'une musique refoulée.** *Ainsi parlait Zarathoustra* relève de la compensation. Le poème procède d'une résolution de très anciens conflits. On s'en souvient, Nietzsche enfant a rêvé la mort de son frère dans une scénographie onirique qui comprenait de la musique d'orgue, dans laquelle son père excellait ; il a voulu devenir compositeur, sa mère le lui a interdit ; il a composé dès son plus jeune âge (ses premiers essais musicaux datent de 1854, il a dix ans) et, en 1887, il écrit encore à Gast, son ami compositeur : « Il est hors de doute que dans le tréfonds de mon être, j'aurais voulu *pouvoir* composer la musique que vous composez vous – et ma propre musique (bouquins compris) n'a été faite que *faute* de mieux »… Soulignons que Nietzsche parle de musique pour ses « bouquins ». Le *Zarathoustra* étant, nul ne le contestera, le plus musical et plus le plus achevé de ses ouvrages sur ce terrain.

Nietzsche amoureux de Cosima Wagner lui avait dédié sa composition intitulée *Souvenirs d'une nuit de la Saint-Sylvestre*, cadeau de Noël 1871. L'année précédente, Wagner avait offert à sa femme, dont c'était le jour anniversaire, *Siegfried Idyll.* Un an plus tard, le 25 décembre, Nietzsche qui se prétendait le plus grand psychologue que la terre ait jamais porté, offre à son tour une composition musicale dont la première version pour piano et violon datait de 1863…

Pari audacieux et risqué, d'autant qu'invité par Nietzsche à juger de ses compositions musicales, Wagner avait invité le philosophe à rester dans la philologie et à ne surtout pas s'occuper de musique. Wagner lui trouvait du talent dans l'improvisation, mais diagnostiquait une incapacité à formuler musicalement ses idées. L'année suivante (1872), il soumet son travail au chef d'orchestre Han von Bülow (le premier mari de Cosima...) qui lui règle son compte dans une lettre d'une cruauté non contenue...

Refoulé dans ses prétentions à composer, Nietzsche revient avec *Ainsi parlait Zarathoustra*, un grand opéra wagnérien... sans musique ! Un opéra a capella, pour voix seule, comme Palestrina qu'il chérissait tant. Le philosophe économise l'orchestre pour lequel Wagner a inventé un nouveau son, il travaille la langue en musicien. Le philologue artiste confesse une besogne studieuse et attentive, précise et rigoureuse, un travail d'orfèvre en somme, avec les voyelles de son poème. Il invente le dithyrambe nous dit-il – même s'il sait que les Grecs le pratiquaient. Sans théâtre à même de représenter son œuvre, sans orchestre et sans chef pour le diriger, sans instruments, sans possibilité de mise en scène, sans interprètes, sans costumes et sans décors, Nietzsche propose un opéra silencieux, à entendre intérieurement, à écouter comme une rumination pour soi.

43

**Un grand poème ontologique.** Le livre est écrit dans la frénésie dionysiaque : dix jours pour la première partie, autant pour la deuxième, les deux autres sont elles aussi rédigées dans l'urgence existentielle. Il envisageait une cinquième et une sixième partie, avec mort de Zarathoustra, peut-être à la façon d'Empédocle, dans un volcan, mais ces projets furent sans suite. La quatrième partie paraît à compte d'auteur, à quarante exemplaires... Le livre se vend mal, moins d'une centaine d'exemplaires en deux années – et souvent, à des wagnériens et/ou des antisémites...

L'ouvrage se présente comme le vestibule d'une philosophie à venir. Nietzsche y revendique son obscurité : nul besoin de viser un large public. Il ne souhaite pas s'adresser au peuple, à la canaille, à la masse, au grand nombre, à la populace pour laquelle il n'éprouve aucune affection. Rappelons l'énigmatique sous-titre : *Un livre qui est pour tous et qui n'est pour* personne – bien dans l'esprit énigmatique des chants qui constituent l'opus. On ne peut mieux dire l'inscription ésotérique, au sens antique du terme, de la démarche : tous peuvent y prétendre, mais personne en particulier, chacun devant effectuer seul le trajet qui conduit à l'épicentre du livre.

Nietzsche est individualiste : il s'adresse uniquement à des individus susceptibles de le lire et de le comprendre, d'entendre son message complexe et exigeant. Le refus du peuple en tant que tel compte moins chez lui que le souci, *dans le peuple,* de trouver la poignée d'individus rares disposant de l'oreille adéquate à son chant : il ne dit nulle part que, par nature, certains ne pourraient pas le comprendre – les pauvres, les ouvriers, les socialistes, les femmes, etc. – mais il sait que tous ne le pourront pas eu égard à la subtilité de son enseignement.

Si une école d'éducateurs voit le jour, l'agencement de ces individus permettra au message de progresser et d'infiltrer d'autres couches, au point que la civilisation pourrait même s'en trouver un jour radicalement révolutionnée. Zarathoustra, prophète du surhomme, et non surhomme lui-même, professe un enseignement qui exige méditation des plus aptes à saisir la nature complexe et intellectuellement rude de ce *message ontologique*, et surtout pas moral ou politique.

Car l'enseignement de Nietzsche, par-delà tout Bien et tout Mal, au-delà des logiques fictives qui opposent conservatisme et progressisme, sans aucun souci partisan de défense du capitalisme ou de critique du socialisme, aux antipodes de tout vice ou de toute vertu, sans ancrage à droite ou à gauche, cet enseignement, donc, vise une ontologie, autrement dit : une lecture de l'être même du monde qui dévoile la vérité de la volonté de puissance, une première certitude à même de générer une sagesse existentielle basée sur la nécessité de l'*amor fati* constitutive du surhomme. *Ainsi parlait Zarathoustra* triomphe en grand poème ontologique postchrétien.

## 44

**Un contre-Évangile.** L'obscurité procède de l'abondance des figures allégoriques et métaphoriques, de priorités données à l'allitération, de réitérations chamaniques de certaines formules cabalistiques, du recours au registre poétique, libre, lyrique et dionysiaque qui tourne le dos à la démonstration apollinienne, de la franche préférence de l'allusion au raisonnement, du codage de certaines situations vécues transfigurées en musiques verbales et présentées volontairement sous le masque.

Comptons également avec la dimension ironique très élaborée au point parfois d'en rester hermétique pour la plupart des lecteurs ignorants la mythologie chrétienne : *Ainsi parlait Zarathoustra* abonde en références au *Nouveau Testament* et plus particulièrement à la saga des *Evangiles* (étymologiquement *la bonne nouvelle...*). Nombre de passages les citent, soit textuellement, hors guillemets bien sûr, soit dans l'esprit, soit sur le mode parodique : Zarathoustra par exemple, le prophète du surhomme, porte une barbe et, au moment où il apparaît dans le *Prologue*, il est âgé de trente ans, l'âge de la Passion du Christ chez Luc (III 23).

Nietzsche a toujours inventé des formes nouvelles pour exprimer sa philosophie. Ainsi avec les aphorismes, une technique de moraliste français, mais une hérésie dans la corporation philosophique. Contre les fumées de l'obscurité de l'idéalisme allemand, Nietzsche use d'une arme de guerre : ces saillies, ces traits vifs, ces flèches décochées que sont les fragments perçant les cuirasses les mieux trempées, il suffit de viser les jointures, le bon endroit.

Les conditions d'écriture et de pensée de Nietzsche, à savoir de très longues balades dans les forêts, les montagnes, la campagne, sur des pentes pleines d'éboulis, le refus du travail de bureau, la conjuration de la compilation ou de la dissection dans les bibliothèques, tout cela pousse le philosophe à réduire ses méditations à des coups de sabre faciles à mémoriser. Ses dynamitages intellectuels avec l'explosif placé au bon endroit supposent l'art du minimal dans l'instant propice – une possible définition de l'aphorisme.

Dans *Du lire et de l'écrire*, Nietzsche l'affirme clairement : il ne veut pas être lu, mais... appris par cœur ! Autrement dit, comme les épicuriens de l'Antiquité grecque et romaine avec leurs lettres, concentrer pour être mémorisé, et mémoriser pour être pratiqué. Ce que vise le philosophe n'est pas de finir sur les étagères d'une bibliothèque, mais d'être incarné, pratiqué, mis en œuvre. Dans cette perspective, toute *pensée concentrée* est plus facilement à même de devenir *pensée mémorisée*, elle peut donc devenir plus facilement *pensée incarnée*. L'aphorisme écrit avec le sang doit devenir de la chair.

45

**Du bon usage philosophique des vaches**. Le livre est une arche de Noé philosophique avec sangsues et colombes, huîtres et crapauds, lapins angoras et baleines, mouches et taureaux parmi une kyrielle impressionnante... Dans l'abondant bestiaire nietzschéen il existe quelques animaux plus richement dotés que d'autres, plus symboliques. A l'évidence, l'aigle et le serpent qui accompagnent toujours Zarathoustra pour leurs qualités philosophiques : l'aigle, animal du ciel, le serpent, bête de la terre.

Le presque aveugle Nietzsche aime l'œil vif de l'oiseau de proie qui, tournoyant dans l'éther, repère sa proie de très haut et fond sur elle sans coup férir. L'aigle voit. Habitué des cimes et de la solitude consubstantielle aux sommets, loin des vallées, des villes détestables, ces « vaches multicolores », il vit isolé. Animal de proie, il obéit à la cruauté consubstantielle au réel, puisqu'il en est un fragment, et l'illustration du plus vivant d'entre eux. L'aigle, avec serres et bec, force et vigueur, dureté et rapacité, incarne la volonté de puissance, par-delà bien et mal.

Le serpent, son anatomie l'y contraint, se déplace ventre au sol : on ne peut mieux garder « le sens de la terre », vertu cardinale chez Nietzsche, autrement dit le contact avec la vérité du monde, son immanence, sa force et sa puissance. Le serpent mue, change de peau, mais reste le même. Comme Nietzsche. Il est bibliquement l'animal qui invite à connaître et à préférer la vérité à tout, y compris au prix de la malédiction. Tentateur, il incarne « la volonté de savoir » contre le tropisme d'obéissance, de soumission, de consentement aveugle aux fables – religieuses ou morales. Figuré parfois comme ouroboros, il forme un cercle parfait, la gueule enserrant le bout de sa queue et symbolise ainsi l'éternel retour, *l'anneau* – une forme wagnérienne emblématique comme chacun sait.

A ces deux bêtes magistrales, ajoutons la vache qui donne la clé de lecture du philosophe. Dans *Le Mendiant volontaire,* Zarathoustra échange avec un Doux Prédicateur, l'un des multiples personnages de ce théâtre baroque qui, assis au milieu d'elles, prend des leçons auprès des vaches. A la question de Zarathoustra : « Que cherches-tu ? », il répond : « La même chose que toi trouble-fête ! C'est-à-dire le bonheur sur terre. » Après une demi-journée de silence, les vaches allaient enfin livrer leur secret. Mais le prophète du surhomme empêche sa révélation... Cependant le Doux Prédicateur le donne : l'art de ruminer, un art auquel invite également la

263

phrase conclusive de l'avant-propos de la *Généalogie de la morale* en juillet 1887 – voilà le secret.

Ruminer c'est-à-dire, à la manière des vaches, faire remonter plusieurs fois à l'esprit la nourriture intellectuelle à digérer. Mâcher, écraser, broyer, mastiquer, triturer, décomposer, réduire ce qui résiste et ne pourrait, sinon, être ingurgité sans sa transformation en substance ingérable, voilà la leçon des bovidés impavides dans la prairie. Le philosophe doit se mettre à l'école de ces bêtes dont le souffle ravive et réchauffe : prendre le temps d'imbiber de sucs la matière à s'incorporer. Lire, relire, méditer, penser, réfléchir, revenir sur la phrase, le mot, l'expression, l'allégorie afin d'en saisir la substantifique moelle. L'aphorisme, l'allégorie, l'image, la métaphore, l'allitération constituent autant de procédés mnémotechniques : on se souvient plus facilement d'une idée quand une image la porte, ou la musicalité d'une phrase. Une vache qui rumine, voilà une méthode : lecture patiente, prudente, prenant son temps, exigeant la durée, la maturation, lecture lente, lecture sans cesse recommencée, lecture juste, lecture vraie. Dans l'obscurité de la prose de Nietzsche se trouve le remède à l'obscurité – à chacun de partir à sa recherche sans précipitation.

46

**Des mésusages de Nietzsche.** Nietzsche craignait plus que tout la méprise sur le sens de son œuvre. Paradoxalement, il a multiplié les occasions de méprise, car l'allégorie, la fable, l'image, le symbole, puis le codage, le cryptage et le goût des masques célébrés et pratiqués par le philosophe suscitent les interprétations les plus extravagantes. Celer le sens d'une parole dans une énigme, c'est donner carte blanche aux délires de l'interprète. Jamais philosophe n'a été plus mécompris que lui et l'on remplirait des pages avec les procès infondés qui lui ont été faits : antisémite, fasciste, nazi constituent les reproches les plus courants, les plus durables également.

L'idée que l'Etat allemand distribue un exemplaire d'*Ainsi parlait Zarathoustra* à ses soldats qui partent au front en 1914 ne cesse d'étonner ! Qu'on ait pu habiller en costume nazi un philosophe qui critique l'Etat, propose de fusiller les antisémites, affirme sa haine du nationalisme, clame partout son mépris de tout ce qui est allemand, déplore les guerres réelles (non sans recourir abondamment à *la métaphore de la guerre* pour en vanter les mérites…), ridiculise le patriotisme et écrit, dans *Des prêtres* : « Le sang est le plus mauvais témoin de la vérité »… – voilà une fois encore une captation indue et déplorable ! Mais le recours au masque autorise le bal funèbre.

L'œuvre de Nietzsche, que j'ai ouverte en y ajoutant les fragments posthumes, la correspondance et la biographie, se présente littéralement comme un labyrinthe. Ecrits de jeunesse et écrits posthumes, travaux de philologie et compositions musicales, autobiographies d'adolescent et projets de lettres jamais envoyées, plans de livres et citations recopiées, poèmes de jeune homme et recueil publié, tout ceci bouillonne abondamment.

Dès lors, dans ce bouillon de culture, n'importe quel prélèvement, au détriment de l'économie de l'ensemble, risque de précipiter toute la pensée de Nietzsche dans des abîmes avec le risque plusieurs fois de ne jamais s'en remettre. Tous les mésusages procèdent de cette focalisation sur une thèse (montrer que Nietzsche est un chrétien qui s'ignore, par exemple, pour les récupérations les plus audacieuses...) doublé par la relégation de tout ce qui ne confirme pas cette thèse, voire de tout ce qui la contredit.

Je propose, pour éviter le prélèvement, un fil d'Ariane à même de *fédérer la totalité* des informations données par Nietzsche. Dans l'architecture du Minotaure nietzschéen, je donne une boussole qui permet de saisir la cohérence des trois métamorphoses, de comprendre ce qui, malgré d'apparentes contradictions, tient ensemble l'œuvre complète : de *La Naissance de la tragédie* à *Ecce Homo* ; du *philosophe artiste* des premières méditations au *surhomme* des derniers temps ; du *salut par l'art* des années de jeunesse à la *sagesse existentielle esthétique* des heures finales ; de *l'éloge de la musique* contemporain de Triebschen à la célébration des *vertus de Dionysos* à Turin ; des *autobiographies de jeunesse* à *l'autobiographie finale* qu'est *Ecce Homo* ; de la *passion wagnérienne* au *lyrisme de Zarathoustra.*

47

**La direction des métamorphoses.** Voici donc venu le moment de faire tenir dans un même tableau les informations obtenues jusqu'ici : toute pensée procède d'une biographie, donc d'un corps, dans lequel s'activent des instincts ; une philosophie en découle ; les instincts relèvent de la volonté de puissance et déterminent le reste : notamment le conscient ; l'idiosyncrasie fait la loi ; les idées ne viennent pas quand on veut, mais quand elles veulent ; le *Soi* commande ; le plomb existentiel se transfigure en or philosophique ; les idées ne descendent pas du ciel, elles montent de la chair – voilà pour la théorie.

En ce qui concerne Nietzsche : l'agonie et la mort de son père alors qu'il a cinq ans déterminent une répétition dans laquelle son inconscient réactive les signes du mal du père, d'où une existence placée tout entière sous le signe de la souffrance et de la maladie ; le rêve prémonitoire de la disparition de son petit frère, suivie d'une mort effective dès le lendemain, génère une culpabilité ; l'enfance et l'adolescence se trouvent placées sous le signe de l'absence du père doublée d'une domination féminine massive ; les autobiographies de jeunesse du philosophe s'écrivent sous le signe de la recherche d'une impossible identité ; l'art et la culture offrent des saluts possibles dans un univers dominé par l'ombre des morts ; la quête d'un père de substitution transforme Schopenhauer puis Wagner en idéaux du moi ; l'impossibilité de se mesurer à un père mort condamne à l'errance identitaire ; le déroulement de la vie de Nietzsche s'effectue sous le signe de la réédition du père ; le calvaire physiologique enduré toute son existence témoigne, la cécité et les migraines au premier plan ; la construction d'une vision philosophique du monde se donne sur un mode autobiographique ; elle s'offre travestie en vertu de perpétuelles métamorphoses ; les premiers temps s'écrivent avec l'encre pessimiste de Schopenhauer, puis de Wagner ; le remède à ce temps de fardeau se nomme Epicure et l'épicurisme intempestif ; le jardin épicurien fournit la matrice d'une sagesse existentielle ; le projet de devenir le poète de son existence appuie l'éthique sur l'esthétique ; la vie philosophique prouve le philosophe ; la sérénité s'obtient par le consentement à la nécessité ; la formule de ce consentement est : *amor fati* ; *Ainsi parlait Zarathoustra* quintessencie l'odyssée nietzschéenne depuis son origine ; ce grand poème ontologique crypte la sagesse, il s'y dissimule. Quelle est-elle ?

Ce divers explosé, ces fragments multiples, ce chaos apparent, cette dynamique sauvage, ce foisonnement d'événements, ces épiphanies existentielles, ces variations multiples sur le thème unique de la volonté de puissance, ce que des théoriciens de la vie rectiligne, le cas des vies pauvres, nomment contradictions, ces explosions consécutives, tout ceci se trouve un jour ramassé sous un seul signifiant : le *surhomme*. La graine, les racines, le tronc, les branches, les feuilles, les bourgeons, les fleurs, autant d'étapes contradictoires mais nécessaires aboutissent à une fleur rare, précieuse, unique.

48

**Une sagesse existentielle personnelle**. La direction vers laquelle tout cela poussait, tendait ? *La construction d'une sagesse existentielle personnelle* – elle est également susceptible d'en générer d'autres, de la même famille, pour d'autres que lui, avec un parcours différent. Gardons la ligne de force du désir de faire triompher une solution esthétique, de demander à l'art et à la poésie, et non à la théologie, une architecture à cette sagesse. *Faire de sa vie une œuvre d'art* – et non une vallée de larmes. Viser d'autant plus ce but que la vie concrète est une vallée de larmes...

Rappelons-nous que, dans *Le Voyageur et son ombre*, (§ 227 « L'éternel Epicure ») Nietzsche célèbre un *Epicure intempestif*, débarrassé des contingences historiques grecques. Une figure de tous les temps, de toutes les époques, de tous les siècles. A inventer, bien sûr, en fonction des impératifs du moment : on n'est pas épicurien en Campanie avant le triomphe du christianisme comme à la Renaissance quand on lutte contre la domination du Christ avec une figure de combat nommé Epicure ; ni même sous la domination tyrannique d'un Roi-Soleil comme un libertin baroque ; ou bien encore dans le siècle des Lumières ployé sous le joug féodal. Epicure change plusieurs fois de nom dans l'histoire, il est Lucrèce à Rome, Erasme à Rotterdam, Montaigne à Bordeaux, Gassendi à Digne, Spinoza à Amsterdam – et Nietzsche en Europe...

Dans *La Morale d'Epicure*, puis *La Morale anglaise contemporaine*, Jean-Marie Guyau a tracé *la ligne de force épicurienne* dans l'histoire de la philosophie en l'opposant à une autre ligne de force, idéaliste, spiritualiste, criticiste, chrétienne. La ligne épicurienne ne se constitue pas de disciples répétant bêtement la doctrine du philosophe matérialiste, ce qui serait purement et simplement ridicule, mais de penseurs existentiels qui communient dans le schéma sotériologique du *Tetrapharmakon*, le fameux *Quadruple Remède*.

Avant toute chose, condition nécessaire et suffisante pour pouvoir parler d'un épicurisme intempestif chez ces philosophes, la philosophie veut une sagesse pratique, ce qui exclut les philosophes théorétiques, les contemplatifs purs, les penseurs spéculatifs, les doctrinaires de l'idéologie, les théoriciens de la connaissance, les systématiques compulsifs, les techniciens de l'entre-glose, les collectionneurs de néologismes, les lecteurs derviches tourneurs.

On peut ensuite ramasser leur pensée autour de quatre thèses formulées par les premiers disciples du maître athénien : *premièrement* : les dieux ne sont pas à redouter ; *deuxièmement* : la mort n'est pas à craindre ; *troisièmement* : la souffrance est supportable ; *quatrièmement* : le bonheur est possible. Voilà les certitudes ; reste pour chacun à donner sa démonstration, sa version, son illustration de ce Quadruple Remède. La solution des épicuriens intempestifs ne coïncide pas avec celle de l'Epicure historique – mais elle en découle.

Ainsi, pour Nietzsche : *le surhomme ne craint pas Dieu* – il est même celui qui, pour advenir dans l'histoire, a besoin de sa mort qu'il clame à tue-tête ; *il n'a pas peur de la mort* – il sait qu'en vertu du principe de l'Eternel Retour, elle est un instant, un moment dans un mouvement perpétuel ; *il sait souffrir* – et donne à la souffrance un rôle sélectif producteur de force et de supériorité ; *il jouit du monde comme il est* – car, sachant ce qu'il sait, il aspire à l'éternité de la jouissance d'être au monde. Le surhomme formule une sagesse épicurienne intempestive.

## 49

**Dieu est mort.** La formule de la mort de Dieu est peut-être celle qui s'attache le plus au nom de Nietzsche. (Ce qui, pour les récupérateurs chrétiens du philosophe compte pourtant pour rien...) Dès *Le Gai Savoir*, la chose est affirmée clairement : « Dieu est mort » (§ 108, 125, 343)... En conséquence de quoi, un nombre considérable de choses accrochées à cette fiction périssent : la morale, le bien et le mal, la liberté, le libre arbitre, la responsabilité, la culpabilité, le péché, la faute, la mauvaise conscience, la compassion, la pitié, la justification du renoncement, de l'idéal ascétique, de la vie mutilée.

D'où l'obscurcissement du monde, une éclipse de soleil, des destructions, des déclins, des bouleversements diagnostiqués par le philosophe qui définit ainsi « le nihilisme européen ». Nietzsche porte sur l'époque un regard d'une extrême lucidité, par-delà bien et mal : la mort de Dieu, qui ne constitue en soi ni un bien ni un mal, coïncide avec le nihilisme – auquel il faut apporter un remède. Ce décès porte avec lui la lumière et la félicité. La nuit nihiliste porte une aurore à venir.

Le philosophe effectue une leçon d'anatomie de notre époque – nihilisme de l'hédonisme vulgaire, du féminisme égalitaire, du socialisme compassionnel, du ressentiment anarchiste, du culte du néant pessimiste, du conformisme pacifiste, du refuge dans toutes les ivresses, du nivellement démocratique, du triomphe des journalistes, et de tout ce qui assure la prévalence des instincts bas, des pulsions faibles, du succès de la vie descendante et de l'empêchement de la vie montante. L'époque déteste les grandes et belles individualités – cette détestation définit aussi le nihilisme.

## 50

**Le triomphe de la volonté de puissance.** La mort de Dieu s'accompagne d'une idée radicalement athée : Dieu ne peut pas exister car il n'y a dans l'univers que de la volonté de puissance. Revenons sur ce concept majeur dont j'ai déjà dit qu'il signifiait aussi *volonté de vie*. La volonté de puissance coïncide avec la totalité de l'univers, du cosmos : elle est l'être de ce qui est, elle est même tout ce qui est. Il existe donc deux possibilités : Dieu n'est pas, car la place lui manque ; Dieu est, mais il est le vieux nom de cette nouvelle chose qu'est la volonté de puissance. Nietzsche opte pour la science physique, la biologie, les sciences naturelles et n'effectue jamais l'association de cette force avec Dieu dont il fait l'économie sous quelque forme que ce soit ; la lecture d'une Lou Salomé par exemple, qui fait de Nietzsche un mystique et une nature religieuse, passe à côté de la vérité de cette découverte que Nietzsche souhaitait valider par la science – science naturelle et sciences physiques. Vainement vu l'état des connaissances de son temps.

Les interprétations abondent sur la volonté de puissance et la profusion de discours contradictoires sur le sujet procède du fait que les commentateurs s'appuient sur la *Volonté de puissance*, un texte de Nietzsche qui n'existe pas, bien qu'annoncé par lui. On sait désormais que ce faux concocté par sa sœur, avec l'aide de Peter Gast, l'ami de Nietzsche, ramasse une série de papiers trouvés dans les affaires de Nietzsche dont des essais, des esquisses, des copies de passages extraits de livres lus par lui, des pistes diverses et multiples. On ne peut disserter sur un chantier dans lequel les faux côtoient l'authentique, et les textes du philosophes des phrases d'autrui qu'il entendait probablement examiner ou critiquer. Bien qu'informés du caractère nocif de ces faux livres, des ouvrages de professeurs paraissent encore qui expliquent la volonté de puissance, mettent en garde contre ce livre, et le citent pourtant abondamment !

## 51

**Le bonheur du Sipo Matador.** Restons-en aux textes publiés par Nietzsche, autrement dit à ceux qui donnent la version arrêtée par ses soins. Dès lors, les choses apparaissent clairement. Dès *Le Gai savoir* (§ 349) Nietzsche formule cette idée : l'impulsion vitale aspire à l'extension de puissance. Tout désir de restriction de cette impulsion signale une détresse. Une philosophie en découle. La lutte pour l'existence, telle que Darwin l'a formulée, ne rend pas non plus compte de la nature réelle de la volonté de puissance. La science rend compte de cette force qui déclasse l'hypothèse de *la force de conservation* au profit de *la volonté de puissance.* L'abondance, le gaspillage, la profusion de vie règnent. Ce qui triomphe ? La prépondérance, la croissance, l'expansion de « la volonté de puissance qui est justement volonté de vie ».

Dans *Par-delà bien et mal* (§ 36), Nietzsche précise : la volonté qui nous fait vouloir (du moins : croire que nous voulons librement...) est voulue par une autre volonté : la volonté de puissance. Il n'existe qu'une seule forme de volonté et une diversité de ramifications de celle-ci. Toutes les fonctions organiques se ramènent à la volonté de puissance. On peut donc formuler une équivalence entre *volonté de puissance* et *volonté de vie*, mais aussi entre *volonté de puissance* et *toute énergie agissante* et entre *monde réel*, autrement dit monde vrai, le seul, et *volonté de puissance*.

Enfin, dans *Ainsi parlait Zarathoustra*, dans le chant intitulé *De la domination de soi*, le philosophe nous dit : la clé de ce qui est se nomme volonté de puissance. En étudiant la vie, en la scrutant, en la regardant dans le moindre détail, en allant chercher en son cœur même, que trouve-t-on ? De la volonté de puissance encore et toujours car, tout ce qui vit obéit à une nécessité : elle fait être ce qu'on est comme on est, dans la forme prise par l'être dans son déploiement. « Où j'ai trouvé vivant, là j'ai trouvé volonté de puissance ». Et puis : « Où se trouve vie là seulement se trouve (...) volonté de puissance ». Nouvelle équivalence, donc : *vivant, vie* et *volonté de puissance.* Y compris chez celui qui obéit, on trouve une aspiration au commandement. Le plus faible veut être fort. La volonté de puissance nomme ce désir d'exprimer la vitalité qui l'habite. Cette théorie nietzschéenne de la volonté de puissance s'installe dans l'histoire des idées sous la rubrique du *vitalisme*...

La volonté de puissance est la cause incausée : elle domine, mais rien ne la domine, elle produit, mais rien ne la produit, elle commande, mais rien ne la commande ni ne la soumet, elle triomphe, mais rien ne triomphe d'elle. La Vie dit un jour à Zarathoustra : « Vois, je suis *ce qui toujours ne se peut soi-même que dominer.* » Rien à voir avec le vouloir vivre schopenhauerien, car ce qui n'est pas ne peut vouloir la vie, Nietzsche renvoie donc Schopenhauer à l'idéalisme, à la métaphysique platonicienne. Lui ne pense pas à cette force en terme d'idée, mais de réalité : elle est l'équivalent du *nisus* chez D'Holbach ou Guyau – sinon chez les médecins qui philosophent.

Dans les *Fragments posthumes,* une brève note apparaît sur un morceau de papier : *Sipo matador.* Deux mots énigmatiques qu'un aphorisme de *Par-delà bien et mal* (§ 258) explique : il s'agit d'une plante grimpante des îles de Java qui, pour exister, a besoin de la lumière et grimpe sur le tronc des chênes pour parvenir à la canopée où elle se nourrit du soleil, de sa force et de sa luminosité bienfaisante – « épanouir leur cime en pleine lumière où elles déploient orgueilleusement leur bonheur »… Voici donc une image, une allégorie, une métaphore pour dire la volonté de puissance – elle renvoie à « l'exubérance de la flore tropicale » célébrée (§ 197) dans le même livre.

52

**Abolition des arrière-mondes.** La lecture du monde comme une suite infinie de variations dynamiques sur le thème unique de la volonté de puissance interdit désormais toute possibilité d'« arrière-monde » selon la belle expression de Nietzsche pour qualifier les inventions humaines, des fables célestes, intelligibles, nouménales, paradisiaques – ou infernales... « Ce furent malades et moribonds qui méprisaient le corps et la terre, et qui ont inventé le céleste et les rédemptrices gouttes de sang. » Le réel, l'ici-bas, la terre, le monde sensible, ne relèvent que d'eux-mêmes et de la logique de la volonté de puissance. Rien d'extérieur à la pure immanence qu'est notre monde ne peut rendre compte de notre univers. Pas de lieu hors lieu, pas de monde hors du monde, pas de réalité en dehors du réel, pas de principe explicatif de l'être ailleurs que dans cet être même.

Nietzsche part en guerre contre les usagers et les abuseurs des arrière-mondes pour mieux villipender ici et maintenant ce monde-là, le seul, le nôtre. Renoncer à la vie ? Chérir la mort ? Aimer la lassitude ? Vénérer l'ascèse ? Jouir de se transformer en sépulcre ? Discréditer la vie en exhibant le malade, le vieillard ou le cadavre ? Réduire la vie à la souffrance ? Transformer la volupté en péché ? Inviter à ne pas se reproduire ? Prêcher la compassion ? Enseigner la pitié ? Contraindre au détachement de ce monde ? Autant de signes de nihilisme, de décadence, de petite santé, de raison corrompue.

Chacun reconnaît derrière ces idées développées dans *Ainsi parlait Zarathoustra* les figures de Schopenhauer et de Wagner (*Des prêcheurs de mort*) ; du christianisme et du bouddhisme (*Des contempteurs du corps*) ; des moines renonçants, des stylites du désert et des premiers chrétiens (*De l'homme supérieur*) ; des prêtres catholiques et des pasteurs protestants (*Des Prêtres*) et leur humilité vindicative ; des adorateurs de la croix – « le plus vilain des arbres » (*D'anciennes et de nouvelles tables*) ; des agenouillés et autres esclaves de la prosternation (*Des renégats*) ; des esprits faibles tétanisés par la fable du péché (*De la grande nostalgie*) ; des membres de l'Eglise – « Une espèce d'Etat parmi les plus menteuses » (*Des grands événements*). Que de sang versé par ces guerriers de l'idéal ascétique, ces soldats de Dieu, ces légions armées des arrière-mondes !

La découverte de la volonté de puissance accompagne la mort de Dieu, est impossible sans l'autre : si Dieu est, alors la volonté de puissance n'est pas ; or il n'y a que volonté de puissance ; donc Dieu n'existe pas. Ou alors, il faudrait identifier Dieu avec la volonté de puissance – mais pourquoi nommer avec un vieux nom ayant déjà beaucoup servi ce qui signifie quelque chose d'extrêmement précis et dont seule la science rend compte – et non la théologie ?

Même si l'on voulait nommer avec un *concept métaphysique* cette *réalité physique,* on voit mal comment on pourrait craindre ce Dieu-là ! Qu'y aurait-il à redouter la volonté de puissance ? Rien. Elle est tout ce qui est. Quel sens aurait la peur de l'être de ce qui est ? Le premier temps du vieux Quadruple Remède se trouve donc conservé et révolutionné. Comme Epicure, Nietzsche affirme que *les dieux ne sont pas à craindre* – en l'occurrence que Dieu n'est pas à craindre, puisqu'il est mort et que nous l'avons tué…

### 53

**La mort n'est pas à craindre.** Deuxième moment du Quadruple Remède d'un Nietzsche épicurien intempestif : la mort n'est pas à craindre. On se souvient qu'Epicure ajoutait : parce qu'il n'y a que matière, agencement d'atomes et que la mort n'est pas fin des atomes, ou destruction de la matière, mais agencements nouveaux, configurations nouvelles d'une même base atomique dont il n'y avait rien à craindre et rien à espérer. L'immortalité se décline sur le principe de l'éternité de la matière malgré la mortalité de ses agencements. Les atomes épicuriens tiennent la place de la volonté de puissance nietzschéenne : la physique évacue la métaphysique, la science détruit la théologie.

Nietzsche a vidé le ciel et affirmé que seule la terre existe. Il se propose de descendre le ciel sur terre, de permettre la jubilation jadis promise demain dans les arrière-mondes avec une joie obtenue aujourd'hui dans notre vie. La crainte de la mort future est moins le problème que la construction de la vie présente. La menace instrumentée par les monothéismes d'une damnation éternelle affligeant une âme immortelle tombe avec la mort de Dieu. Reste une damnation possible, mais ici-bas : en cas de mésusage de sa vie ici et maintenant.

La mort n'est pas un mal, il se trouve même des occasions dans lesquelles elle est un bien. Le chant intitulé *De la libre mort* reprend les vieux arguments des sagesses antiques qui légitiment le suicide : « l'art difficile, à la bonne heure – de déguerpir ». Car la vie n'a pas à être vécue tant qu'on *peut* la vivre, mais tant qu'on le *doit*. Le problème réside moins dans la *quantité* de vie que dans sa *qualité*. Certains meurent trop tôt ; d'autres trop tard. L'essentiel consiste à mourir à la bonne heure, au bon moment, dans l'instant propice. Or comment quelqu'un qui ne saurait pas vivre pourrait-il savoir mourir ? Savoir mourir est une partie du savoir vivre. Réussir sa vie, voilà la première façon de ne pas manquer sa mort.

## 54

**La douceur de l'éternel retour.** La mort n'est pas à craindre pour une raison bien simple : elle n'existe pas comme on prétend qu'elle existe. Pour la plupart, le temps est linéaire et se lit de façon rectiligne : avant, le passé ; pendant, le présent ; après, le futur. Ce qui a été ne sera pas à nouveau et se trouve définitivement perdu, accessible par la seule mémoire ; ce qui a lieu n'a jamais eu lieu et n'est pensable qu'une fois pensé, donc écoulé ; ce qui aura lieu est inédit, inscrit nulle part. La flèche du temps part d'hier traverse aujourd'hui et vise demain. Voilà comment, en enfants du christianisme, nous pensons le temps.

La pensée de la mort procède donc de ce schéma : nous venons du néant et, disent les défenseurs de l'arrière-monde chrétien, nous nous dirigeons vers un monde inconnu dans lequel, post mortem, nous attendent des destins infernaux ou paradisiaques, et ce pour l'éternité promise aux âmes immortelles. Dans cette logique, la mort marque la fin de la vie sur terre et le commencement d'une vie nouvelle pour l'âme à laquelle dès lors nous serions réduits. Mourir, c'est donc périr sous la forme qui fut celle de la cristallisation de notre identité mais vivre encore selon le destin promis au lendemain du Jugement dernier.

Nietzsche ne croit pas à cette mythologie chrétienne à laquelle notre civilisation sacrifie depuis plus d'un millénaire : le temps n'est pas linéaire ; la flèche n'est pas la bonne façon de le penser ; l'âme n'est pas séparée du corps ; elle n'est ni immatérielle ni immortelle ; la vie dans les arrière-mondes n'est pas possible ou pensable, faute d'arrière-monde ; les perspectives de salut ou de damnation sont illusoires ; l'hypothèse de la résurrection de la chair sous la forme de corps glorieux constitue une vaste fumisterie.

Car : le temps est cyclique ; le cercle est la meilleure figure pour le signifier ; l'âme est un autre nom pour exprimer une partie du corps ; elle se réduit à une variation sur le thème de la volonté de puissance ; rien n'existe en dehors d'elle, surtout pas un autre monde qui donnerait sens au nôtre, le seul ; la menace d'un devenir sous forme de récompense ou de punition n'a aucun sens car « Toutes choses à jamais reviennent » – et sous la même forme. Cette vie vécue a déjà été vécue dans ce même détail et elle se revivra dans d'identiques formes. Et cette pensée douce console d'avoir à mourir un jour puisque nous reviendrons revivre cette même vie éternellement.


55


**Simplicité d'une pensée abyssale.** La multiplicité des commentaires à propos de l'éternel retour se comprend avec les mêmes raisons qui expliquent les lectures diverses et multiples, mais fautives, de la volonté de puissance : quiconque n'a pas réduit son champ intellectuel aux seules œuvres signées et publiées de son vivant par Nietzsche et a travaillé sur *La Volonté de puissance* rencontre les inévitables contradictions présentes dans le texte composé par la sœur du philosophe. L'envie de faire tenir ce qui est par nature intenable, puisque relevant de mains multiples, a généré chez la plupart des commentateurs des trésors d'ingéniosité pour expliquer ce qui n'a aucun sens.

(Gilles Deleuze le premier fournit un excellent exercice de style, débordant le brio, mais conclut à une thèse radicalement en contradiction avec la pensée de Nietzsche... En effet, Deleuze écrit dans son *Nietzsche* qu'il faut éviter un certain nombre de contresens possibles concernant la lecture du philosophe dont celui-ci qui concerne l'éternel retour : « Croire qu'il s'agit d'un cycle, ou du retour du Même, d'un retour au même ». Que faire alors du texte de Nietzsche qui, dans *Le Convalescent*, dit clairement : « A jamais je reviendrai pour cette même et identique vie, dans le plus grand et le plus petit d'elle-même » ? Que penser d'un Deleuze écrivant : « L'éternel retour doit être comparé à une roue ; mais le mouvement de la roue est doué d'un pouvoir centrifuge, qui chasse tout le négatif » ! Quel texte de Nietzsche permet cette interprétation de l'éternel retour ? Aucun... L'ensemble de l'interprétation deleuzienne s'effondre alors comme un château de cartes : l'éternel retour n'est pas un *principe sélectif* mais un *principe tragique* qui appelle l'amor fati et sert de clé de voûte à l'édifice existentiel proposé par Nietzsche...)

Car l'éternel retour est une pensée simple – simple, mais profonde et aux conséquences considérables. Simple parce que *ce qui a lieu a déjà eu lieu et aura lieu à nouveau.* Voilà la chose dite simplement. Sans effets de manches rhétoriques. Sans gloses fumeuses. En dehors de tout ésotérisme chiffré. Loin de toute conversion mystique ou religieuse. Il suffit de lire *Le Gai Savoir.* Les pages écartées par Nietzsche l'ont été parce qu'elles ne correspondaient pas à son désir philosophique, elles étaient échafaudages et non bâtiment, or on ne vit pas dans les échafaudages.

L'aphorisme 341 explicite les modalités de ce retour : cette araignée tissant son fil retissera son fil de la même manière ; ce clair de lune entre les arbres, reviendra exactement, le même, et non un autre qui lui ressemblerait. « Cette vie telle que tu la vis maintenant et que tu l'as vécue, tu devras la vivre encore une fois et d'innombrables fois ; et il n'y aura rien de nouveau en elle. » Tout reviendra, dans le même ordre et dans la même succession. Quid de la roue deleuzienne qui éjecte le négatif ?

56

**La connaissance par les gouffres**. Que penser de cette idée de Nietzsche ? Elle peut choquer l'esprit rationnel qui voudra, comme Deleuze, donner un sens philosophique clair à ce qui reste une illumination, une intuition, une vision, une extase, une sidération venue du corps malade de Nietzsche. Dans *Ecce Homo*, il rapporte les conditions d'apparition de cette idée majeure : Sils-Maria, août 1881, le long du lac de Silvaplana, « 6 000 pieds au-dessus de l'homme et du temps ». Nietzsche marche dans les bois, les mois qui précèdent, il ressent en lui une modification de ses goûts, notamment en matière de musique – ce qui peut expliquer en quoi *Ainsi parlait Zarathoustra* est un fragment de musique. Ce jour-là, à cette heure-là, dans ces conditions-là, Nietzsche est foudroyé par l'intuition de l'éternel retour auprès d'un rocher fiché en terre comme un mégalithe venu des fins fonds du cosmos et tombé du ciel.

Voilà donc Nietzsche disposant de son intuition, non pas obtenue à force de méditations assises dans le fauteuil d'une bibliothèque universitaire, après moult cogitations purement cérébrales confinées dans la poussière d'une faculté, mais après des heures de marche, des journées passées à tendre le corps comme un arc, à en expérimenter la solidité, la puissance, le tout dans l'air pur et froid des hautes altitudes, dans un paysage de montagnes sublimes, près du miroir noir d'un lac profond, dans une lumière vive, sous un ciel purifié, baigné dans une hygrométrie adéquate, terrassé par la « Grande Raison » de son corps de chamane – blessé, fatigué, malade, souffrant, dopé, frugalement nourri, surexcité, chaste, esseulé, tendu, surmené intellectuellement...

Le philosophe pratique la connaissance par les gouffres ; restituer cette connaissance sans les gouffres, en ayant uniquement recours aux méthodes en cours à l'université qui ne voit que par la raison raisonnable et raisonnante, toute bardée de son arsenal du principe de non-contradiction, condamne à manquer son but... Interpréter l'événement

comme Lou Salomé en recourant à la mystique religieuse appelée à supplanter le manque de Dieu
chez le philosophe athée conduit également à une
impasse.

## 57

**Vérité de chamane**. On gagnerait bien plutôt à
examiner la révélation de l'éternel retour dans une
perspective radicalement immanente et totalement
corporelle, nietzschéenne donc. Ainsi, avec les
thèses récentes concernant *l'impression de déjà vu*
expliquées par les micro-coupures cérébrales qui,
lors de la reconnexion, créent le sentiment d'avoir
déjà vécu la situation dans laquelle on se trouve au
moment où on la vit. Chacun a vécu cette épilepsie
magique qui sidère la conscience et laisse sans voix
celui qui a l'impression d'avoir déjà vécu une situation au détail près. Cette sensation banale, cette
expérience vieille comme le monde, ce hapax neu-
ronal commun, quand il affecte un corps hyperes-
thésique comme celui de Nietzsche – pour tout dire
*chamanique...* –, génère des conséquences considérables.

Cette révélation, il la garde d'abord pour lui. Rien
ne témoigne dans les lettres envoyées à cette époque
qu'il a vécu une expérience aussi déterminante. En
revanche, il cherche à comprendre. Non pas en
recourant à des lectures théologiques ou mystiques,
mais avec toute une littérature scientifique. Il souhaite donner à l'éternel retour vécu dans sa chair,
expérimenté dans son corps, une fondation scientifique, une justification imparable corroborée par la

physique de son temps ; il lit toute une littérature scientifique pointue ; il s'interroge sur la finitude du monde, la question de la quantité de matière et d'énergie, la limite mathématique des possibilités combinatoires, la mécanique de la chaleur ; il questionne les grilles de lecture matérialistes et mécanistes du monde – rien qui ressemble à un désir de lire ou relire Angélus Silésius ou un quelconque autre mystique...

La réitération de nos vies, et ce de toute éternité, n'a donc pas à nous faire craindre la mort qui n'est pas une fin, mais un moment dans un mouvement qui dure, continue et ne s'arrête jamais. La configuration du monde et la logique dynamique de la volonté de puissance oblige au retour dans ces formes de la vie qui est la nôtre. La mort ne saurait être crainte comme ce qui met définitivement un terme à ce qui serait unique et ne se reproduirait jamais deux fois dans l'univers, elle n'arrête pas une singularité appelée à ne jamais se reformuler, elle vaut comme un instant entre deux éternités qui se répètent inlassablement. Craindre la perte de cette vie ? A quoi bon : « Reviendra le nœud de causes en lequel je suis imbriqué ; – à nouveau me créera ! » Ou bien : « Tout part, tout revient ; éternellement roule la roue de l'être. Tout meurt, tout refleurit, à tout jamais court l'an de l'être. »

## 58

**La souffrance est supportable.** Troisième temps de ce quadruple remède : la souffrance est supportable. Sur ce sujet, Nietzsche va plus loin qu'Epicure car il affirme que, non content d'être *supportable*, elle est *désirable, aimable* au sens étymologique... Voilà le sens de sa doctrine de l'*amor fati* : aimer son destin, y consentir dans l'adhésion la plus totale, le désirer, le vouloir. Quand on aime ce qui nous advient, il ne faut pas faire de quartier : ce qui relève du mal, du négatif, de la douleur, de la souffrance en fait partie. Pas question de prélever dans ce qui a lieu ce qui nous convient en refusant et récusant ce qui nous ennuierait. L'éternel retour ne sélectionne pas, il réitère ce qui a eu lieu – souffrance comprise.

Qui mieux qu'un homme souffrant peut défendre pareille idée radicalement *cynique* au sens premier du terme ? Nietzsche écrit dans *Le Gai Savoir* (§ 312) : « J'ai donné un nom à ma douleur et je l'appelle "chienne" – elle est aussi fidèle, aussi importune et impudente, aussi divertissante, aussi intelligente que tout autre chien – et je puis l'apostropher et passer sur elle mes mauvaises humeurs comme le font d'autres avec leurs chiens, leurs domestiques et leurs femmes »... La correspondance en témoigne : depuis ses très jeunes années, le philosophe a souffert le martyre et son corps l'a conduit vers les bas-fonds de l'être.

Complexion physiologique héréditaire (un oncle maternel mort à l'asile psychiatrique), certes, mais aussi hyperesthésie d'un corps de chamane, sismographe ultra sensible d'écorché comme tout philosophe digne de ce nom, possédé par le tropisme de répétition par lequel il duplique les souffrances de son père et répète sans cesse les symptômes du géniteur agonisant – manifestations évaporées dès l'effondrement dans la folie qui prend le relais, comme une mort possible de son vivant… –, douleurs consubstantielles à la progression du mal syphilitique qui le ronge depuis sa jeunesse, Nietzsche n'a pas connu une seconde de répit pendant plus d'un demi-siècle – de la mort de son père à son propre décès après dix ans de prostration mentale…

Nietzsche a développé une diététique préventive, il a eu le souci de choisir ses climats, ses loisirs afin de ménager son corps, de le soigner. Mais il n'a pas manqué d'ingérer une quantité de substances susceptibles d'intoxiquer son corps pour anéantir ses douleurs : chloral hydraté, kali phosphaté, une mystérieuse « pierre infernale » (lettre à Gersdorff de 1875) pour soigner son estomac, quinine en dose maximale, narcéine, natrum bromique, opium, mercure, atropine pour ses yeux… Somnifères, anxiolytiques, antidépresseurs de cette époque !

Ophtalmies récurrentes, diphtérie et dysenterie contractées sur le champ de bataille, accident de cheval, complications opératoires, infection et longue convalescence, vomissements, violentes migraines, nausées, herpès génital géant, alternance de phases dépressives et de période d'exaltation, cécité progressive, évolution d'une syphilis jusqu'au stade tertiaire, empoisonnements plus ou moins volontaires, multiplication des chocs émotionnels, réactivités maladives aux émotions, hyperesthésie auditive (trois jours immobilisé dans le noir pour avoir écouté de la musique…), le corps de Nietzsche fut vraiment sa grande raison !

La souffrance fut donc sa compagne. A défaut d'obtenir ce qu'il désire, il désire ce qu'il a – voilà ce qui explique la logique nietzschéenne : la santé qui lui fait défaut, il y aspire ; la maladie qui l'afflige, il l'aime pour ne pas avoir à disperser ses forces dans une lutte inutile trop consommatrice de forces, trop d'énergies inutiles à dépenser en pure perte. Malgré les souffrances, il faut vivre : voilà l'impératif qui conduit le philosophe. Que faire quand il semble n'y avoir rien à faire ? Ne pas combattre inutilement, mais *consentir* avec volupté...

## 59

**Philosophie du *Grand Oui*.** La notion d'Amor Fati n'est pas dans *Ainsi parlait Zarathoustra* ; en revanche, l'idée s'y trouve avec le *Grand Oui* à l'Existence. Dans l'affirmation, le consentement, l'adhésion, l'assentiment, l'acquiescement à la vie sous toutes ses formes auxquels Nietzsche invite, il y a matière à joie, béatitude, bonheur, et, de manière inattendue, à santé. La souffrance n'est ni bonne ni mauvaise en soi, mais on peut en faire un bon usage. Le philosophe, en l'occurrence, sait comment en tirer le meilleur parti.

Voilà pourquoi et comment on peut comprendre cette affirmation trouvée dans *Le chant du marcheur de nuit* : « La souffrance est un plaisir. » Non pas, sur le mode sadomasochiste, parce que souffrir ou faire souffrir ferait jouir, mais parce qu'il y a dans l'attitude à adopter devant la souffrance matière à générer une jouissance. En sachant user correctement de la maladie, en choisissant le bon angle d'attaque de la souffrance, la bonne perspective, on peut aller au-delà, dépasser la nécessité en y consentant, ce qui permet de « se créer liberté » selon l'invite des premières pages du *Zarathoustra*.

On saisira ainsi le sens profond de cet aphorisme célèbre du *Crépuscule des idoles* : « Ce qui ne me tue pas me fortifie » – dont on oublie toujours de préciser qu'il est précédé par cette information essentielle : « Appris à l'école de la vie »... La souffrance, contre laquelle le commun des mortels pense qu'il n'y a rien à faire, est pour le philosophe une occasion de penser, réfléchir et proposer un antidote existentiel : ne pas refuser, mais *aimer*, dire *Oui*. Ne pas rechigner, regimber, se cabrer, c'est inutile, mais vouloir avec ardeur ce qui nous arrive.

La leçon de la souffrance ? Une déclaration d'amour à la vie. Dire oui à tout : souffrance et bonheur, déplaisir et plaisir, misère et joie, maladie et santé, tristesse et jubilation, peine et satisfaction, chagrin et allégresse, dépression et ravissement, abattement et exaltation, deuil et liesse... Voilà pourquoi il faut se placer sous le signe de l'enfant qui vit sainement dans « l'innocence du devenir » et peut, grâce à sa bonne nature, proférer un « saint dire Oui ». Aimons ce qui advient parce que l'avènement a lieu dans la forme la plus puissante, la plus féconde, la plus vraie de la volonté de puissance – puisqu'elle est pure nécessité.

La souffrance procède comme tout le reste, y compris la santé, du mouvement de la volonté de puissance. A quoi servirait-il de s'en offusquer et de ne pas la vouloir puisqu'elle exprime la pure nécessité ? Même en affirmant qu'on ne la veut pas, on serait paradoxalement encore voulu par elle : on n'y échappe pas ! Puisque nous sommes condamnés à subir sa loi, sous le signe de la douleur ou sous celui de la santé, qu'au moins nous économisions nos forces en évitant de les dilapider inutilement. La logique de l'*Amor fati*, celle du *Grand Oui à la Vie*, deux expressions pour une même invitation, montrent dans quelle mesure la souffrance qui pourrait sembler un inconvénient se révèle le plus grand des avantages : elle aguerrit, elle rend plus fort...

## 60

**Le bonheur est possible.** Quatrième et dernier moment du Quadruple Remède de ce nietzschéisme épicurien : l'affirmation du bonheur possible. Nietzsche philosophe du bonheur, penseur d'une sagesse existentielle praticable par tout un chacun, voilà la leçon finale de ce parcours dans son œuvre complète. Loin des lectures déjà proposées (le Nietzsche théophanique de Lou Salomé, le moraliste d'Andler, le décadent de Nordau, le métaphysicien d'Heidegger, le national-socialiste du marxiste Luckas et d'Elisabeth Förster la nazie, le fasciste de Maulnier, le germain de Maurras, l'anarchiste d'Emma Goldman, le socialiste de Jaurès, le marxiste de Lefebvre, le mystique de Bataille, le généalogiste de Foucault, le deleuzien de Deleuze, le sémiologue de Klossowski, le déconstructeur de Derrida, le tragique de Rosset, le chrétien qui s'ignore de Valadier, le philosophe artiste de Vuarnet, l'ontologiste de Boudot, le contemporain de Faye, le philosémite de Sarah Koffman, le méchant de Comte-Sponville, l'antidémocrate de Ferry...) je propose le mien au terme de cette analyse : *Nietzsche* *l'existentiel,* l'inventeur d'une sagesse à destination de qui s'en empare.

La sagesse existentielle de Nietzsche propose une variation sur le thème hédoniste. Certes, il critique un certain hédonisme, celui des *utilitaristes,* mais au nom d'une autre conception de l'hédonisme – *vitaliste* en l'occurrence. Pour *l'hédonisme classique,* le plaisir constitue le souverain bien, un objectif à réaliser en priorité. Nietzsche ne consent pas à cet hédonisme du plaisir comme fin. Pour *l'hédoniste vitaliste* qu'est Jean-Marie Guyau, la vie est première, il faut en rechercher la formule la plus expansive ce qui, par un effet de conséquence *inévitable,* génère le plaisir, la satisfaction, la joie, le bonheur. Nietzsche développe un semblable hédonisme de la vie expansive.

Nietzsche fustige la formule anglo-saxonne de l'hédonisme : mesurer la valeur à partir de la quantité de plaisir, voilà qui, comme le pessimisme, l'eudémonisme, l'utilitarisme, signale le nihilisme, la pensée malade, les naïvetés superficielles qui construisent sur la compassion et la pitié, signes, chez leurs promoteurs, que la santé leur fait défaut, que la vitalité et la force les ont abandonnés et qu'ils se réfugient dans des morales d'esclaves, le christianisme ou sa formule moderne : le socialisme. L'hédoniste qui fait du plaisir le souverain bien trahit une santé déclinante et souhaite que tous lui emboîtent le pas dans le culte de la vie descendante.

L'abolition de la souffrance ? Une ineptie, une impossibilité, une utopie métaphysique radicale… Vouloir la fin de ce qui élève nous conduit vers le bas et plonge plus encore la civilisation européenne dans le nihilisme qui la caractérise. L'hédonisme fustigé par Nietzsche, c'est paradoxalement celui du christianisme et des variations effectuées par les révolutionnaires socialistes, les anarchistes saturés de ressentiment, les utilitaristes anglo-saxons, qui veulent en finir avec la souffrance consubstantielle à l'exercice de la vie. Cet hédonisme-là est vanité et poursuite du vent. Le bonheur ne doit pas être recherché prioritairement. La sagesse nietzschéenne n'est pas jouissance facile de l'animal repus, béatitude à portée de main obtenue avec des recettes faciles qui supposeraient la libéralisation du désir et la souscription au plaisir facile. Le plaisir voulu par Nietzsche n'est pas une fin, mais un résultat obtenu après avoir dit le grand oui à la vie.

Attaquant violemment Kant dans *L'Antéchrist*, Nietzsche écrit : « Une action à laquelle l'instinct de vie nous contraint, trouve dans le plaisir qu'elle donne la preuve qu'elle est une action juste » (§ 11). La chose se trouve donc clairement dite : on doit *viser d'abord* l'expansion de la vie, le plus de vie possible, la vie la plus exubérante, la plus abondante, la plus magnificente, la plus « tropicale » comme il l'écrit parfois, la plus expansive, la plus débordante, la plus instinctive, la plus pulsionnelle, la plus corporelle donc, et l'on *obtiendra ensuite* le plaisir qui accompagne toujours l'exercice de la volonté de puissance. On pourrait donc établir une équivalence qui donnerait la formule de l'hédonisme vitaliste de Nietzsche : *une volonté de jouissance accompagne toujours la volonté de puissance.*

## 61

**Volonté de jouissance.** Cette association de l'exercice de la volonté de puissance et l'obtention d'une jouissance consubstantielle est ancienne dans la pensée de Nietzsche. Dès *Humain, trop humain* (§ 104), il écrit : « Sans plaisir, point de vie, le combat pour le plaisir est le combat pour la vie. » Vitalisme, hédonisme constituent le recto et le verso d'une même feuille. Indissociables, on ne peut vivre sans expérimenter le plaisir de vivre, ni avoir du plaisir sans jubiler de la vie. Dans *Le Crépuscule des idoles*, on retrouve la même idée : « Tant que la vie suit une courbe ascendante, bonheur égale instinct » (§ 11). Puis, dans *L'Antéchrist*, moment final de l'œuvre nietzschéenne, une remarque semblable : « Qu'est-ce que le bonheur ? Le sentiment que la puissance croît, qu'une résistance est en voie d'être surmontée » (§ 2). Vie, sentiment de puissance, volonté de puissance, instinct, si l'on y consent pleinement, génèrent plaisir et bonheur. Le grand oui à la vie, l'amor fati, la pure adhésion au monde, voilà donc ce qui *produit* le plaisir.

L'hédonisme nietzschéen ne fait ainsi aucun doute. Contre *l'hédonisme vulgaire* et trivial des utilitaristes anglo-saxons que le philosophe installe du côté du nihilisme, de la décadence et de la vie descendante, Nietzsche propose un *hédonisme vitaliste*, signe de grande santé, de virilité, de consentement au monde et preuve de vie ascendante. Le problème n'est donc pas l'hédonisme en soi pour lequel Nietzsche ne manifeste aucun avis, mais la variété d'hédonisme : non à sa formule utilitariste, non à

Bentham et aux siens, non à *Déontologie*, un livre qui puise aux même sources dévitalisées que la *Critique de la raison pratique* de Kant ; mais oui à l'*Esquisse d'une morale sans obligation ni sanction* qui, sur le sujet du plaisir second et de l'expansion de la vie premier, défend une même vision du monde.

## 62

**Ni suivre, ni guider.** Nietzsche ne livre pas une formule toute faite au bonheur. Il ne délivre ni recettes universelles, ni techniques valant pour tous. Il écrit pour lui et propose au public un chemin dont il pense qu'il ne doit pas être emprunté tel quel par les autres. En revanche, ce sentier existentiel personnel peut fournir un modèle, une inspiration à chacun qui doit toutefois tracer son chemin seul. Nietzsche n'écrit pas un traité des vertus, il n'est pas un moraliste, il exècre la « *moraline* », cette substance toxique qui empoisonne la vie, il ne distribue pas de bons ou de mauvais points, il ne blâme ni ne félicite : *il sauve sa peau.*

En sauvant sa peau, il explique comment chacun peut sauver la sienne. Non pas en vivant sa vie, en reproduisant son trajet, ce qui serait proprement ridicule, mais en regardant comment on peut vivre une vie, cette vie, et de quelle manière on peut s'y prendre pour la produire sur mesure. Nietzsche enseigne *sa* voie, il dit *sa* solution : nulle part il ne dit qu'il s'agit de *la* voie, de *la* solution. *Aurore* l'enseignait déjà : « Puisse chacun avoir la chance de trouver justement la conception de la vie qui lui permet de réaliser *son* maximum de bonheur » (§ 345).

Un bon maître apprend à ce qu'on se déprenne de lui. *Vade mecum – vade tecum,* un poème du *Gai Savoir* le dit clairement : « Aie souci de n'être fidèle qu'à toi-même – Et tu m'auras suivi. » Car Nietzsche déteste tout autant guider que suivre. Zarathoustra le redira dans *De l'esprit de pesanteur* : « Voilà – maintenant mon chemin ; – "où est le vôtre" ? ; à ceux qui me demandaient "le chemin" ainsi ai-je répondu. Car *le* chemin – cela n'existe pas ! ».

## 63

**Tout est permis.** Voilà pourquoi « rien n'est vrai, tout est permis », cette célèbre phrase ayant tant fait pour la mauvaise réputation de Nietzsche… Que veut dire cette expression lisible dans *Le Voyageur et son ombre* mais aussi dans la *Généalogie de la morale* ? Non pas qu'on *doit* faire tout et n'importe quoi (les disciples mal avisés ne s'en sont pas privés, les nazis en première ligne), mais qu'on *peut* tout – le pouvoir de faire n'obligeant pas au devoir de faire. Cette expression ouvre le champ des possibles nietzschéens : puisque le monde des interdits chrétiens s'est effondré, une immense perspective ontologique s'ouvre à nous qui voulons sortir du nihilisme.

Le sens de cette phrase est à mettre en perspective avec le diagnostic de nihilisme européen effectué par le philosophe. *Rien n'est vrai* veut dire : il n'existe plus de vérité absolue, ni Vrai, ni Beau, ni Juste, ni Bien majuscules et transcendants, éternels et immatériels, notions détachées de l'histoire, flottant dans le ciel des idées pures, idées incorruptibles, éthers platoniciens, car tout cela a péri, et il n'existe plus que des perspectives, des optiques, des angles d'attaque, des regards portés sur les variations de la volonté de puissance, par-delà toute considération morale ; *tout est permis* signifie : là où un seul chemin balisé était proposé, il existe désormais une multiplicité de routes possibles, une quantité incroyables d'itinéraires existentiels *à inventer.*

Le bonheur est une aventure individuelle, singulière, personnelle, subjective, il se construit en fonction de l'idiosyncrasie de chacun. Donc : rien n'est vrai en matière de chemin existentiel ; tout est permis pour le tracer. Le message ultime de Nietzsche est simple, il s'agit pour chacun « d'être l'ami de soi-même » – *De l'amour du prochain,* une tâche considérable et bien plus complexe qu'on ne l'imagine. Le banal amour de soi égoïste n'y suffit pas, il faut une connaissance du réel avec lequel il faut compter après la fin de la fable chrétienne : l'éternel retour du même, la domination aveugle de la volonté de puissance, le fatum de toute existence singulière. Tout est permis, certes, mais dans le cadre ontologique balisé par le philosophe.

64

**Devenir l'ami de soi-même.** Comment peut-on devenir l'ami de soi-même ? En évitant de se disperser, en se concentrant sur soi. En gardant intactes ses forces et en souhaitant les multiplier. En s'installant au centre de soi-même. Si Nietzsche fustige la pitié ou la compassion, ça n'est pas pour inviter à jouir d'une souffrance qu'il nous faudrait infliger à autrui ou dont il faudrait se réjouir. En regard des leçons données par la volonté de puissance, ce qui a lieu ne peut pas ne pas avoir lieu selon la formule dépliée dans le réel. A quoi bon, dès lors, perdre son énergie à vouloir que la nécessité ne soit pas nécessaire. Compatir, prendre part à la peine ou à la souffrance d'un tiers, c'est amoindrir sa vitalité sans espoir que la négativité d'autrui se trouve entamée d'un gramme.

Radical, cynique au sens de Diogène, cruel comme La Rochefoucauld dans ses *Mémoires*, sans concession faites aux fables, à la mythologie, aux balivernes inventées par les hommes pour éviter de regarder la vérité en face, Nietzsche écrit directement dans *Par-delà bien et mal* : « Vivre, c'est *essentiellement* dépouiller, blesser, dominer ce qui est étranger et plus faible, l'opprimer, lui imposer durement sa propre forme, l'englober et au moins, au mieux, l'exploiter » (§ 259) (« dominer ce qui est étranger et faible » dit la traduction de Maurice de Gandillac pour l'œuvre complète parue chez Gallimard et non « subjuguer l'étranger et le faible » comme le propose Henri Albert dans une traduction du Mercure de France sans cesse rééditée depuis un siècle, une bénédiction pour les lecteurs mal intentionnés…).

Est-ce bien ? Est-ce mal ? Faut-il le déplorer ? Ni rire ni pleurer, mais comprendre : l'adage spinoziste accède ici à tout son sens. Il ne saurait être question d'approuver ou de désapprouver : c'est ainsi, en dehors de toute perspective morale. Ce qui vaut pour le Sipo Matador vaut pour les hommes de toute éternité. S'offusquer de cette réalité serait aussi ridicule que de lutter contre la course elliptique de la Terre autour du Soleil. Nietzsche ne se réjouit pas de cet état de fait, il le constate, et ce dans un livre dont le titre annonce clairement la couleur ontologique : *par-delà bien et mal.* On ne peut mieux dire les choses, ni même prévenir plus clairement.

Le « Devenez dur ! » *ontologique* qui figure dans *D'anciennes et de nouvelles tables* d'*Ainsi parlait Zarathoustra* (mais que les nazis avaient aussi gravé dans le marbre *politique* de leurs écoles SS...) renvoie donc, par-delà bien et mal, loin de toute moraline, sans souci du jugement de valeur, à la fatalité de l'éternel retour des choses selon la logique de la volonté de puissance. Rien ni personne ne fera que cela ne soit pas comme cela est... Pure perte que de vouloir entamer la répétition de cette force dans son éternel déploiement. L'invitation à *devenir dur* ne consiste pas à frapper autrui sans ressentir de compassion, lecture de brute, mais à vivre dans un monde où l'on ne se laisse pas affecter par la négativité qui ne peut pas ne pas se dire. C'est dureté avec soi-même d'un point de vue ontologique – et non dureté avec autrui sur le terrain de la vie quotidienne ! Quiconque est dur avec soi devient l'ami de lui-même. La dureté ontologique est la condition de possibilité du bonheur annoncé par Nietzsche.

65

**Cruauté de la pitié.** Pour mieux montrer que l'on n'évite pas la cruauté, que la volonté de puissance est une fatalité, une nécessité, que les choses se passent par-delà bien et mal, Nietzsche montre qu'au moment même on l'on se croit le plus aux antipodes de la volonté de puissance, on y obéit encore. Ainsi, lorsque l'on pratique la pitié, on expérimente la cruauté consubstantielle à l'exercice du vivant.

On se croit bon et généreux, magnanime et désintéressé, bienveillant et miséricordieux quand on manifeste pitié ou compassion ? C'est le moment même où la méchanceté est la plus grande : car celui qui manifeste de la pitié jouit d'être l'homme bon, moral, vertueux que célèbre la société, ce qui, une fois encore, est jouissance consubstantielle à l'exercice de sa puissance. Sous l'apparence des vertus se trouve toujours la cruauté d'une puissance qui s'affirme au détriment d'une autre. Sipo Matador…

Même remarque avec celui qui se trouve de l'autre côté de la barrière ontologique et quémande de la pitié. Celui-là expérimente le plaisir de faire souffrir la personne sollicitée en lui infligeant ce qu'il croit utile pour obtenir d'elle sa pitié : cris, larmes, gémissements, jérémiades, apitoiements, lamentations, plaintes… La victime du sort jouit de se faire bourreau d'autrui en lui infligeant son spectacle à l'issue duquel il expérimente « le pouvoir de faire mal » (*Humain, trop humain* § 50)… La force du faible cause des dommages à plus fort que lui, ce qui produit une incontestable jubilation.

Qui, pourvu qu'il soit sincère avec lui-même, donnera tort à Nietzsche, s'il examine son for intérieur, en lisant la suite cruelle mais juste, parce que vraie, de ce même aphorisme : « Y aura-t-il beaucoup d'esprits sincères pour accorder que faire mal est un plaisir ? Qu'il n'est pas rare de se divertir (et fort bien) à infliger des blessures aux autres, en pensée tout au moins, et à décharger sur eux cette grenaille de menue méchanceté ? » La cruauté est inévitable, elle se dit partout, y compris là où on la croit la moins présente. Ruse de la volonté de puissance...

Exerçons-nous à voir le réel comme il est, ce que signifie le « Devenez dur » ; tâchons d'écarter les rideaux de fumée et les illusions fournies par la *morale des moralisateurs*, saturée de *moraline*, pour préférer la *morale des moralistes*, gorgée de vérités essentielles utiles à la construction d'une sagesse. Nietzsche est cruel comme La Rochefoucauld, Chamfort, Joubert, Vauvenargues, La Bruyère, non que cet aréopage constitue une assemblée de cruels personnages au sens trivial du terme, mais parce qu'ils fouillent la chair crue, taillent dans le vif des sentiments, font couler le sang pour montrer la vie en action, la vie en acte, la vie à l'œuvre...


66


**Le sens de la terre**. Il existe deux façons de consentir à la volonté de puissance : *aveuglément,* en étant son jouet, sans s'en apercevoir, sans s'en rendre compte, le cas de la plupart des gens portés par la planète depuis qu'elle est habitée ; ou *franchement,* en connaissance de cause, avisé par les leçons données par le philosophe. Soit obscurément on lui obéit en y étant soumis ; soit clairement on la commande en lui obéissant. Ce paradoxe fournit la clé de la sagesse nietzschéenne : le sage sait la volonté de puissance, il la sait et il la veut. Ainsi, bien que voulu par elle, s'il la veut à son tour, elle est voulue, et de la sorte, il se crée liberté.

Dire oui à la cruauté de la volonté de puissance, c'est manifester au plus haut point ce que Zarathoustra nomme « le Sens de la Terre ». Cette adhésion à la Terre suppose la critique du ciel. Dire *Oui à la Vie* c'est dire *Non au Christianisme* qui célèbre la pulsion de mort – une nécessité pour construire une sagesse existentielle nietzschéenne. Le combat antichrétien du philosophe est connu. Nul besoin d'entrer dans les détails.

Contentons-nous d'établir la liste des cibles arrosées par le philosophe de la mort de Dieu : la haine du corps, des désirs, des plaisirs, des passions, des pulsions, des instincts, de la chair ; la célébration du renoncement, de la résignation, de l'ascétisme, de la chasteté, du célibat, de la haine du soi, des femmes, de la volupté, de la sensualité, de la sexualité ; la construction d'un arrière-monde fictif au nom duquel le monde réel a été déconsidéré ; l'inscription de toute existence sous le signe du péché, de la faute, de la mauvaise conscience, de la culpabilité ; la production, ce faisant, d'une quantité incroyable de ressentiment ; la fable du libre arbitre utile pour rendre coupable et justifier la comédie de la punition ; la déconsidération du plaisir ; la salissure de la sexualité ; le culte rendu aux malades ; l'invitation, par l'imitation, à se faire souffrir et à vivre toute douleur comme une passion qui rapproche du Christ ; le pouvoir des prêtres sur les âmes, donc sur les corps ; la mainmise de l'Eglise sur la civilisation ; la toxicité du paulinisme qui fournit la formule du christianisme officiel sous lequel l'Europe a vécu plus d'un millénaire ; le nihilisme devenu le quotidien de tout un continent ; la corruption de la philosophie par le poison de la théologie pendant plus de mille ans ; le discrédit jeté sur la raison au nom de la foi ; la méconnaissance du fonctionnement réel de la nature ; l'institutionnalisation de la vengeance des ratés ; etc. En un mot conclusif emprunté à *L'Antéchrist* (§ 51) : « Le christianisme fut à ce jour la plus grande catastrophe de l'humanité »...

## 67

**L'heure est venue du surhomme**. Dans *Ainsi parlait Zarathoustra*, on peut lire cette promesse avec laquelle il faut conclure : « Morts sont tous dieux ; maintenant nous voulons que vive le surhomme » – *De la prodigue vertu*. Qui est ce *surhomme* sur lequel on a tant, et si souvent mal écrit ? C'est le concept le plus fantasmatique, le plus à même de générer de mauvaises interprétations, des projections, des délires. N'a-t-on pas jadis parlé du « *surboche* » pour expliquer aux fantassins français de la guerre 14-18 qu'il avaient en face d'eux, de l'autre côté des tranchées, des barbares, mangeurs de chair d'enfant doués pour les cruautés les plus inédites ? Le Waffen SS fut lui aussi présenté comme l'incarnation de ce concept parmi les plus subtils de Nietzsche puisqu'il exige l'assimilation de la totalité de sa pensée pour enfin apercevoir à quoi il ressemble clairement, nettement, débarrassé des élucubrations parasites...

Le surhomme est celui qui pratique le quadruple remède nietzschéen dans sa vie quotidienne, en général et dans le détail :

*Premièrement : il affirme que Dieu n'existe pas* ; il déclare la guerre à Dieu, aux dieux, au christianisme, aux religions ; il est athée ; il récuse toute idée même d'arrière-monde ; corrélativement, *il affirme qu'il n'existe que de la volonté de puissance*, ce qui ne laisse aucune place et aucune chance à un quelconque dieu ou à je ne sais quelle hypothétique figure divine ; il vit donc dans un monde où la vie fait la loi, par-delà bien et mal ; il sait donc la nature tragique du monde et la vérité de cette force inextinguible consubstantielle au réel.

*Deuxièmement : il affirme que la mort n'est pas à craindre* ; il n'y a pas d'arrière-monde ; il récuse l'existence d'une âme séparée du corps, immatérielle et immortelle ; il dit que l'âme nomme une partie du corps qui est la grande raison ; il interdit donc qu'une âme éternelle puisse souffrir d'une damnation sans fin dans un lieu sans existence ; corrélativement, *il affirme l'éternel retour des choses* sur un mode identique, de sorte que la vie ne se perd jamais, elle se reproduit comme elle s'est déjà reproduite dans le passé et comme elle se reproduira éternellement dans l'incommensurable des temps à venir. Il s'agit donc de devenir ce que l'on est en assistant avec volupté au déploiement de soi comme déjà ce fut le cas et comme ce sera encore le cas.

*Troisièmement : il affirme que la souffrance est supportable ;* il sait que la volonté de puissance agit par-delà bien et mal, selon une pure logique affirmative dans laquelle il n'y a place pour rien d'autre que ce qui est : la souffrance est donc inévitable ; corrélativement, *il affirme le grand oui à la vie*, autrement dit *la nécessité de l'Amor Fati* en vertu de quoi il faut aller au-delà de l'affirmation que la souffrance est supportable pour dire plus profondément qu'elle est désirable, aimable, car elle joue un rôle sélectif dans la production de la force, de la vitalité. Aimer son destin, c'est se l'approprier et se créer liberté.

*Quatrièmement : il affirme que le bonheur est possible* et qu'on le trouve dans l'exacerbation de la vie, dans la jouissance d'expérimenter le pur plaisir d'exister, dans le consentement aux forces qui nous travaillent, dans la jubilation de l'amor fati, car la volonté de puissance s'accompagne indéfectiblement de la réalité d'une jouissance ; corrélativement, *il affirme qu'il faut être fidèle à la terre*, autrement dit : rire du ciel jadis lieu des peurs humaines, et aimer cette terre, l'ici-bas, la vie, le réel, le monde, devenir l'ami de soi-même, apprendre à s'aimer, se construire un corps adéquat. Car « la vie est une source de plaisir » dit Zarathoustra dans *D'anciennes et de nouvelles tables*, mais seulement pour ceux qui savent la vivre...

## 68

**La politique, une affaire de médiocres.** La vulgate présente un Nietzsche politique réactionnaire, conservateur, brutal, pour tout dire, et pour aller vite : *de droite*. On aurait tout autant tort de vouloir le classer *à gauche*. Car, sur le terrain politique, Nietzsche est... un Grec ! Le prélèvement arbitraire permet tout aussi bien d'asservir la pensée du philosophie à des fins de gauche ou de droite – le fascisme ou le national-socialisme tout autant que l'extrême gauche soixante-huitarde ont ainsi procédé.

Certes on trouve chez lui une critique du communisme, de l'anarchisme, du socialisme, de la démocratie parlementaire, de l'égalitarisme bourgeois et des idéaux de la Révolution française entendus comme autant de recyclages de la pensée chrétienne. Son analyse de l'homme de gauche comme homme du ressentiment exprime une vérité que la gauche elle-même n'a pas encore assez prise en considération pour s'en déprendre... Le désir révolutionnaire saisi non pas seulement dans la générosité, l'idéal de fraternité, le désir de solidarité, mais aussi comme besoin de vengeance, flux débordant d'amertume, soif inextinguible de rancunes et de rancœurs accumulées, voilà une analyse de la gauche dans l'esprit d'un moraliste du genre La Rochefoucauld !

Mais on oublie, en cherchant ce que signifierait *une politique de Nietzsche*, qu'il écrit dans *Aurore*, un livre aux contenus politiques souvent négligés. Il y affirme par exemple que la politique comme « domaine d'activité est et demeure celui des esprits médiocres » (§ 179). La question n'est pas de s'occuper de politique politicienne, mais d'avoir le souci d'une politique ontologique. Le problème n'est pas dans la gestion des transports ou du trafic, dans le rôle de l'Etat plus ou moins providence, dans la protection de la société contre les voleurs et les incendiaires, mais dans la production d'une « *surespèce* » selon le mot auquel il invite dans *Ainsi parlait Zarathoustra* – dans le chant intitulé *De la prodigue vertu*.

Le concept a pu faire peur. De fait, si on l'interprète selon les catégories de la biologie, on associe très vite cette notion à l'eugénisme, à la sélection des races, à l'hygiène des peuples, à la production d'une humanité scientifiquement contrôlée, à la transformation de la civilisation en haras où l'on croiserait les géniteurs dans la perspective de produire de beaux et sains produits aryens. Cet eugénisme-là n'est aucunement le souci de Nietzsche. Nulle part dans l'œuvre on ne trouve de références à un eugénisme associable à celui de Galton : sélection biologique et éradication de tares comme l'alcoolisme, la malformation physique.

Evitons la lecture scientifique et biologique, que Nietzsche ne revendique jamais, et gardons-nous également de l'illusion rétrospective du nietzschéisme des faussaires, en l'occurrence celui des nazis. Car le philosophe s'installe sur le terrain ontologique : quand il parle de dégénérés ou de tarés, de malvenus ou de faibles, de malades ou de chétifs, de ratés ou de dégénérés et invite à s'en débarrasser, comme dans *L'Antéchrist* (§ 2), c'est comme types ontologiques dominants, comme vainqueurs qui imposent leur loi, comme exemplaires rusés du ressentiment qui font triompher le faible contre le fort, comme idéaux autoproclamés qui servent de modèles à la civilisation européenne nihiliste dans laquelle nous nous trouvons.

On commet donc un effroyable contresens en imaginant que, dans ce registre vindicatif, Nietzsche préfigure un projet de *sélection biologique de l'espèce*, sur un mode qu'expérimenteront les nazis. Il propose un projet de *sélection ontologique de l'espèce* via la philosophie, la pratique existentielle d'une sagesse clairement proposée dans l'invitation à produire un corps nouveau. Dans *Des trois méchantes choses*, Zarathoustra invite à la production « d'une âme forte munie d'un corps altier ». Ce corps nouveau, plus haut, plus fort, débarrassé des entraves judéo-chrétiennes, Nietzsche en donne le mode d'emploi. Il suppose un détour par les Grecs…

## 69

**Etre grec en politique.** Les Grecs tenaient en effet le travail pour un vice absolu. Nietzsche leur emboîte le pas et, tournant le dos aux chrétiens qui en font une punition méritée en paiement de la faute originelle, il propose un démontage de moraliste en règle sur cette question. Que veulent les apologistes du travail écrit-il dans *Aurore* (§ 173) ? Supprimer tout ce qui est individuel, car le travail tôt le matin jusqu'à tard le soir, le labeur difficile, sa répétition jour après jour, tout cela constitue la meilleure des polices. Comment en effet développer raison, désir et indépendance quand il faut sans cesse répéter des tâches sans intérêt ? Le travail ravage, use la force nerveuse, abêtit, abrutit, il empêche de penser, de méditer, de rêver. Plus les individus travaillent, plus la société jouit durablement et sûrement de sécurité – la valeur que tous portent au pinacle et vénèrent comme une divinité…

Le travail n'est défendable que lorsqu'il est accompagné de joie, de plaisir. Ce qui est rarissime, sauf chez les artistes, les contemplatifs, les inventeurs, les penseurs et ceux qui s'adonnent à des activités comme le voyage, la chasse, les intrigues amoureuses ou les aventures. En compagnon de route des dandys, Nietzsche célèbre ces gens « d'une paresse décidée » (*Le Gai Savoir* § 42) qui préfèrent le loisir, la libre disposition de soi-même, y compris quand il faut payer cette liberté de désagréments, d'appauvrissement, de déshonneur, de dangers pour la santé et pour la vie.

Nietzsche fustige la manie américaine de courir après l'or (*ibid.* § 329) et voit se profiler cette passion déplorable en Europe... Ce vice du nouveau monde qui voit les descendants des Peaux-Rouges se ruer sur le travail jusqu'à l'essoufflement atteint notre continent et va le barbariser prochainement, prophétise le philosophe du *Gai Savoir*. Dès lors, on a honte du repos, et la méditation passe pour une activité de fainéants qui génère même le remords. Nos existences se placent désormais sous le signe de la vitesse. Chacun regarde sans cesse sa montre dit Nietzsche, y compris pendant le déjeuner. On craint que quelque chose nous échappe sans qu'on sache même quoi... L'*otium* antique est mort ; Nietzsche veut le restaurer.

70

**L'anticapitalisme nietzschéen.** Le goût de l'otium antique va de pair avec la critique de la modernité et plus particulièrement de sa forme capitaliste et libérale. Cette critique n'est pas ponctuelle, datée, recouverte par une autre période qui dirait le contraire et invaliderait une thèse posée à un moment donné. Jugeons-en par ce parcours dans le temps nietzschéen : en 1872, dans *La Naissance de la tragédie*, il écrit : « La division du travail est le principe de la barbarie » ; en 1873, dans la première *Considération inactuelle* : « La machine broie les os des ouvriers » ; dans le même texte : « Les mots d'usine, de marché du travail, d'offre et de demande, de productivité (relèvent) du jargon des négriers et des employeurs » ; en 1879-1880, dans *Le Voyageur et son ombre*, dans un aphorisme saisissant (§ 285), Nietzsche propose : la possibilité pour tous d'accéder à la petite fortune ; l'empêchement de l'enrichissement facile et subit ; la nationalisation des « branches du transport et du commerce qui favorisent l'accumulation des grandes fortunes, donc avant tout le trafic d'argent » ; la diminution des trop grandes richesses qui représentent un danger pour la sécurité publique – au même titre que l'extrême pauvreté qu'il faudrait en même temps réduire ; en 1880, dans *Aurore* (§ 206) il invite la classe ouvrière à se déclarer « impossibilité humaine en tant que classe », et pour ce faire, il propose de protester « contre la machine, le capital », puis de refuser de se faire l'esclave soit de l'Etat capitaliste, soit d'un parti révolutionnaire mû par le ressentiment – il précise qu'on ne saurait remédier au statut inhumain d'ouvrier avec une augmentation de salaire, qu'une révolution où le travail resterait le même n'est pas désirable, qu'il n'y a pas de prix envisageable pour transformer un individu en rouage d'une machine, que le désir de toujours plus de production et toujours plus d'enrichissement est une course à l'abîme ; en 1888, dans *Le Crépuscule des idoles* (§ 38) : « Libéralisme – en clair cela signifie *abêtissement grégaire* ».

Voici donc Nietzsche par-delà droite et gauche en politique : contre la gauche, donc, il fustige le socialisme, l'anarchisme, le communisme, la révolution, les idéaux de 89, la fraternité, la démocratie ; contre la droite, il critique violemment le machinisme, la course aux profits, les trop grandes fortunes, les pauvretés extrêmes, les progrès techniques, la religion de la productivité, la passion (américaine) pour l'argent, le capitalisme, le libéralisme, le patriotisme nationaliste, le parlementarisme, l'antisémitisme, le militarisme, l'Etat...

71

**Qui est un esclave ?** On comprend qu'au gré des prélèvements, on ait pu arraisonner Nietzsche à un camp alors qu'il n'en était d'aucun, sinon de celui de la philosophie et plus particulièrement de l'ontologie. Renvoyant dos à dos ceux qui se trouvent habituellement face à face, Nietzsche se trouve ailleurs. En Grèce justement. Car le professeur ayant quitté l'enseignement à l'université et qui vit sans attaches en parcourant l'Europe, qui passe son temps à lire, écrire, marcher, penser, méditer sait que l'otium constitue le but ultime de toute construction de soi : disposer de soi.

Dans *Humain, trop humain* (§ 283) on peut lire ceci : « Tous les hommes, c'est vrai de nos jours comme ce le fut de tout temps, se divisent en esclaves et êtres libres ; car celui qui, de sa journée, n'a pas les deux tiers à soi est un esclave, qu'il soit au demeurant ce qu'il voudra : homme d'Etat, marchand, fonctionnaire, savant »... Voici donc la formule moderne de l'otium post-chrétien. La phrase, simple et claire comme un coup de lame de rasoir, taille dans le vif de tout être qui la découvre et se demande si, selon ces critères posés par le philosophe, il est un esclave ou un homme libre. Combien peuvent se ranger dans l'infime communauté des êtres libres ? Quand on dispose donc de ce temps libre, il s'agit d'en faire le meilleur usage. Nietzsche persiste dans l'autoportrait et, pour une fois, il peut parler de lui car sa théorie ne procède pas d'une *aspiration à ce qui lui manque* mais d'une *description de ce qu'il pratique*. Le sage, en effet, ne travaille pas à autre chose qu'à la production de son être ; il ne sacrifie pas à l'idéal consumériste de son époque qui, signe du nihilisme, communie dans la religion matérialiste de l'avoir ; il ne court pas après les charges publiques ; il est sans patrie ; il se moque des patriotismes ; il vit en Européen ; il n'aspire pas à l'honorabilité sociale ; il ne cherche pas les visibilités mondaines ; il ne s'encombre pas d'une famille ; il récuse les valeurs des philistins de son temps ; il se moque de l'ascension sociale ; il veut juste l'argent qui lui permet de ne pas manquer d'argent ; il est frugal, économe ; il choisit ses délassements ; il n'est attaché à rien ni à personne, à aucune terre, à aucun lieu, aucun endroit ; il a le souci de son corps et de son âme qu'il fabrique comme des œuvres d'art.


72


**Se créer un corps carré.** On trouve à plusieurs reprises dans *Ainsi parlait Zarathoustra* une invitation à se créer un autre corps, un corps nouveau : *plus haut, carré, altier, supérieur, victorieux…* Que veulent dire ces épithètes ? Qu'il existe des corps bas, informes, inférieurs, vaincus… Autrement dit, des corps chrétiens travaillés par la mauvaise conscience, brûlés par le ressentiment, hantés par les passions tristes, consumés par l'ascèse et le renoncement, rabougris, étroits. Des corps qui chérissent le ciel et tournent le dos à la terre. Il faut, écrit Nietzsche dans *Des trois méchantes choses*, « le salubre égoïsme (…) d'une âme forte munie d'un corps altier, du beau corps victorieux, donneur de réconfort ».

Toute sa vie, Nietzsche a expérimenté les régimes alimentaires les plus à même de lui donner du répit, les meilleurs endroits susceptibles d'apaiser son esprit irritable à l'excès, l'hygrométrie la mieux adaptée à son corps pour créer, penser, écrire, la qualité de lumière la plus convenable à ses yeux douloureux, les paysages capables de générer les panoramas les plus inducteurs d'émotions porteuses de passions génitrices d'idées, de quoi, selon l'expression *D'enfant et de mariage*, « se bâtir carré de corps et d'âme »…

Avec Nietzsche, et plus encore qu'avec Feuerbach, l'homme devient ce qu'il mange… La *diététique*, dit-il mi-sérieux, mi-provocateur, est une question bien plus importante que tous les sujets théologiques dont débattent tant d'hommes depuis si longtemps. Zarathoustra n'a jamais caché ses vertus préférées : légèreté, élégance, vivacité, souplesse, talent pour la danse, il aime que les vérités les plus puissantes arrivent sur des pattes d'oiseau, graciles et fragiles.

Ce que nous ingérons nous constitue : avaler des nourritures lourdes, épaisses, grasses, c'est penser épais, lourd et gras, produire les idées qui plombent l'âme. La métaphysique de Kant, par exemple, s'explique par l'abondante consommation de charcuteries et de pommes de terre. Celle de Hegel, par l'abus de bière… Nietzsche qui se sent oriental, on se demande bien pourquoi, déplore de ne pas manger plus souvent de riz, un aliment à pratiquer avec mesure, l'excès conduisant, dit-il, à recourir aux stupéfiants et à l'opium…

L'impératif socratique « connais-toi toi-même » ne s'arrête pas à la porte de la cuisine, au contraire : il faut se soucier de la taille de son estomac, et parvenir à la connaître. Ensuite, en fonction de cette connaissance cardinale, le remplir correctement avec les liquides et les solides adéquats : ni trop manger, ni trop peu, ne pas passer trop de temps à table, ne pas expédier non plus le repas, éviter les féculents, préférer les cuisines italiennes, bannir l'alcool, préférer l'eau, tenir les excitants à bonne distance. Connaître son corps et lui donner ce qu'il demande. Ici comme ailleurs, aimer son destin… physiologique.

Son désir théorique de nourriture légère s'accompagne, les échanges de lettres avec sa mère témoignent, d'une pratique aux antipodes. Nietzsche se trouve ramassé dans cette anecdote : il aspire à ce qu'il n'est pas, il théorise ce qui lui manque, il veut ce qu'il n'est pas. Ainsi, il ne cesse de demander à sa mère des salaisons, notamment du jambon, du saucisson de cochon, et des saucisses qu'il enfile sur une ficelle et accroche au mur dès leur réception. Qu'on imagine alors la scène : penché sur une toute petite table, fiévreux, possédé par *l'hybris* philosophique, Nietzsche écrit *L'Antéchrist* sous un *chapelet* de saucisses. Puis le chantre de Dionysos boit de l'eau…


73


**Le tropisme du fugitif errant**. La résolution de la question du régime alimentaire fournit donc le premier moyen de se construire un corps sur mesure. A quoi il faut ajouter à cette « casuistique de l'égoïsme », comme il écrit dans *Ecce Homo*, d'autres techniques de soi ou d'autres soucis de soi susceptibles de permettre à chacun, comme lui, de pouvoir s'écrier un jour, sans vergogne : « Pourquoi je suis si avisé »... Ou bien encore : « Pourquoi je suis si sage ». Sinon : « Pourquoi j'écris de si bons livres »...

Comme il faut choisir ses aliments, il faut aussi choisir ses *lieux de résidence*, son climat. Le but de cette quête ? Trouver un lieu à même de rendre performant l'usage du corps qui pense. S'arrêter dans un endroit où, grâce à la promenade, et ce pendant de longues heures par jour, la méditation pourra s'effectuer dans les meilleures conditions. Poser ses valises dans une géographie douce à l'âme et propice à l'exercice de la pensée.

La liste des lieux habités par Nietzsche est impossible. Commencer à l'établir devient bien vite un véritable casse-tête : parfois en effet il arrive un soir dans un lieu, mais son corps réagit violemment à une hygrométrie, une température, une quantité et une qualité de lumière, du moins c'est ce qu'il pense. Dès lors, il remonte aussitôt dans le train et repart dans une autre direction. Nietzsche habite l'Europe, lui l'apatride, sans maison, sans domicile fixe, passant d'un hôtel à une pension de famille, d'un garni à un compartiment de wagon. Sur la côte ligure, à Milan, à Gênes, Rapallo, un philosophe nommé Nietzsche aurait pu rencontrer sur ce trajet, dans ces lieux foulés par lui entre 1875 et 1878, un autre poète fugitif errant lui aussi répondant au nom d'Arthur Rimbaud...

NIETZSCHE OU « APPRENDRE… »

Souvenons-nous que le déménagement traumatique consécutif à la mort du père peut expliquer
une perpétuelle incapacité à se trouver bien et définitivement bien dans un lieu. Nietzsche s'imagine
toujours mieux ailleurs, et c'est vers cet ailleurs
hypothétique qu'éternellement il se déplace. Fugitif
errant, Sils-Maria ou Nice auront pu parfois agir en
lieux de paix, mais c'est Naumburg et Bayreuth
(Naumburg, *donc* Bayreuth…) qu'il fuit sans cesse
vers l'Italie ou la France, fantasmatiquement dotés
par lui des vertus de légèreté – de la cuisine du
Piémont à la musique de Bizet…

## 74

« **La casuistique de l'égoïsme** ». Diététique, climat,
mais aussi délassements. Savoir choisir ses délassements, donc, fait partie de la casuistique de
l'égoïsme. La *marche*, la lecture des bons auteurs,
l'écoute des bons musiciens. Nietzsche pense en
marchant et n'imagine pas une seule seconde qu'on
puisse bien réfléchir assis à un bureau. On retrouve
la table de travail après avoir sollicité son corps par
des exercices appropriés : sept ou huit heures de
marche dans des conditions difficiles, par exemple
en altitude, dans le froid alpin, le long de chemins
en montagne, bordés par des précipices, et semés
de cailloux constituant autant d'embûches dange-
reuses pour un homme quasi aveugle, voilà qui
fouette le sang, vivifie, tonifie, ragaillardit et prédis-
pose à l'épiphanie de pensées fortes, vives, justes.
Flaubert, collé à son siège, représentait pour

Nietzsche le prototype du penseur au cul de plomb...

La *lecture* : ne pas multiplier inutilement les livres. Eviter de lire beaucoup d'ouvrages, mais lire les bons. Quelques livres choisis à même de permettre la vertu des vaches déjà signalée – la rumination. Des auteurs antiques. On évitera le caquetage des parutions du moment, inutiles et vaines la plupart du temps. Un bon classique, et l'on ne se trompe jamais. La lecture détend, apaise, permet une communauté intellectuelle haut de gamme que nos contemporains sont la plupart du temps incapables de nous offrir. Mieux vaut une heure passée avec Salluste qu'une journée avec un fâcheux...

La *musique* : pas n'importe qui, ni n'importe quoi. On évitera les compositeurs décadents et nihilistes, les artisans de la partition qui, parce que malades eux-mêmes, attaquent le système nerveux et laissent sur le carreau psychique après leur audition. Bien sûr, Wagner se trouve dans le collimateur. Evidemment Bizet agit en antidote. Il faut une musique qui, comme la marche ou la lecture, vivifie, tonifie, augmente la jubilation d'être au monde et parle directement à la volonté de puissance qu'elle décuple.

75

« **Le pathos de la distance** ». A toutes ces façons de donner au corps de saines et fortes nourritures réelles et spirituelles, on ajoutera une habile pratique de ce que *Ecce Homo* nomme « le pathos de la distance » – autrement dit la capacité à trouver la bonne mesure avec les autres. Nietzsche a lu Schopenhauer, il connaît l'allégorie des porcs-épics qui explique que, frigorifiés dans l'hiver, les animaux se rapprochent pour se réchauffer, mais se piquent : puisqu'ils se piquent, ils s'éloignent, puisqu'ils s'éloignent, ils ont froid à nouveau, donc puisqu'ils ont froid, ils se rapprochent à nouveau, etc. Dans les *Parerga*, la solution c'est la politesse : ni trop proche pour éviter de se piquer à autrui, ni trop lointain pour ne pas souffrir du froid.

Nietzsche a toujours vécu trop près ou trop loin des autres : il s'est piqué à Wagner et à Lou, parmi tant d'autres congénères, à sa mère et à sa sœur, à ses collègues et à son éditeur, mais il a également eu froid seul si souvent, solitaire, esseulé, souffrant de n'avoir ni compagnon ni compagne, ni confident avec qui partager la vie quotidienne. Il a plus d'une fois raconté à ses amis de papier, dans des lettres qui se lisent comme autant de confidences douloureuses, combien la solitude lui pèse.

En bon lecteur des moralistes, mais également en fin psychologue, en connaisseur avisé de la nature humaine, il n'ignore pas qu'une trop grande proximité avec autrui conduit vers des désagréments, des désillusions, des déconvenues, des déceptions. Pour éviter ces déboires annoncés, il faut tenir à la bonne distance, dans une juste mesure, ceux qu'on croise ou qui partagent notre vie. Le mariage à l'essai pendant deux ans que le philosophe proposait à ses promises offre une variation sur le thème de la difficile intersubjectivité et la nécessité de trouver des formules alternatives au tout aliéné ou au tout solitaire.

En toute bonne logique, Nietzsche se fait le contempteur des villes décrites comme des ramassis de passions détestables : envieux, jaloux, petits esprits, étroites mentalités, « mouches venimeuses » dit *Des mouches et de la place publique,* mais également, selon *Du passer outre,* dictature de l'opinion publique, tyrannie des journalistes, domination de l'« or des boutiquiers », surabondance des « arrivistes ». « Ici pourrissent tous grands sentiments ; ici ne peuvent que petits sentiments à sèches caquettes claquetter ». Plaidoyer pro domo pour la pension de famille dans un village à flanc de montagne...

L'idéal ? En amour comme en amitié, car contre toute attente chez un si fin connaisseur de l'âme humaine, chez le moraliste impitoyable d'*Humain, trop humain,* Nietzsche croit à ces vertus sublimes, le philosophe propose de vouloir ce qui augmente notre aspiration au surhumain. Il nous faut des amis choisis, des femmes élues, pour « progresser vers soi même » selon la magnifique expression d'*Ecce Homo.* Donc ni la foule, ni la troupe, ni le bruit des autres, ni la solitude qui nous fait entendre le vacarme fait par le silence dans l'oreille de l'être sans confident.

## 76

**Le rire qui tue**. A quoi on ajoutera, la capacité à *rire* et à *danser*. Car rire chez Nietzsche devient l'arme fatale à utiliser contre l'esprit de sérieux, le ridicule de ce monde-ci avec ses fables et ses légendes, la vastitude de la fumisterie sur laquelle notre civilisation repose. Dans l'histoire de la philo-sophie, il existe un lignage de grands rieurs : Démo-crite, dont la tradition veut qu'il ait été le philo-sophe du rire opposé à Héraclite, le penseur en pleurs ; Epicure, porteur du flambeau matérialiste ;

Montaigne qui affirme préférer le rire de Démocrite, parce qu'il dédaigne plus et mieux, mais surtout parce qu'il nous condamne plus efficacement que les larmes d'Héraclite.

Dans *Par-delà bien et mal* (§ 294) Nietzsche propose même de classer les philosophes selon la qualité de leur rire : au sommet, ceux qui se montrent « capables du rire d'or »… Dans *La fête de l'âne*, Zarathoustra enseigne le rire qui tue : « Ce n'est pas par ire, c'est par rire qu'on tue ». On sait que dans ses moments d'exaltation, il nous le confie lui-même soit dans ses lettres, ou dans *Ecce Homo*, il riait et dansait, sous l'empire de l'esprit de Dionysos, le dieu des pampres et de la vigne, de la danse et de l'ivresse, du chant et de l'allégresse. Le dernier mot du dernier vrai livre, à savoir *Ecce Homo* ? « M'a-t-on compris ? – *Dionysos contre le Crucifié.* » Ce fut finalement pour lui *Dionysos crucifié*…

*Conclusion*

# MORTS & TRANSFIGURATIONS

## 1

**La mort psychique**. Les dernières lettres de Nietzsche fin 1888 montrent l'acheminement vers l'autre côté du miroir... La folie s'empare de lui, clairement, dans les premiers jours de 1889. Une vision quelque peu chrétienne et romantique le met en relation avec son péché mortel intellectuel et philosophique : avoir annoncé la mort de Dieu, désiré l'abolition du christianisme, prophétisé une autre civilisation, ironisé sur le Christ avec Zarathoustra. Pensée magique s'il en est : Nietzsche a joué avec le feu, il s'est brûlé, carbonisé. On ne menace pas impunément le ciel !

D'autres, scientistes intégristes, renvoient à la syphilis contractée dans sa jeunesse dans un bordel de Leipzig et expliquent que le tabès – la maladie à son stade tertiaire – s'empare du système nerveux l'heure venue. Folie en relation avec une sexualité dépravée... Là encore rôde le spectre de la morale moralisatrice et d'une lecture saturée de « moraline », la toxine isolée par le médecin que fut aussi le philosophe. Pensée magique encore...

Nietzsche disposait, on le sait, de prédispositions familiales à l'effondrement mental. A quoi il faut ajouter, en plus de la pathologie syphilitique avérée, la logique de la névrose de destin qui le contraint à répéter l'agonie de son père, de la mimer longuement afin, comme lui, de mourir jeune, foudroyé, et d'ignorer les affres de la vieillesse et du vieillissement. Comment mieux rester fidèle au père qu'en mourant de son vivant, ce que permet cette longue folie de onze années, une logique dont le seul mécanisme complexe de la psyché peut et doit rendre compte. Pensée magique toujours ?

Le 3 janvier 1889, à Turin où il séjournait avec un bonheur plusieurs fois signalé dans sa correspondance, Nietzsche sort de son domicile et avise la colère d'un cocher qui frappe son cheval. Le philosophe qui découpa la pitié et la compassion comme un morceau de chair de l'âme dont il faudrait débarrasser le surhomme, entre dans une violente empathie avec l'animal et se jette à son encolure, puis pleure à gros bouillons. Frédéric Nietzsche s'écroule, s'effondre, devant un public qui se masse au pied du corps désormais vidé de son âme.

Son propriétaire le reconduit à son appartement. Effondré sur son sofa, prostré, muet, il sort quelque peu de cette torpeur pour écrire encore quelques lettres. Ce sont les messages envoyés de l'au-delà mental dans lequel il se trouve maintenant. L'une d'entre elles va à Cosima, bien sûr... « A la princesse Ariane, ma bien-aimée » – à Bayreuth, le 3 janvier 1889. A cet amour de toujours, qui fut la femme du père qu'il s'était choisi en substitution au sien, mort, Nietzsche confie, comme à son oreille, qu'il a déjà été Bouddha chez les Hindous, Dionysos en Grèce, Alexandre et César, Shakespeare, Voltaire et Napoléon. Puis, hésitant dans son délire, il ajoute « peut-être Richard Wagner »... La dernière phrase de cette lettre dit aussi : « J'ai aussi été pendu à la croix »... Il croit avoir été tout ça, mais il ignore désormais qu'il a aussi et surtout été Nietzsche, grand parmi les grands dont il se disait la réincarnation.

Commence alors une longue, trop longue vie de fou. Overbeck vient chercher son ami à Turin pour le conduire en train à Bâle. A la gare, il harangue les foules et veut embrasser tout le monde. On le calme. Dans le compartiment, il chante un poème de sa facture, *Venise*, il se croit sur un bateau, délire. On lui administre du chloral. Rappelons que quelques semaines plus tard, à l'asile où il est interné, il dit que Cosima, sa femme, l'a conduit là... Le médecin consigne la chose sur son registre à la date du 27 mars 1889. Sa mère le récupère et l'installe à Iéna, puis, un an plus tard, en mai 1890 à Naumburg.

Cette année-là Elisabeth, la sœur de Nietzsche, rentre du Paraguay où elle avait tenté de fonder une colonie aryenne en 1886 avec son mari antisémite. Le mari, tyrannisé par sa femme, menacé par la banqueroute, s'est suicidé à l'âge de quarante-six ans au milieu d'aryens blonds aux yeux bleus... Faussaire ici comme ailleurs, Elisabeth avait obtenu un faux certificat de décès lavant du soupçon d'autolyse médicamenteuse au profit d'une crise nerveuse... Plus tard, un certain Adolf Hitler enverra de la terre d'Allemagne pour enrichir le terreau du cimetière paraguayen dans lequel Förster se décomposait.

En 1890 commence alors un étonnant ballet autour du corps du philosophe à l'âme perdue : la mère fait visiter son fils prostré et les nouveaux nietzschéens se déplacent comme des curieux qui viendraient regarder un vieux lion dépoilé dans sa cage. On prend des photographies du sage insensé. On filme son immobilité. On le peint. On fabrique des bustes, des bronzes. Et le pire est à venir... Allongé sur une chaise longue, le regard halluciné, recouvert d'un lin blanc de brahmane, son suaire, déjà, il est devenu chose entre les mains de sa mère et de sa sœur, ses deux arguments, écrivait-il dans *Ecce Homo*, contre l'éternel retour...

## 2

**Le vautour contre l'aigle**. Le 20 avril 1897, Franziska, la mère de Nietzsche, meurt. Elle s'occupait matériellement de son fils jour et nuit. Sa sœur prend désormais les opérations en main. Commence alors une malédiction parmi les plus grandes dans l'histoire de la philosophie. Car cette sœur antisémite, nationaliste, belliciste, fasciste, puis nazie, va faire de Frédéric Nietzsche philosémite, apatride, intellectuellement guerrier, mais aucunement va-t-en guerre, un héraut du national-socialisme ! Cette falsification fait encore la loi chez quelques philosophes contemporains...

Nietzsche fut un philosophe maudit de son vivant. Mal édité, peu vendu, obligé de publier ses livres à compte d'auteur, mal chroniqué par les journalistes ou ceux qu'il appelait dans *Sur l'avenir de nos établissements d'enseignement* « les barbouilleurs de revues », défendu par de mauvais amis wagnériens – donc antisémites... –, il partait de loin... La fin de siècle lui sourit. La proximité avec le radicalisme de Stirner que l'on découvre et traduit dans les milieux libertaires, l'odeur de poudre des attentats anarchistes en France, la manie schopenhauerienne aidant dans les salons mondains où l'on affecte un nihilisme une coupe de champagne à la main, toutes ces mauvaises raisons, à laquelle il faut ajouter l'excellente publicité de la folie d'un philosophe qui sent le soufre, voilà qui se transforme en exemplaires vendus, donc en monnaie sonnante et trébuchante. Or Elisabeth aime beaucoup l'argent...

Elle a créé les *Archives Nietzsche* dans la maison familiale en 1894. L'année suivante, elle a obtenu que les œuvres de son frère, malgré sa mère encore vivante, deviennent sa propriété. Débarrassée de Franziska, elle a les coudées franches pour mener à bien sa tâche de canonisation antisémite et bientôt fasciste, puis, plus tard, nazie, de son frère. En 1897, transformée en femme d'affaires qui ramasse de l'argent, beaucoup d'argent, y compris chez de généreux donateurs juifs – l'argent n'a pas d'odeur chez les antisémites... –, elle subjugue Meta Von Salis qui achète pour elle la villa Silberblick pour y transférer les Archives.

1898 : elle met en route l'édition des œuvres complètes qui va longtemps faire autorité. Ce prétendu travail scientifique est en fait une machination diabolique. Elle va caviarder, détruire, falsifier, transformer, transfigurer, travestir, censurer, fausser, cacher, escamoter, occulter, maquiller, dissimuler, contrefaire, dénaturer les textes... Son motif ? La maladie altérait depuis longtemps ce qu'il écrivait et faussait ses pensées véritables, confiées par Nietzsche à sa sœur, mais oralement et sans témoins bien sûr, sur des questions comme... Dieu, la religion, la morale, les vertus. Il s'agit donc de faire disparaître ces divagations qui ne représentent en rien les idées véritables de son frère !

Elle va s'occuper des correspondances qu'elle récupère afin, dit-elle, de les dactylographier, de les copier, de les mettre au point afin de les éditer. Ce qui lui permet d'effectuer des copies fautives dans lesquelles elle efface pour toujours la perpétuelle animosité de Nietzsche contre sa mère et sa sœur. A quoi elle ajoute des phrases de son cru pour accréditer la thèse d'un Nietzsche qui défend ses idées, notamment sa colonie aryenne au Paraguay. Si on lui demande les originaux pour comparer, elle prétend qu'ils lui ont été volés lors de son séjour en Amérique du Sud...

Par ailleurs, elle sait, comme tous les faussaires, qu'il faut sculpter la légende de son vivant si l'on veut prendre de vitesse les historiens : elle se précipite donc pour écrire une biographie de son frère afin, dit-elle, d'éviter ce qu'elle va faire explicitement : un détournement de cadavre. Sotte, laide et jalouse, malheureuse dans sa vie privée et sentimentale, puis veuve d'un mari suicidé, Elisabeth craint toujours Lou Salomé, belle, intelligente et déjà auteur de son *Frédéric Nietzsche à travers ses œuvres* en 1894. Elisabeth craint la biographie qui dirait le rôle extrêmement néfaste joué par elle dans la rupture de Nietzsche avec Lou. Elle publiera donc *La Jeunesse de Nietzsche* (1912), puis *La Solitude de Nietzsche* (1914), enfin un pitoyable *Frédéric Nietzsche et les femmes de son temps* quelques mois avant sa mort en 1935.

## 3

**Profanation d'un cadavre.** Quelques jours avant le 25 août 1900, Nietzsche a pris froid. Ce jour-là, il tousse à plusieurs reprises, sa tête tombe sur son épaule, sa main vers le sol : le philosophe meurt après onze années de folie. Il avait cinquante-cinq ans. De son vivant, il avait dit à sa sœur : « Laisse-moi descendre en terre en vrai païen » – autrement dit : sobrement, sans prise de parole, sans chants ni discours, sans sonneries, sans église, sans office religieux. Elle fit très exactement le contraire : mondanités provinciales, sollicitations d'universitaires, discours pompeux, vides et creux, hommages d'adversaires ou d'ennemis, rituel luthérien orthodoxe, cloches à la volée, chorale paroissiale, édiles locaux. A quoi il faut ajouter, sommet dans l'ignominie, la présence d'un crucifix d'argent sur le cercueil...

Le corps de son frère mis en terre, elle continue de plus belle son entreprise de profanation. Elle s'attaque cette fois-ci à l'œuvre. Nietzsche avait demandé à son propriétaire de Sils-Maria de détruire les notes laissées dans sa chambre. Il n'en avait rien fait et distribuait désormais ces reliques comme autant de souvenirs aux visiteurs qui inauguraient le pèlerinage sur les lieux saints du nietzschéisme ! Elisabeth tâche de mettre la main sur tout ce que son frère a écrit afin de détruire ce qui la gêne et de construire la légende qui va lui rapporter tant d'argent.

4

**La falsification majeure**. La plus perverse des malversations de la sœur fut sans conteste la fabrication du faux habituellement connu sous le nom de *La Volonté de puissance. Car ce livre est un faux* et nombre de commentateurs, dont certains philosophes parmi les plus importants – Heidegger ou Deleuze par exemple… –, ont construit leur lecture de Nietzsche sur ce livre qui est un *pur produit marketing idéologique* élaboré par une antisémite qui finira couverte d'honneurs par le Parti Nazi dont elle était membre !

Nietzsche a bien projeté un livre qui se serait appelé *La Volonté de puissance*. Mais les projets abondent dans les notes, les plans se succèdent, l'économie du livre se cherche, ce dont témoignent les papiers divers, les notes, les fragments. En fonction du jour et de l'heure, Nietzsche modifie son dessein. Mais il abandonne ce projet explicite après avoir construit deux ouvrages, *Le Crépuscule des idoles* et *L'Antéchrist*, qui assèchent le réservoir et laisse de côté ce qui n'a pas été utilisé. Des lettres écrites entre le 26 août et le 3 septembre 1888 témoignent clairement de l'abandon de ce projet.

Ces livres écrits, ces notes écartées de la facture de ces livres, que faut-il faire de ce qui n'a pas été retenu ? Sa sœur décide de tout publier, en bloc. Or dans ce dossier dont on ne sait comment il arrive sur la table d'Elisabeth, il se trouve des notes qui, de fait, sont bien de la main de Nietzsche. Mais l'écriture du philosophe ne prouve pas qu'il s'agit bien de la pensée du philosophe : la preuve, une série de textes constitués par des prises de notes effectuées par Nietzsche lors de ses nombreuses et abondantes lectures. Ici ou là, une note manuscrite où se reconnaît la main du philosophe est... d'un écrivain ou d'un penseur inconnu.

Par exemple, trente-quatre textes publiés sous le nom de Nietzsche, lus comme tels dans *La Volonté de puissance*, sont... de Léon Tolstoï ! Une grande quantité d'autres fragments ont été identifiés, mais combien restent cachés ? Que penser des gloses effectuées depuis ce temps par des lecteurs de bonne foi qui, utilisant ce faux livre, font dire à Nietzsche ce qu'il ne dit pas, voire lui font dire le contraire de ce qu'il pense ? Que Gilles Deleuze tâche de faire tenir ensemble les textes contradictoires du philosophe sur l'Eternel Retour dont certains doivent être des notes prises à la lecture des scientifiques lus pour cette occasion et que, pour ce faire, il soit contraint à des contorsions intellectuelles fautives – l'éternel retour du Même devenant éternel retour du Différent... –, voilà qui brouille considérablement les pistes !

Et puis que dire de ces éditions d'un prétendu même livre sous un titre toujours identique depuis 1901, la première édition, *La Volonté de puissance* qui, ici, se constitue de 483 fragments, là de 1067, ailleurs de 696, ou bien encore de 491, à moins qu'il ne s'agisse d'une dernière forte de 2397 morceaux, le tout en fonction des éditeurs... Lorsque les écrits de Nietzsche tomberont dans le domaine public, Elisabeth conserve la jouissance des droits d'auteur par la grâce d'un tribunal qui lui donne raison quand elle se disait l'auteur de *La Volonté de puissance...*

5

**Le devenir fasciste de Nietzsche.** Elisabeth Förster Nietzsche a gagné beaucoup d'argent avec ce faux constamment réédité. Elle a le goût des réceptions fastueuses et vit sur un grand pied avec domesticité. Elle adore les mondanités. Des professeurs d'université proposent et soutiennent sa candidature pour le Prix Nobel de Littérature (!) en 1908, puis en 1915, et en 1923 – heureusement sans succès. On la visite. A Iéna, l'Université, toujours prompte à fêter les causes justes, lui propose d'être nommé Docteur Honoris Causa pour ses soixante-quinze ans...

Elle crée un Comité international de Soutien pour un monument à la mémoire de son frère avec un mémorial, un temple, un stade... La Première Guerre mondiale fait capoter le projet. Peu importe : elle organise des réceptions fastueuses pour les soldats allemands blessés au front. *Ainsi parlait Zarathoustra* devient le livre offert par les autorités aux soldats qui partent à la guerre contre les Français. Le livre les accompagne dans leur musette et sous la mitraille...

Pendant ce temps, Elisabeth engloutit des sommes considérables dans des procès contre ceux qui souhaitent publier des lettres de son frère sans son autorisation. Ainsi, elle traîne Bernoulli devant les tribunaux pour le dissuader d'éditer la correspondance avec Overbeck. Elle continue à falsifier toutes les lettres qu'elle récupère et fabrique un Nietzsche utile à la propagation de sa propre idéologie. Peu à peu, elle fait de Nietzsche un philosophe antisémite, chrétien, nationaliste, patriote, xénophobe, belliciste et impérialiste... L'image dure encore auprès de quelques prétendus historiens de la philosophie – sinon de « philosophes »...

Rudolf Steiner qui publie *Nietzsche, un homme en lutte contre son temps* en 1895 s'était proposé d'expliquer la philosophie de Nietzsche à Elisabeth. En vain... Le théosophe confie qu'elle est incapable de distinctions fines, qu'elle est rudimentaire, ne fait preuve d'aucune cohérence logique, qu'elle manque d'objectivité et croit dur comme fer à tout ce qu'elle dit. L'inconvénient pour une femme butée, c'est qu'elle affirme une chose un jour et le contraire le lendemain – mais sans varier sur son objectif d'accaparement du travail de son frère pour son propre usage domestique et idéologique.

## 6

**Compagnon de route des dictateurs.** Lorsqu'elle parle de l'extrême droite, qui a sa préférence, elle associe son frère et recourt à un « nous » dommageable... Dans la montée des fascismes européens, elle commence par soutenir celui de Mussolini qui prétend avoir été sorti de son sommeil dogmatique socialiste par la lecture de... *La Volonté de puissance*, ce qu'il précise dans un essai publié en 1908 sous le titre *La Philosophie de la puissance*. Ou comment avaliser le malentendu et opérer le commencement de la dégradation d'une ontologie haut de gamme en politique de caniveau.

Dans les années 20, Elisabeth va correspondre avec Mussolini. A la villa Silberblick, elle prononce un discours d'admiration pour le Duce en faisant clairement du dictateur un disciple de son frère. Selon elle, Frédéric Nietzsche aurait aimé Benito Mussolini… L'homme qui envoie ses milices phalangistes administrer de l'huile de ricin aux communistes, frapper les opposants, torturer et tabasser les résistants, pourchasser les Juifs, enfermer les contradicteurs, un disciple de Zarathoustra, un surhomme ayant compris la fatalité de l'éternel retour et le tragique ontologique du monde ? Ce serait risible si ce n'était désespérant…

Une pièce de théâtre du dictateur italien est jouée à Weimar. La sœur y rencontre Adolf Hitler. A l'entracte, l'auteur de *Mein Kampf* lui offre une brassée de roses rouges. En 1924, elle avait salué le putsch d'Hitler et regretté son échec. Dès 1932, elle fait d'Hitler son idole et convertit les Archives Nietzsche à l'hitlérisme. Bien évidemment, elle se réjouit de l'arrivée du dictateur national-socialiste au pouvoir le 30 janvier 1933. Quinze jours plus tard, elle le rencontre à Bayreuth, où les descendants de Richard Wagner accueillent ces deux hôtes avec ravissement à une représentation de *Tristan et Isolde.*

Elisabeth qui n'avait jamais accepté la rupture de son frère avec le compositeur travaille à relativiser, minimiser ou effacer toutes les traces d'animosité du philosophe envers le musicien. Tout ce qui condamne Bayreuth dans les correspondances est furieusement dissimulé ou détruit. Nietzsche devient le philosophe wagnérien et, les wagnériens communiant clairement dans l'antisémitisme, l'opération est tout bénéfice pour le projet de la sœur. Bayreuth devient un centre de propagande nazie.

Dans une lettre non datée à Fritz Rütishauer, Elisabeth Förster-Nietzsche écrit : « Si mon frère avait

rencontré Hitler, son plus grand souhait aurait été
exaucé.» On croit rêver : Nietzsche le pourfendeur
de l'Etat, de tout Etat ; l'ennemi des antisémites
qu'il finit par vouloir faire fusiller ; le philosémite
souhaitant associer par métissage le génie juif et le
génie allemand ; l'auteur qui philosophe en guerrier mais récuse le recours au champ de bataille réel
sous prétexte que « le sang est le plus mauvais
témoin de la vérité » ; l'homme qui présente la victoire allemande de 1871 comme une défaite de
l'esprit, une démission de l'intelligence et appelle à
une reconquête par l'esprit ; l'apatride qui vomit
tout nationalisme ; l'errant que le patriotisme et
l'esprit cocardier insupportent ; le perpétuel adversaire de tout esprit allemand qui oppose la légèreté
française à la lourdeur germanique ; le philosophe
au marteau doublé d'un ontologiste d'une finesse
exemplaire et d'un métaphysicien pour esprit d'élite
spirituelle, ce penseur pour qui la politique est pour
toujours le territoire des médiocres, cet homme
aurait aimé Hitler ?

Hitler est venu sept fois aux Archives Nietzsche.
Le 2 novembre, la sœur offre une canne du philosophe au tyran. En 1933, un exemplaire d'*Ainsi parlait Zarathoustra* est placé dans le caveau du monument Tannenberg élevé à la mémoire de la victoire
allemande de 1918 avec *Mein Kampf* et *Le Mythe du
XXe siècle* d'Alfred Rosenberg à l'occasion de la transformation de ce monument pharaonique – huit
tours de vingt mètres de haut agencées sur le principe de Stonehenge – en *Monument national dédié
aux morts de la Guerre* par Hitler. Le Reich pensionne
Elisabeth Förster à vie…

Pforta, l'école où Nietzsche fit ses études, est menacé de fermeture pour scandale sexuel. Les choses s'arrangent grâce à l'entregent de la sœur. L'établissement devient une école nationale-socialiste. Confusion totale entre l'acquiescement ontologique nietzschéen à la fatalité de l'éternel retour et la pédagogie de la barbarie institutionnalisée par le national-socialisme. Confusion dont certains, notamment des philosophes, ne sont toujours pas revenus... Disciples contemporains de la sœur de Nietzsche !

La sœur se casse le bras. Elle écrit une lettre à Hitler qui vient lui rendre visite. Elle lui dit sa tristesse de ne pas pouvoir effectuer correctement le salut nazi... Le 8 novembre 1935, elle meurt. Enfin. Hitler assiste à la cérémonie. Le Reich n'a pas lésiné sur les couronnes mortuaires. Les croix gammées abondent. Elle avait préparé sa tombe, entre son frère et son père. Il se peut que, lors de cet aménagement, un déplacement des sépultures ait été malencontreusement effectué. De sorte que, sous le tombereau de fleurs nazies, sous les couronnes nationales-socialistes, sous les hommages du Reich antisémite, se trouve le corps du philosophe ! En face de la villa Silberblick, où commença le dépeçage de l'âme de Nietzsche par sa sœur, sur les collines, les nazis construisaient Buchenwald...

7

**Dénazifier Nietzsche.** Dans un monde intellectuel où le nazi avéré Martin Heidegger – carte au parti nazi de 1933 à 1945... – trouve des défenseurs qui nient jusqu'à son adhésion au national-socialisme, malgré les preuves abondantes, il existe toujours, en face de cette complaisance pour un vrai nazi, une authentique mauvaise foi à l'endroit de Nietzsche : on trouve à l'extrême droite et dans la gauche marxiste un semblable désaveu d'un même Nietzsche : Nietzsche nazi, du moins précurseur des nazis et, en tant que tel, héros des premiers, et tête de Turc des seconds.

Jadis, Drieu la Rochelle, Thierry Maulnier pour les premiers, voire Alain de Benoist de la Nouvelle Droite contemporaine, puis, pour les seconds, Luckas avec sa fameuse *Destruction de la raison. Nietzsche* (1954) qui dispose encore de quelques thuriféraires staliniens publiant aujourd'hui – dont certains activent la vieille machinerie soviétique (en plein XXI$^e$ siècle !) pour fustiger dans le registre pamphlétaire qui fit les beaux jours du stalinisme antisémite, tout le nietzschéisme du XX$^e$ siècle. Il n'est pas inintéressant de voir que, dans la préface à une nouvelle édition du livre, l'un de ces jeunes porteurs d'eau de Luckas réhabilite... la sœur de Nietzsche qui aurait *atténué* (!) les propos de son frère ! Marxistes et nazis réconciliés aujourd'hui comme à la belle époque du Pacte germano-soviétique encensé par le PCF avant qu'il ne s'écrive une autre légende, plus présentable au regard de l'histoire, voilà un retour de l'histoire, mais cette fois-ci sur le mode de la comédie...

Dénazifier Nietzsche, c'est donc aussi bien récuser la lecture fasciste que nazie, marxiste que bolchevique, mais également la *lecture libérale* qui se manifeste dans *Pourquoi nous ne sommes pas nietzschéens,* un recueil d'interventions diverses publié en 1991 et dans lequel on peut lire des contributions de Luc Ferry (assez peu disert sur le nazisme de Heidegger dans son *Heidegger et les modernes*... mais très critique sur Nietzsche), d'André Comte-Sponville ou d'Alain Renaut parmi d'autres.

Le projet de ce livre poursuit celui de *La Pensée 68* de Luc Ferry et Alain Renaut : mettre à bas la génération nietzschéenne de la philosophique critique – Foucault, Deleuze, Derrida – pour... *prendre leur place* au nom de Kant, du retour de l'individu et de la morale, de la subjectivité démocratique et de la pensée libérale, de l'esthétique réactionnaire et du compagnonnage avec le conservatisme politique.

Singulièrement, le nietzschéisme critiqué dans cet ouvrage se réduit à des slogans du genre « mort aux faibles », « soyez durs », « rien n'est vrai, tout est permis » et ces slogans... sont paradoxalement ceux des politiques qu'accompagnent tel ou tel de ceux qui tenaient à dire pourquoi ils ne sont pas nietzschéens ! Pour sa part, André Comte-Sponville, n'oubliant pas la question du livre – *Pourquoi nous ne sommes pas nietzschéens* – y répond ainsi : « Parce que je n'aime ni les brutes, ni les sophistes, ni les esthètes »... Il place son analyse sous le signe d'une victime de la barbarie nazie, avec cette dédicace, « A la mémoire d'Etty Hillesum » – une jeune fille juive hollandaise morte à Auschwitz à l'âge de vingt-neuf ans... Comment mieux dire qu'on reprend à son compte l'analyse fasciste et marxiste, nazie et bolchevique d'un Nietzsche responsable et coupable de la Shoah ? – rappelons pour mémoire que nombre des textes qui étayent l'analyse d'André Comte-Sponville proviennent de *La Volonté de puissance*.

8

**Le sens du nietzschéisme.** Au-delà de la polémique, on s'interroge peu sur ce que signifie *être nietzschéen.* Retenons que, pour quelques esprits obtus, être nietzschéen, c'est penser comme Nietzsche ! Qui pourrait se contenter d'une pareille sottise ? Dès lors, stylo rouge en main, ceux-là, policiers de la philosophie, traquent chez tel ou tel dont la vulgate annonce qu'ils s'inscrivent dans le sillage du philosophe, l'orthodoxie qu'ils attendent : le nietzschéen devrait souscrire à toutes les thèses de Nietzsche, il devrait adhérer absolument à la théorie de la volonté de puissance, de l'éternel retour, du surhomme, il devrait épouser l'enthousiasme pour Schopenhauer, puis sa mise à l'écart, l'emballement pour Wagner, puis sa relégation, la passion pour la philologie, puis la conversion à la philosophie, le désir de sauver l'Allemagne par le drame musical, puis le désir d'une transvaluation athée... Et puis quoi encore ? C'est oublier la leçon même de Nietzsche qui invite à le dépasser pour lui être fidèle.

Dès lors, un nietzschéen n'est pas celui qui pense *comme* Nietzsche, projet d'universitaire vissé à son fauteuil de bureau, mais celui qui pense *à partir de* Nietzsche, dans le chantier laissé par le philosophe au moment où sa raison le quitte. Dépasser Nietzsche, c'est *partir de lui* et de son monde, de sa lecture vitaliste du réel, de son regard tragique, de sa psychologie des profondeurs, de sa sociologie extralucide de notre modernité nihiliste, de sa vision post-chrétienne, de sa lecture immanente du réel.

Penser, donc, à partir de lui, mais pas dans le dessein d'en rester à cela : pour se trouver propulsé ailleurs, non pas plus loin, mais ailleurs, dans un autre espace intellectuel et mental.

Dès lors, le nietzschéisme a eu lieu, et il a infusé le XX$^e$ siècle dans sa partie la plus honorable : quand la *psychanalyse* était présentée par Freud comme sa seule invention, et que la discipline triomphait en Europe, puis dans le monde, en escamotant tout ce qui n'était pas la pensée magique, occultiste et réactionnaire du Viennois, un intellectuel collectif constitué de penseurs qui, eux, revendiquaient clairement l'influence de Nietzsche, précisait les modalités d'une psychologie des profondeurs nietzschéenne loin du fatras freudien. Quand le *marxisme* faisait la loi, puis, en prise directe avec cette peste, quand triomphait la soumission à la bolchevisation de l'esprit, certains qui se réclamaient d'un nietzschéisme de gauche, n'ont pas consenti à cette barbarie ; quand le *structuralisme* menait le bal et jetait aux poubelles l'histoire, la biographie, le corps, la chair du monde au profit d'hypothétiques structures qui rassemblaient ses dévots sous la rubrique de la pensée magique, une poignée d'hommes libres défendait l'honneur d'une pensée libre ; quand *l'histrionisme* agissait sur le mode sectaire en ramassant des disciples hypnotisés par les bouffonneries de gourous parisiens, une minorité persistait dans l'idéal des Lumières d'une pensée qui libère et non d'un discours qui asservit. La geste de cette *contrehistoire* continue...

# BIBLIOGRAPHIE

## 1

**Une vie, une œuvre.** Il n'existe évidemment aucune biographie de Jean-Marie Guyau. L'essentiel des informations concernant sa vie se trouve dans l'ouvrage de son beau-père, qui l'aimait d'une réelle affection et lui a consacré un ouvrage après sa mort : *La morale, l'art et la religion d'après Guyau*, Alcan, 1892. Fouillée a mis au point deux textes posthumes de Guyau qu'il a publiés : *La Genèse de l'idée de temps*, paru en 1902 chez Alcan et réédité à L'Harmattan en 1998 et *Education et hérédité. Etude sociologique*, Alcan, 1913.

Les textes de lecture et de pédagogie de Jean-Marie Guyau sont parus à la Librairie Armand Colin : *La première année de lecture courante : morale, connaissances usuelles, devoirs envers la patrie*, 1875, puis *L'année enfantine de lecture avec de nombreuses gravures* en 1883, enfin, en 1884 *L'année préparatoire de lecture courante*. Il existe une *Méthode Guyau. Lecture par l'écriture*, Colin, 1893, que je n'ai pas pu me procurer et que, donc, je n'ai pas lue...

On trouvera l'*Etude sur la philosophie d'Epictète* de Guyau précédant une traduction du *Manuel* d'Epictète par ses soins chez Delagrave, sans date. *La morale d'Epicure et ses rapports avec les doctrines contemporaines* avec une étude en préface de Gilbert Romeyer Dherbey puis une préface et traduction des notes par Jean-Baptiste Gourinat, a été réédité aux éditions Encre Marine. La première édition parue chez Alcan datait de 1878. La suite de cet ouvrage, *La Morale anglaise contemporaine*, a paru en 1904. Les *Vers d'un philosophe* ont été réédités chez Alcan en 1921, l'édition originale datait de 1881. *L'Esquisse d'une morale sans obligation ni sanction* et *L'Art au point de vue sociologique* ont été réédités chez Fayard, édition « Corpus » en 1985 et 2001. Les éditions originales datant de 1885 et 1889. *L'Esquisse* a récemment fait l'objet d'une nouvelle édition chez Allia en 2008. *Les Problèmes de l'esthétique contemporaine*, Alcan, datent de 1884 et *L'Irréligion de l'avenir. Etude sociologique*, Alcan, de 1886. Un choix de textes avec introduction d'Alfred Fouillée a paru chez Armand Colin sous le titre *Pages choisies des grands écrivains. J.-M. Guyau*. Mon édition date de 1925, la première de 1895.

## 2

**Un Normand de la Mayenne.** La Revue « Corpus » a consacré son numéro 46 à « Jean-Marie Guyau : philosophe de la vie » en 2004 sous la responsabilité de Jorge Riba – qui, p. 7, fait de Guyau, né à Laval (Mayenne) un philosophe normand… On doit à cet auteur, chez L'Harmattan *La Morale anomique de Jean-Marie Guyau* en 1999 et, chez le même éditeur, en 2001, de Annamaria Contini, *Jean-Marie Guyau. Esthétique et philosophie de la vie.* Deux thèses dans toute leur splendeur. Rien sur la mère de Guyau qui s'appelait Augustine Tuillerie et publiait sous le pseudonyme de G. Bruno (pour Giordano Bruno) le fameux *Le Tour de la France par deux enfants* devenu bien souvent *Le Tour de France par deux enfants*, par exemple chez Gérard Noiriel, *Les Origines républicaines de Vichy*, Hachette, page 247, erreur réitérée p. 322, sinon *Le Tour de France de deux enfants* chez l'excellent Claude Nicolet, *L'idée républicaine en France. Essai d'histoire critique*, Gallimard, p. 490, note 2. L'essentiel de ce que l'on sait sur cette femme « libre penseuse » (dixit Nicolet) se trouve dans « *Le Tour de la France par deux enfants. Le petit livre rouge de la République* », dans *Les Lieux de Mémoire*, sous la direction de Pierre Nora, tome 1, un article signé Jacques et Mona Ozouf, pp. 277-301. La réédition de ce livre culte à la librairie Belin en 1977, l'édition du centenaire, a été postfacée par Jean-Pierre Bardos dans un texte qu'ont lu les Ozouf.

Pour la petite histoire, on présente la mère de Jean-Marie Guyau, Augustine Tuillerie, épouse Guyau, comme née le 31 juillet 1833 à Laval et morte à Menton le 8 juillet 1923. Mais la Bibliothèque nationale donne pour lieu de naissance, non pas Laval dans la Mayenne, mais Sérigny dans l'Orne. Peut-être l'origine des malentendus sur l'origine normande de Guyau… Outre ce best-seller, elle écrivit des ouvrages pour enfants comme *Francinet* (1877) ou *Les Enfants de Marcel* (1887), sinon *Le Tour de l'Europe pendant la guerre* en 1916.

L'épouse de Jean-Marie Guyau, Marguerite André Barbe, écrivit également des livres pour enfants sous le pseudonyme masculin, elle aussi, de Pierre Ulric, des livres pour la jeunesse, notamment *Aux domaines incertains*, 1906, ou *Parmi les jeunes*, 1911 – avec une préface de l'inévitable Alfred Fouillée. Augustin Guyau, le fils de Guyau, fut ingénieur et fit une thèse sur le téléphone. Il publia un ouvrage sur son grand-père… Alfred Fouillée : *La philosophie et la sociologie d'Alfred Fouillée* chez Alcan en 1913. Puis des *Œuvres posthumes* publiées en 1919 qui contiennent divers souvenirs de voyage ou de guerre.

# 3

**Le beau-père philosophe.** Fouillée a joué un grand rôle dans la vie de Guyau, et vice versa. La philosophie de l'un ne serait pas ce qu'elle est sans la pensée de l'autre. Mais dans les deux sens et non pas dans l'esprit d'un Fouillée infléchissant ses thèses de Guyau dans son sens avec la publication posthume de ses œuvres. Bergson n'a pas raison d'écrire, dans *La Philosophie française, Mélanges,* PUF, p. 1180, que Fouillée « eut en Guyau un disciple génial ». Les deux hommes vivaient, pensaient, écrivaient, lisaient en symbiose, mais chacun avec ses idées, sans que l'un soit le maître et l'autre le disciple. Malgré la différence d'âge, la relation père/fils, les deux hommes entretinrent des relations d'égalité. La lecture des œuvres en apporte la démonstration.

On lira de Fouillée, dans son immense production, *La Liberté et le déterminisme* et *L'Evolution des idées-forces.* Fouillée fut l'un des premiers introducteurs de Nietzsche en France. On lira donc son *Nietzsche et l'immoralisme,* Alcan, 1902, pour constater combien les préjugés français à l'endroit des Allemands ont fait un mal fou à la première entrée de Nietzsche en France. Ce livre reprend *Les jugements de Nietzsche sur Guyau d'après des documents inédits* parus dans la *Revue philosophique* en 1901. D'autres textes de Fouillée sur *La religion de Nietzsche, La morale aristocratique du surhomme* ou *Les Idées sociales de Nietzsche* ont été repris dans *Nietzsche. 1892-1914* chez Maisonneuve et Larose et Editions des deux mondes en 1997. On lira enfin un ouvrage posthume *Humanitaires et libertaires au point de vue sociologique et moral. Etudes critiques,* Alcan, 1914, avec une préface d'un certain… Augustin Guyau !

# 4

**Un « semi-kantien » ?** Les quatre mille deux cent cinquante-six pages de la prestigieuse *Histoire de la philosophie* en Pléiade, sous la direction de Yvon Belaval, ne lui consacrent aucun développement et il est cité deux fois : une comme « semi-kantien » (ce qui est un comble…), une autre comme ayant été influencé par Cabanis au même titre que Freud… Un récent *Dictionnaire d'éthique et de philosophie morale* en deux volumes qui totalisent plus de trois mille pages (et qui, dixit Monique Canto-Sperber son maître d'œuvre « a été conçu comme un ouvrage de référence »), évite les notions d'« obligation » et de « sanction », ne consacre aucun des trois cents articles à Guyau – Ricœur, Maritain, Mounier, Rawls, Taylor sont mieux traités… – dont le nom apparaît une fois, dans la bibliographie d'un

LA CONSTRUCTION DU SURHOMME

article consacré à la « sympathie »... Une tout aussi récente *Histoire raisonnée de la philosophie morale et politique* avec, tout de même, pour sous-titre *Le bonheur et l'utile*, sous la direction d'Alain Caillé, ne cite pas une seule fois Guyau en sept cent cinquante pages – mais Marcel Gauchet s'y trouve, ainsi que Taylor et Tocqueville...

## 5

**Des phrases terribles.** Il m'a fallu lutter vivement contre mes préjugés à la lecture de *Education et hérédité (E.)* puis de *L'Irréligion de l'avenir (I.)* sinon de l'*Esquisse d'une morale sans obligation ni sanction (Es.)* pour conclure que nombre de thèses défendues par le républicain Guyau étaient des thèses qu'on retrouverait plus tard sous la plume des idéologues de Vichy... Je prélève ici des phrases significatives : « combattre la dégénérescence de la bourgeoisie » (E. 94) ; « La moralité de la race est donc avec sa santé et sa vigueur, l'objet capital de l'éducation » (E. 70) ; « L'épuisement de la race » auquel il faut remédier (E. XII) ; « l'autorité est le rayonnement de l'action » (E. 14) ; « pouvoir agir c'est devoir agir » (Es. 52) ; « La vie la plus intense est la plus extensive » (Es. 79) ; la séparation entre « êtres supérieurs » et « êtres inférieurs » (Es. 39) ; la « sélection naturelle des supériorités » (E. 95) ; la « joie du commandement » (Es. 132) ; « Favoriser les exercices du corps nécessaires pour les individus et pour la race » (E. 104) ; « L'hygiène, une idée morale et patriotique » (E. 112) ; « La force corporelle baisse dans notre race » (E. 112) ; la nécessité de se guérir de « la superstition intellectuelle » (E. 113) ; « Un homme robuste et fécond est plus important pour la race qu'un homme qui a meublé en mémoire une foule de connaissances dont la plupart sont inutiles » (E. 113) ; la fécondité : « cette question est capitale pour la race française » (E. 113) ; « Paris a réussi à se créer une réputation de l'art de l'avortement « (I. 294) ; des considérations sur « les races les plus vigoureuses » (E. 114) ; « L'intervention de l'Etat (...) peut seul maintenir les meilleures traditions nationales, s'opposer à toute éducation manifestement antipatriotique ou immorale » (E. 136) : d'où la nécessité d'enseigner le théisme ; l'invitation à « veiller au maintien des bonnes et fortes traditions nationales » (idem) ; la lutte contre « tous nos arts de la décadence » (E. 155) ; « Le patriotisme doit être l'âme de (l'enseignement) de l'histoire » (E. 163) ; « Plus l'éducation de la femme est raffinée, plus ses enfants sont faibles » (E. 194) ; la fonction de la mère : « allaiter son enfant » (E. 194) ; l'affirmation que les intellectuels mettent au monde « des êtres chétifs » (E. 195) ; « La pédagogie pratique, avec l'hygiène de la famille qu'elle comprend, est presque la seule science nécessaire à la femme » ; « Le rôle des femmes, il y a long-

temps qu'on l'a dit, ne commence guère qu'après le mariage »
(E. 199) ; « L'occupation saine par excellence, c'est évidemment celle
du laboureur ou du propriétaire campagnard » (E. 209) ; pour lutter
contre l'épuisement psychique des Français il faut « les faire retremper
dans la vie végétative des paysans » (E. 209) ; l'éloge du travail manuel
pour les intellectuels et vice versa (E. 210)...

# 6

**La République de Vichy ?** On mettra en perspective ces phrases
avec les *Discours* du Maréchal Pétain, Albin Michel. Lire également
Marc Boninchi, *Vichy et l'ordre moral*, PUF. On lira dans la préface cette
phrase de Gérard Noiriel : « Les lois pétainistes sur l'ordre moral relèvent d'une problématisation inventée par la III$^e$ République » (XVI)...
Pour de plus amples développements de cette thèse : Gérard Noiriel
*Les Origines républicaines de Vichy*, Hachette Littérature. Extrait de cet
ouvrage : « Le gouvernement de Vichy n'a pas inventé un nouveau
langage, mais s'est contenté de puiser dans le lexique républicain ».
Pour l'essentiel, le vocabulaire social du régime de Vichy a été
emprunté à la III$^e$ République » (p. 63). « Il suffit de lire attentivement les discours du maréchal Pétain pour se rendre compte combien la vision du monde social inculquée par le III$^e$ République reste
prégnante » (p. 64). « L'hygiénisme devient ainsi une dimension
essentielle de la politique sociale républicaine » (p. 248)...
La défense du colonialisme, par exemple, fut un fait républicain...
Le détail de cette affaire est lisible dans un excellent petit livre de
Gilles Manceron, *1855 : le tournant colonial de la République. Jules Ferry
contre Georges Clemenceau, et autres affrontements parlementaires sur la
conquête coloniale*, La Découverte. On y lit la retranscription des débats
dans l'hémicycle qui permettent à Jules Ferry de défendre la coloni-
sation républicaine au nom des « races supérieures », un droit
qu'elles auraient à l'endroit des « races inférieures ». A compléter
avec une biographie *Jules Ferry* par Jean-Michel Gaillard, Fayard.
Pour aborder la question des relations entre intellectuels, professeurs, philosophes et III$^e$ République : Jean-Louis Fabiani, *Les Philosophes de la République*, Minuit. Jean-Louis Clément, *Les Assises intellectuelles
de la République. Philosophes de l'Etat 1880-1914*, La Boutique de l'Histoire.
Mais rien, nulle part, sur Guyau philosophe de la III$^e$ République.
Ajouter, pour la question des courants dans la Libre Pensée : Jacqueline
Lalouette, *La libre pensée en France. 1848-1940*, Albin Michel.

# 7

**Nietzsche, méthode de lecture.** Ma méthode, on le sait, consiste à croiser les biographies, les correspondances, les œuvres et les fragments posthumes en négligeant l'abondante prose écrite « sur ». Trois biographies sont possibles en fonction du temps dont on dispose : vive, littéraire, rapide, comme un portrait empathique, celle de Stefan Zweig, *Nietzsche. Le combat avec le démon*, Stock. Plus longue, cinq cents pages, celle de Daniel Halévy, *Nietzsche*, Le Livre de Poche. Facile et agréable à lire, mais parfois inexacte : Halévy rapporte par exemple une rencontre entre Guyau et Nietzsche qui n'eut jamais lieu... On préférera les trois gros tomes de Curt Paul Janz, *Nietzsche. Biographie*, tome 1 « *Enfance, jeunesse, les années bâloises* », tome 2 : « *Les dernières années bâloises. Le libre philosophe* », tome 3 : « *Les dernières années du libre philosophe. La maladie* », Gallimard. Impeccable, passionnant, inégalé. Geneviève Bianquis a rassemblé des témoignages très intéressants sur Nietzsche au quotidien dans *Nietzsche devant ses contemporains*, Editions du Rocher. Passionnant, touchant, émouvant. Lire également le *Friedrich Nietzsche à travers ses œuvres* de Lou Andreas-Salomé, Grasset : une lecture nietzschéenne de Nietzsche qui fait du philosophe un esprit religieux, un mystique...

*Les autobiographies :* Nietzsche, *Ecrits autobiographiques* (1856-1869), PUF et *Premiers écrits. Le monde te prend tel que tu te donnes*, Le Cherche-Midi Editeur.

*Les correspondances :* Nietzsche, *Lettres à Peter Gast*, Christian Bourgois ; Cosima Wagner-Nietzsche, *Lettres*, Le Cherche-Midi éditeur ; Nietzsche, *Correspondance avec Malwida von Meysenbug*, Allia ; Nietzsche, *Dernières lettres. Hiver 1887-Hiver 1889. De La Volonté de puissance à l'Antéchrist*, Editions Manucius ; Nietzsche, Rée, Salomé, *Correspondance*, PUF. Dans l'édition Colli-Montinari de Gallimard, *Correspondance I (juin 1850-avril 1869), et Correspondance II (avril 1869-Décembre 1874)*. Et une excellente initiative : la proposition d'une biographie à partir des lettres de Georges Waltz, *La Vie de Frédéric Nietzsche d'après sa correspondance*, Rieder éditeur.

*Les œuvres :* pratique, peu coûteuse, synthétique, l'édition des *Œuvres* en deux volumes chez Robert Laffont, mais avec une traduction d'Henri Albert pas toujours très fiable. Les éditions de poche abondent. J'ai travaillé sur les volumes de l'édition Colli-Montinari avec, pour *Ainsi parlait Zarathoustra*, la traduction impeccable de Maurice de Gandillac, Gallimard. On évitera bien sûr toute édition de *La Volonté de puissance*, et on lira avec profit « *La volonté de puissance* » *n'existe pas* de Mazzino Montinari, éditions de L'éclat, un livre dont on devrait rendre la lecture obligatoire à quiconque écrit sur Nietzsche en prenant ce faux livre fabriqué par sa sœur antisémite pour une source fiable.

BIBLIOGRAPHIE

*Les fragments posthumes :* plusieurs volumes dans l'édition Colli-Montinari. A défaut de contextualisation, et sachant que Nietzsche ne les a pas intégrés sciemment dans ses ouvrages édités, ces fragments sont à manipuler avec une extrême précaution.

## 8

**Marxistes, nazis, libéraux et autres ennemis.** La récupération nazie s'effectue par Alfred Rosenberg qui écrit dans *Le Mythe du xxᵉ siècle,* Avalon, toute la thématique reprise... par les lectures marxistes-léninistes qui sont des lectures convenues : Nietzsche prépare le nazisme par son irrationalisme. Luckas donne le ton dans *La Destruction de la raison ;* quelques commissaires du peuple effectuent aujourd'hui des variations sur ce thème. Leur bolchevisme ne recule devant rien puisqu'ils font même de la sœur de Nietzsche, Elisabeth Förstrer-Nietzsche, un élément qui modérait la virulence de son frère et atténue ses propos ! On doit donc comprendre que cette antisémite, amie de Mussolini et Hitler, membre du parti nazi, a falsifié l'œuvre de Nietzsche mais pour cacher sa véritable nature qui était... d'être nazi. Pourquoi une nazie cacherait-elle le nazisme de son frère puisque son but était de montrer qu'il était compatible avec le nazisme ? La destruction de la raison semble avoir fait des victimes plus qu'on ne l'imagine. Pas utile, dès lors, de référencer cette littérature.

Marc Sautet publia un *Nietzsche et la Commune* dans cet esprit au Sycomore. Dans ce livre, Nietzsche est un contre-révolutionnaire manifestant sa haine du prolétariat européen qui célèbre une aristocratie déchue, vaincue par l'Histoire. Puis, le temps passant, Marc Sautet devint l'importateur en France des cafés Philosophiques. C'est alors qu'il fut mandaté pour préfacer nombre d'éditions de poche d'un Nietzsche dont il réédita *La Volonté de puissance* avec une préface signalant le rôle de la sœur dans la construction de ce texte et en publiant même dans son édition la préface de ladite sœur sans signaler qu'elle fut nazie... L'ancien marxiste Marc Sautet avait publié un « Les femmes de Nietzsche » en introduction à sa correspondance avec Cosima, mais dans ce texte il n'est pas du tout question d'Elisabeth.

Sur la relation de Nietzsche avec cette sœur fasciste : Ben Macintyre, *Elisabeth Nietzsche ou la folie aryenne,* Robert Laffont et H.F. Peters, *Nietzsche et sa sœur Elisabeth,* Mercure de France. Arno Münster dit dans *Nietzsche et le nazisme,* Editions Kimé, tout ce qui peut être pensé de juste sur ce sujet.

*Pourquoi nous ne sommes pas nietzschéens* fut l'occasion pour un certain nombre de personnes, dont André Comte-Sponville, Luc

# LA CONSTRUCTION DU SURHOMME

Ferry, Alain Renaut, Pierre-André Taguieff, de parachever le travail commencé par *La Pensée 68* de Renaut et Ferry : il s'agissait de prendre date, au nom d'une nouvelle génération pressée d'occuper le devant de la scène, d'attaquer le nietzschéisme que portaient alors Deleuze, Foucault, Derrida, Lyotard, Guattari. Ils voulaient briser l'idole pour la remplacer par Kant, le kantisme, l'éloge de l'individualisme démocratique. En 1991, on a vu le meurtre ; vingt ans plus tard on connaît la suite...

**1844 (15 octobre) : naissance de Nietzsche.**

*1848 : révolutions en Europe.*

1849 (30 juillet) : mort du père de Nietzsche.

*1849 : Kierkegaard, Traité du désespoir.*

1850 (9 janvier) : mort du petit frère de Nietzsche.

1854 : premières compositions musicales de Nietzsche.

**1854 (28 octobre) : naissance de Jean-Marie Guyau à Laval.**

*1855 : Kierkegaard, L'Instant.*

*1855 (11 novembre) : mort de Kierkegaard.*

*1856 (6 mai) : naissance de Freud.*

1858 : Nietzsche écrit sa première autobiographie.

*1859 : Darwin, L'Origine des espèces.*

1862 : premières migraines de Nietzsche.

1864 : Nietzsche effectue des études de théologie.

*1864 : création à Londres de la Première Internationale.*

1865 (octobre) : Nietzsche découvre Schopenhauer.

*1865 : Lequier, La Recherche d'une première vérité.*

*1867 : Marx, Le Capital.*

*1869 : Renouvier, La Science de la morale.*

1868 (8 novembre) : Nietzsche rencontre Wagner.

*1870 : guerre franco-allemande.*

*1871 : Commune de Paris.*

*1871 : Ravaisson, Du fondement de l'induction.*

347

---

1871 : Guyau obtient sa licence de lettres, il a dix-sept ans.

1872 (2 janvier) : Nietzsche, *La Naissance de la tragédie.*

1873 (22 septembre) : *Première Considération inactuelle*
de Nietzsche : *David Strauss, l'apôtre et l'écrivain.*

1874 (janvier) : *Deuxième Considération inactuelle* de Nietzsche :
*De l'utilité et des inconvénients de l'histoire pour la vie.*

(Octobre) : *Troisième Considération inactuelle* de Nietzsche :

*Schopenhauer éducateur.*

1874 : Guyau enseigne au lycée Condorcet à l'âge de vingt-ans.

          *1874 : Boutroux,* De la contingence des lois de la nature.

1875 : Guyau traduit le *Manuel* d'Epictète.

Il publie en même temps *La Première Année de lecture courante.*

1876 : *Quatrième Considération inactuelle* de Nietzsche :
*Richard Wagner à Bayreuth.*

1878 : *Humain, trop humain* de Nietzsche.

1878 : Guyau, *La Morale d'Epicure et ses rapports
avec les doctrines contemporaines.*

1879 : retraite de Nietzsche. Début d'une vie d'errance.

1879 : Guyau, *La Morale anglaise contemporaine.*

1880 : *Le Voyageur et son ombre* de Nietzsche.

          *1880 : Ollé-Laprune,* La Certitude morale.

1881 (août) : révélation de l'Eternel retour.
Euphorie, puis dépression.

1881 : *Aurore* de Nietzsche.

          *1881 : naissance de Picasso.*

1881 : Guyau, *Vers d'un philosophe.*

1882 : *Le Gai Savoir* de Nietzsche.

1882 (avril) : rencontre Lou Salomé à Rome.

*1883 (13 février) : mort de Wagner.*

*1883 (14 mars) : mort de Marx.*

1883 : Guyau, *L'Année enfantine de lecture* et
*L'Année préparatoire de lecture courante.*

1883-85 : *Ainsi parlait Zarathoustra* de Nietzsche.

1885 : Guyau, *Esquisse d'une morale sans obligation ni sanction.*

*1885 : Lachelier,* Psychologie et métaphysique.

1886 : *Par-delà bien et mal* de Nietzsche.

1886 : La sœur de Nietzsche part au Paraguay
pour créer une colonie antisémite.

1887 : *La Généalogie de la morale* de Nietzsche.

1887 : Guyau, *L'Irréligion de l'avenir.*

1888 : Nietzsche publie *Le Cas Wagner* et rédige
le *Crépuscule des idoles, L'Antéchrist* et *Ecce Homo.*

**1888 (31 mars) : mort de Jean-Marie Guyau à Menton.**

1889 : publication de *Nietzsche contre Wagner* de Nietzsche.

1889 : Guyau, *L'Art au point de vue sociologique*
et *Education et hérédité* (posthumes).

1889 (3 janvier) : folie à Turin.

1889 : Alfred Fouillée, *La Morale, l'art et la religion d'après Guyau.*

*1889 : Bergson,* Essais sur les données immédiates
de la conscience.

*1891 : Husserl,* Philosophie de l'arithmétique.

*1895 : Boutroux,* L'Idée de la loi naturelle.

*1895 : Invention du cinéma par les frères Lumière.*

*3 décembre 1896 : première apparition du mot psychanalyse.*

1897 : mort de la mère de Nietzsche. La sœur de Nietzsche
s'occupe désormais seule de son frère fou.

349

**1900 (25 août) : Mort de Nietzsche.**

*1900 : Freud, La Science des rêves.*

*1901 : Freud, Psychopathologie de la vie quotidienne.*

*1900 : Husserl, Recherches logiques.*

*1902 : Boutroux, Psychologie du mysticisme.*

*1903 : Bergson, Introduction à la métaphysique.*

*1905 : naissance de Sartre.*

*1906 : Picasso, Les Demoiselles d'Avignon.*

*1907 : Bergson, L'Evolution créatrice.*

1908 : publication posthume de *Ecce Homo* de Nietzsche.

*1913 : naissance de Camus.*

*1917 : révolution bolchevique.*

*1921 : Freud, Psychanalyse et télépathie.*

*1922 : Mussolini au pouvoir en Italie.*

1928 : La sœur de Nietzsche fait de Mussolini
un héros nietzschéen.

*1933 : Hitler au pouvoir en Allemagne.*

*1934 : Hitler visite les archives Nietzsche.*

1935 : La sœur de Nietzsche publie le faux qu'elle a fabriqué :
*La Volonté de puissance.*

9 novembre 1935 : mort d'Elisabeth Förster-Nietzsche.

Funérailles nazies en présence d'Hitler.

# INDEX

# INDEX

LA CONSTRUCTION DU SURHOMME

354

# INDEX

355

# INDEX

Guyau, 63-65
résignation, 65, 66
volonté, 64, 65

**UTILITARISME**
Épicure, 93, 94, 96, 98
Guyau, 51, 56, 80, 89, 91, 94, 96-99, 112
Nietzsche, 291-293

**VIE PHILOSOPHIQUE**
amitié, 31, 90, 93, 119, 216, 220, 296-298, 304
amour, 64, 112, 123, 126, 127, 145, 146, 150, 164, 190, 240, 289, 296, 318
argent, 163, 164, 309-311
communautaire, 172, 238-240, 243, 247
construction de soi
changement, 14
Guyau, 15
Nietzsche, 15, 16, 236, 243, 250, 310
courage, 64, 90, 94, 135
dandysme, 13, 14, 42, 251, 307
enfants, 68, 162, 169, 170, 234
mariage, 68, 216, 244, 245, 312, 317, 343
Nietzsche, 193, 195, 196, 238-240, 294
otium, 220, 308, 310
partage, 84-86, 118, 302
risque, 87, 88
Tetrapharmakon, 270, 277, 285, 290, 302
travail, 55, 68, 85, 115, 134, 136, 153, 160, 167, 173, 261, 307-311, 315, 343

**OUVRAGES CITÉS**
*18 Brumaire*, Marx, 20
*Ainsi parlait Zarathoustra*, F. Nietzsche, 16, 42, 46, 108, 121, 189, 191, 197, 214, 216, 218, 221, 242, 244, 246, 248, 253-258, 260, 261, 265, 268, 274, 276, 283, 288, 289, 298, 302, 305, 311, 330, 333
*L'Année enfantine de lecture*, J.-M. Guyau, 58, 131, 151
*L'Année préparatoire de lecture courante*, J.-M. Guyau, 58, 132
*À mon père*, Hugo, 18
*L'Antéchrist*, Nietzsche, 26, 42, 111, 182, 221, 292, 293, 302, 305, 313, 328

*Armance*, Stendhal, 19
*L'Art au point de vue sociologique*, J.-M. Guyau, 72, 138, 153, 159
*Aurore*, F. Nietzsche, 46, 108, 220, 238, 240, 244, 294, 305, 307, 309
*Aux domaines incertains*, M. A. Barbe (P. Ulric), 54
*Bible*, 99, 233, 261
*Bonaparte*, Lamartine, 18
*Le Cas Wagner*, Nietzsche, 184, 221, 248, 255
*La Chartreuse de Parme*, Stendhal, 19
*Cicerone*, J. Burckhardt, 36
*La Circulation de la vie*, Moleschott, 70
*Civilisation de la Renaissance en Italie*, Burckhardt, 37
*Les Complices*, Goethe, 43
*La Conception morale et civique de l'enseignement*, J.-M. Guyau, 57
*La Conduite de la vie*, Emerson, 31
*Confession d'un enfant du siècle*, Musset, 19
*La Confiance en soi*, Emerson, 33
*Considérations inactuelles*, Nietzsche, 220, 308
*Considérations intempestives*, Nietzsche, 25, 108
*Considérations sur l'Histoire universelle*, Burckhardt, 36, 41
*Conversations avec Goethe*, Eckermann, 42
*Le Crépuscule des idoles*, Nietzsche, 27, 42, 43, 45, 46, 182, 186, 214, 221, 289, 293, 309, 328
*Crime et châtiment*, Dostoïevski, 19
*Critique de la faculté de juger*, Kant, 48
*Critique de la raison pratique*, Kant, 99, 137, 294
*Critique de la raison pure*, Kant, 168, 177, 214
*La Dame aux camélias*, A. Dumas, 59
*David Strauss croyant et écrivain*, Nietzsche, 220
*Déontologie*, Bentham, 294
*La Descendance de l'homme*, C. Darwin, 114, 147
*La Destruction de la raison :* Nietzsche, G. Lukacs, 38, 335
*Les Deux Îles*, Hugo, 18
*Dictionnaire philosophique*, Voltaire, 232

# INDEX

# INDEX

DU MÊME AUTEUR

LE VENTRE DES PHILOSOPHES, *Critique de la raison diététique*, Grasset, 1989. LGF, 2009.

CYNISMES, *Portrait du philosophe en chien*, Grasset, 1990. LGF, 2007.

L'ART DE JOUIR, *Pour un matérialisme hédoniste*, Grasset, 1991. LGF, 2007.

L'ŒIL NOMADE, *La peinture de Jacques Pasquier*, Folle Avoine, 1993.

LA SCULPTURE DE SOI, *La morale esthétique*, Grasset, 1993 (Prix Médicis de l'essai). LGF, 2003.

LA RAISON GOURMANDE, *Philosophie du goût*, Grasset, 1995. LGF, 2008.

MÉTAPHYSIQUE DES RUINES, *La peinture de Monsu Desiderio*, Mollat, 1995. LGF, 2010.

LES FORMES DU TEMPS, *Théorie du sauternes*, Mollat, 1996. LGF, 2009.

POLITIQUE DU REBELLE, *Traité de résistance et d'insoumission*, Grasset, 1997. LGF, 2008.

HOMMAGE À BACHELARD, Ed. du Regard, 1998.

ARS MORIENDI, *Cent petits tableaux sur les avantages et les inconvénients de la mort*, Folle Avoine, 1998.

A CÔTÉ DU DÉSIR D'ÉTERNITÉ, *Fragments d'Egypte*, Mollat, 1998. LGF, 2006.

THÉORIE DU CORPS AMOUREUX, *Pour une érotique solaire*, Grasset, 2000. LGF, 2007.

PRÊTER N'EST PAS VOLER, Mille et une nuits, 2000.

ANTIMANUEL DE PHILOSOPHIE, *Leçons socratiques et alternatives*, Bréal, 2001.

ESTHÉTIQUE DU PÔLE NORD, *Stèles hyperboréennes*, Grasset, 2002. LGF, 2004.

PHYSIOLOGIE DE GEORGES PALANTE, *Pour un nietzschéisme de gauche*, Grasset, 2002. LGF, 2005.

L'INVENTION DU PLAISIR, *Fragments cyrénaïques*, LGF, 2002.

CÉLÉBRATION DU GÉNIE COLÉRIQUE, *Tombeau de Pierre Bourdieu*, Galilée, 2002.

LES ICONES PAÏENNES, *Variations sur Ernest Pignon-Ernest*, Galilée, 2003.

ARCHÉOLOGIE DU PRÉSENT, *Manifeste pour une esthétique cynique*, Grasset-Adam Biro, 2003.

FÉERIES ANATOMIQUES, *Généalogie du corps faustien*, Grasset, 2003. LGF, 2009.

EPIPHANIES DE LA SÉPARATION, *La peinture de Gilles Aillaud*, Galilée, 2004.

LA COMMUNAUTÉ PHILOSOPHIQUE, *Manifeste pour l'Université populaire*, Galilée, 2004.

LA PHILOSOPHIE FÉROCE, *Exercices anarchistes*, Galilée, 2004.

OXYMORIQUES, *Les photographies de Bettina Rheims*, Janninck, 2005.

TRAITÉ D'ATHÉOLOGIE, *Physique de la métaphysique*, Grasset, 2005. LGF, 2009.

SUITE À LA COMMUNAUTÉ PHILOSOPHIQUE, *Une machine à porter la voix*, Galilée, 2006.

TRACES DE FEUX FURIEUX, *La Philosophie féroce II*, Galilée, 2006.

SPLENDEUR DE LA CATASTROPHE, *La peinture de Vladimir Velickovic*, Galilée, 2007.

THÉORIE DU VOYAGE, *Poétique de la géographie*, LGF, 2007.

LA PENSÉE DE MIDI, *Archéologie d'une gauche libertaire*, Galilée, 2007.

FIXER DES VERTIGES, *Les photographies de Willy Ronis*, Galilée, 2007.

LA SAGESSE TRAGIQUE, *Du bon usage de Nietzsche*, LGF, 2008.

L'INNOCENCE DU DEVENIR, *La vie de Frédéric Nietzsche*, Galilée, 2008.

LA PUISSANCE D'EXISTER, *Manifeste hédoniste*, Grasset, 2006. LGF, 2008.

LE SONGE D'EICHMANN, Galilée, 2008.

LE CHIFFRE DE LA PEINTURE, *L'œuvre de Valerio Adami*, Galilée, 2008.

LE SOUCI DES PLAISIRS, *Construction d'une érotique solaire*, Flammarion, 2008. J'ai lu, 2010.

LES BÛCHERS DE BÉNARÈS. *Cosmos, Eros et Thanatos*, Galilée, 2008.

LA VITESSE DES SIMULACRES. *Les sculptures de Pollès*, Galilée, 2008.

LA RELIGION DU POIGNARD, *Eloge de Charlotte Corday*, Galilée, 2009.

L'APICULTEUR ET LES INDIENS, *La peinture de Gérard Garouste*, Galilée, 2009.

LE CORPS DE MON PÈRE, Hatier, 2009.

LE RECOURS AUX FORÊTS. *La tentation de Démocrite*, Galilée, 2009.

PHILOSOPHER COMME UN CHIEN. *La Philosophie féroce III*, Galilée, 2010.

NIETZSCHE, SE CRÉER LIBERTÉ, dessins de M. Leroy, Le Lombard, 2010.

LE CRÉPUSCULE D'UNE IDOLE. L'affabulation freudienne, Grasset, 2010.

APOSTILLE AU *Crépuscule*, Grasset, 2010.


Journal hédoniste :

I. LE DÉSIR D'ÊTRE UN VOLCAN, Grasset, 1996. LGF, 2008.

II. LES VERTUS DE LA FOUDRE, Grasset, 1998. LGF, 2000.

III. L'ARCHIPEL DES COMÈTES, Grasset, 2001. LGF, 2002.

IV. LA LUEUR DES ORAGES DÉSIRÉS, Grasset, 2007.


Contre-Histoire de la philosophie :

I. LES SAGESSES ANTIQUES, Grasset, 2006. LGF, 2007.

II. LE CHRISTIANISME HÉDONISTE, Grasset, 2006. LGF, 2008.

III. LES LIBERTINS BAROQUES, Grasset, 2007. LGF, 2009.

IV. LES ULTRAS DES LUMIÈRES, Grasset, 2007. LGF, 2009.

V. L'EUDÉMONISME SOCIAL, Grasset, 2008. LGF, 2010.
VI. LES RADICALITÉS EXISTENTIELLES, Grasset, 2009. LGF, 2010.

Contre-Histoire de la philosophie en CD
(chez Frémeaux et associés) :

I. L'ARCHIPEL PRÉ-CHRÉTIEN (1), *De Leucippe à Épicure*, 2004, 12 CD.
II. L'ARCHIPEL PRÉ-CHRÉTIEN (2), *D'Épicure à Diogène d'Œnanda*, 2005, 11 CD.
III. LA RÉSISTANCE AU CHRISTIANISME (1), *De l'invention de Jésus au christianisme épicurien*, 2005, 12 CD.
IV. LA RÉSISTANCE AU CHRISTIANISME (2), *D'Érasme à Montaigne*, 2005, 12 CD.
V. LES LIBERTINS BAROQUES (1), *De Pierre Charron à Cyrano de Bergerac*, 2006, 12 CD.
VI. LES LIBERTINS BAROQUES (2), *De Gassendi à Spinoza*, 2006, 13 CD.
VII. LES ULTRAS DES LUMIÈRES (1), *De Meslier à Maupertuis*, 2007, 13 CD.
VIII. LES ULTRAS DES LUMIÈRES (2), *De Helvétius à Sade*, 2007, 12 CD.
IX. L'EUDÉMONISME SOCIAL (1), *De Godwin à Stuart Mill*, 2008, 12 CD.
X. L'EUDÉMONISME SOCIAL (2), *De Stuart Mill à Bakounine*, 2008, 13 CD.
XI. LE SIÈCLE DU MOI (1), *De Feuerbach à Schopenhauer*, 2009, 13 CD.
XII. LE SIÈCLE DU MOI (2), *De Schopenhauer à Stirner*, 2009, 12 CD.
XIII. LA CONSTRUCTION DU SURHOMME, *D'Emerson à Guyau*, 2010, 12 CD.
XIV. NIETZSCHE, 2010, 13 CD.